创新创业理论与实战训练

主　编　尚晓丽　邓新春
副主编　鲁宇姣　黄湘超　唐菁玲
　　　　何科英　柯　莎

南京大学出版社

图书在版编目(CIP)数据

创新创业理论与实战训练 / 尚晓丽，邓新春主编.
-- 南京：南京大学出版社，2021.6(2023.8 重印)
ISBN 978 - 7 - 305 - 24766 - 8

Ⅰ. ①创… Ⅱ. ①尚… ②邓… Ⅲ. ①大学生－创业
－高等学校－教材 Ⅳ. ①G647.38

中国版本图书馆 CIP 数据核字(2021)第 148177 号

出版发行　南京大学出版社
社　　址　南京市汉口路 22 号　　　　邮　编　210093
出 版 人　王文军

书　　名　**创新创业理论与实战训练**
主　　编　尚晓丽　邓新春
责任编辑　刁晓静　　　　　　　编辑热线　025 - 83592123

照　　排　南京南琳图文制作有限公司
印　　刷　南京人文印务有限公司
开　　本　787×1092　1/16　印张 11.5　字数 340 千
版　　次　2021 年 6 月第 1 版　2023 年 8 月第 3 次印刷
ISBN 978 - 7 - 305 - 24766 - 8
定　　价　35.00 元

网址：http://www.njupco.com
官方微博：http://weibo.com/njupco
微信服务号：njuyuexue
销售咨询热线：(025) 83594756

前　言

创新创业引领了科技进步、助推了商业繁荣,培育了企业家精神和社会责任感,也激发了参与者实现自我价值的个人愿望。创业的核心是创业者,大学是培养创新创业人才的重要基地,大学生是创新创业的生力军。

我国创新驱动发展战略以及当前乌卡(VUCA)时代所面临的易变性、不确定性、模糊性和复杂性,对大学生的素质提出了更高的要求,而原来以知识传授、技能培养为主的教育模式已经不能适应时代的需求。

本书根据《国家职业教育改革实施方案》中"三教"(教师、教材、教法)改革的基本要求和创新创业教育教学改革的实际需要,以当前大学生创新创业所面临的实际问题和困惑为切入点,侧重培养学生面对模糊环境的思维能力、应变水平和心理素质,突出"三全育人"和"课程思政"理念,深入挖掘课程中蕴含的"课程思政"元素,实现"课程思政"与创新创业教学的有机融合。全书以"困惑与迷思——知识引领——解答与分享——训练与应用"为主线,采用模块化教学,将"价值塑造、能力培养、知识传授"融为一体,注重分析和解决问题的方法及思路的引导,以促进学生自我成长成才和提高学生的创新创业能力为目标。

创业是一个从"0"到"1"、从无到有的过程,需要创业者有创业动机、创业能力,进行团队合作、机会获取和资源整合等。而创新能够带动创业,创业离不开创新,离开创新的创业很难走远。全书从创业者认知的角度,将内容分为九个模块,分别是创业与人生、创新意识与思维、成为创业者、组建创业团队、把握创业机会、整合创业资源、选择商业模式、撰写创业计划、新企业创办与管理。

本书系汽车制造与试验技术国家资源库子课程《创新思维培养》(制造类)建设成果之一,微课依托了《创新思维培养》(制造类)课程部分视频资源,既可作为高等职业技术院校创新创业教材,也可作为企业培训参考用书。

全书由湖南工业职业技术学院尚晓丽和邓新春担任主编,湖南工业职业技术学院鲁宇姣、黄湘超、唐菁玲、何科英、柯莎担任副主编。其中邓新春编写提纲;尚晓丽编写体例和模块一、模块九、模块四部分内容;鲁宇姣编写模块五、模块八;黄湘超编写模块三、模块四部分内容;唐菁玲编写模块七;何科英编写模块六;柯莎编写模块二;最后由尚晓丽老师负责统稿工作。

在编写的过程中,本书参考了国内外专家学者的相关研究成果,在此向他们表示诚挚的谢意和敬意!

由于编者水平有限,经验不足,书中出现错漏和不足之处在所难免,恳请读者给予批评指正,以利完善。

编　者

于长沙

目　录

模块一 创业与人生发展

【学习目标】

育人目标:用创业的精神去学习和生活;树立个人职业梦想。

知识目标:掌握创业的内涵;了解创业与经济发展的关系;理解创业精神本质;理解个人职业生涯发展的四个层次。

能力目标:识别身边的确定性和不确定性;确定个人未来职业生涯发展的层次。

思政目标:激发学生的职业梦想;增强自我挑战、自我超越精神;培养勇于拼搏的职业精神。

【教学重难点】

重点:什么是创业;创业精神;创业与职业生涯发展

难点:创业与职业生涯发展

困惑与迷思

李娜是大二学生,随着对大学的新鲜感逐渐淡去,她成了校园里的"老生",天天都很忙,上课、听讲座、参加社团活动、做兼职、和同学打游戏……但她又不知道自己在忙什么。有时觉得很累,可想到可以为找工作打基础,就觉得这些付出也许是值得的吧。可有时又很茫然和焦虑,因为忙得无头绪,不知道这样的付出对未来的发展有没有作用。学习上也没什么动力,拿不到奖学金觉得考试成绩90分和60分没有什么区别。每天该学些什么没有概念,《大学生创业基础》课的开设更是让她迷茫。一方面大学生毕业后创业的比例很低(不超过5%),自己未来也不打算创业,另一方面学校又要所有学生都学这门课。这门课到底有什么用呢? 对自己未来的发展有什么帮助呢?

你是否对上述同学的故事很熟悉? 在大学生中,有人对自己的未来想得很清楚,知道自己想要什么,怎么样去做,每天都有自己的小目标,每天都过得很充实。但是,更多的同学要么对未来没有想法,希望自己在毕业时再解决所有问题,日子在迷茫中度过;要么整天忙碌,却如无头苍蝇,不知道这样做的目的是什么。希望通过本模块的学习,同学们能够厘清思路,对自己的人生有新的规划与思考。

知识引领

思维导图

```
              创业与人生发展
   ┌──────────┬──────────┬──────────────┐
什么是创业   经济发展与创业   创业精神   创业与职业生涯发展
```

什么是创业	经济发展与创业	创业精神	创业与职业生涯发展
创业的定义	身边的变化	什么是创业精神	创业对人生发展的意义
创业的要素	新"四大发明"	创业精神的作用	大学生创业与就业的关系
创业的类型	经济转型与创新创业	影响创业精神形成的因素	个人职业生涯发展的层次
创业的功能	双循环经济背景下创业的意义	创业精神的培育	

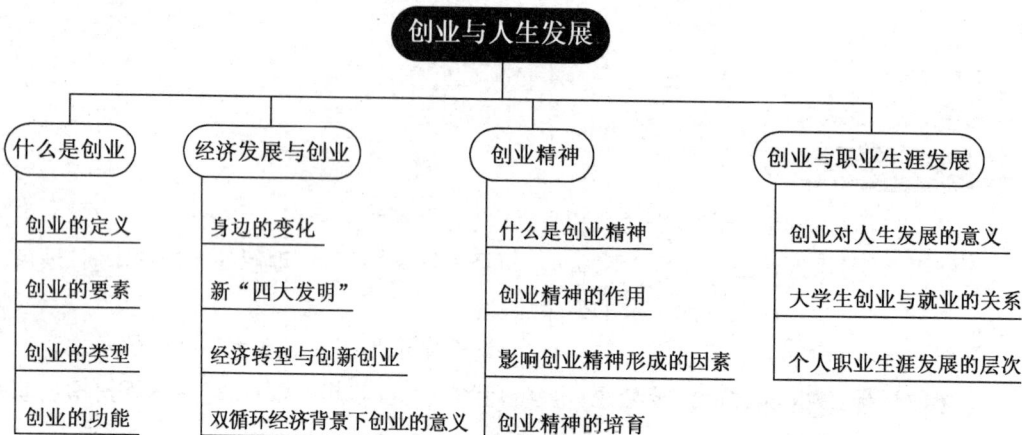

一、什么是创业

问题导入：

现在是"大众创业、万众创新"的时代，国家鼓励大学生进行创新创业。有的学生利用周末到夜市"摆地摊"卖东西；有的学生正在酝酿写创业计划，打算毕业后开一家互联网企业，成为第二个"马云"；有的学生就打算毕业后找份稳定的工作，过着朝九晚五的生活。这些同学的做法和想法都属于创业吗？创业是怎样定义的呢？

（一）创业的定义

对于朝气蓬勃的大学生，创业无疑是比较热门的话题之一。但是从现代学科体系来看，创业是一个跨学科多层面的现象，尽管越来越多的人对这一新兴领域进行研究，但创业还没有形成一个单独的理论体系和学科领域。"创业"一词最早出现于《孟子·梁惠王下》："君子创业垂统，为可继也。"故《辞海》将创业解释为"开创基业"。今天，我们对创业的定义有狭义和广义之分。狭义的创业指"创办一个企业的过程"。一般一个新企业的创办需要满足一些条件，如程序合法、为社会创造价值、适合的营销模式和拥有创业团队等。通常一般意义上大家理解的创业都是狭义的创业。广义的创业指"创造新的事业的过程"。所有创造新的事业的过程都可以叫作创业，既包括创建营利性组织也包括创建非营利性组织，既包括创办大的事业也包括创办小的事业、家庭事业等。

通过广义的定义我们发现，创业并不仅仅是指创办一个企业的过程，更是指人们并不局限于目前拥有的资源，努力寻找资源和机会进行价值创造的过程，或者将自己的创意变成一个可实现的项目过程。从这个角度来讲，我们每个人都是创业者，因为我们每个人都需要进行价值创造或者实现自己的创意，都需要创造自己的人生事业。我们每个人都可以创业，我们每个人的人生都可以是创业人生。

（二）创业的要素

目前人们对创业活动的认知和分析中，公认的创业要素模型为蒂蒙斯模型。该模型认为创业的三大要素为创业机会、创业团队和创业资源，三者是相辅相成，缺一不可的。

创业机会主要是指具有较强吸引力的、较为持久的有利于创业的商业机会。它是创业活动得以开展的基础，它来源于社会的真实需求，创业者的想法要有社会需求并且能创造一定的社会价值才能成为创业机会。创业者据此可以为客户提供有价值的产品或服务，并同时使创业者自身获益。

创业团队是创业活动的主体，在创业过程中处于核心和主体地位。创业能否成功，创业团队起着决定作用，创业不仅需要好的领导者，更需要团队的协作，优势互补与齐心协力。一个人的创业叫作"单打独斗"，很难走得远，因为个人的精力是有限的，不可能面面俱到。就像马云在创建阿里巴巴的时候，团队有18罗汉一样，罗马非一日建成。再成功的企业，人才都是企业发展过程中的必要因素。当然，这个团队未必能在最初的时候就如同铜墙铁壁，坚不可摧，但人多力量大，哪怕每个人仅仅在所精通的领域驾驭一点点的经验，也可以让团队力量很强大。

创业资源是指创业过程中所需要的特定的资产，包括有形与无形的资产，是新创企业创立和运营的必要条件，表现为经验、人脉、资本、机会、技术和管理等方面。创业机会和创业团队都属于创业资源的范畴。创业者要充分利用和合理配置各种资源，资源的质量和可获得性决定创业成本的高低和企业的层次。

在创业的过程中，创业要素的侧重点不是一层不变的，可能初期成本是关键，但随着创业活动的开展，侧重点会发生改变……创业的过程中需要对三要素保持动态的平衡与有效链接，才能使企业稳步发展。

（三）创业的类型

创业活动涉及各行各业，创业者的创业动机千差万别，创业项目和领域多样，创业的类型也因此呈现多样化，可以从不同的角度进行分类。

1. 根据创业者创业动机的不同进行分类，分为生存型创业和机会型创业。生存型创业，是指创业者为了生计而相对被动进行的创业，主要特征是创业者受生活所迫，物质资源匮乏，从事低成本、低门槛、低风险和低利润的创业。比如很多下岗职工的创业就是生存型创业。机会型创业，是指创业者为了追求商业利润，谋求自身发展而主动从事的创业活动。例如李彦宏创建百度就是典型的机会型创业，他放弃了在美国的高薪岗位，毅然回国创业，其主要原因是因为他发现并掌握了互联网搜索引擎所存在的巨大商机。

2. 根据企业的成长空间分类，创业分为高成长型创业和自雇型创业。企业成立40个月后，如果员工人数超过了20人就是高成长型创业，如果员工人数少于20人就是自雇型创业。机会型的创业更容易是高成长型创业，在短时期内可以创造巨大的商业价值。生存型的创业更容易是自雇型创业，就像墨西哥渔民的创业故事，不想投资太多也不想雇佣更多的员工。

3. 根据创业者的专业性质,将创业分为专业型创业和非专业型创业。专业型创业是指创业者是所创业领域的科班出身或者掌握创业领域的核心技术知识,非专业型创业是指自己所拥有的专业知识和创业领域的需求不一致。从大学生创业成功可能性的角度来说,专业型创业更能够发挥大学生的专业特长,做到学以致用为社会创造更大价值。但这个维度不是绝对的,你也可以在自己专业学习的过程中对其他的事务感兴趣,但是光有兴趣而没有知识通常会导致创业失败。如果是这种情况,你就要去学习相关专业的知识,不仅是理论层面的更要到你喜欢的行业去打工去就业,积累到一定程度的时候再进行创业。

4. 基于创业项目性质的不同,创业可分为传统技能型、高新技术型和知识服务型创业。传统技能型创业是指使用传统技术、工艺的创业项目。比如生产饮料、中药、工艺美术品、服装与食品加工等。这些独特的传统技能项目在市场上表现出经久不衰的竞争力。高新技术型创业指以高新技术为基础,从事一种或多种高新技术及其产品的研究、开发、生产和技术服务的项目。这种创业所拥有的关键技术往往开发难度很大,但一旦开发成功,却具有超额般的经济效益和社会效益。如信息技术、生物技术、新材料技术等领域的创业项目。知识服务型创业是指为人们提供知识、信息的创业项目。当今社会,各类知识性咨询服务机构不断细化和增加,这类项目大都投资少、见效快、市场前景广阔。

5. 基于创新内容的不同,创业可分为基于产品创新的创业、基于营销模式创新的创业和基于组织管理体系创新的创业。基于产品创新的创业是指基于技术创新或工艺创新的成果,产生了新的消费者群体,从而导致创业行为的发生,如手机的更新与迭代。基于营销模式创新的创业是指采取了一种有别于其他厂商的市场营销模式,因而可能给消费者带来更高的满足感,如小区团购、直接带货等。基于组织管理体系创新的创业是指采取一种有别于其他厂商的企业组织管理体系,因而能更有效地实现产品的商业化和产业化。如小米公司,自身没有工厂,硬件、配件全部外包,公司只负责产品研发和设计。

(四)创业的功能

首先,创业是社会创新的推动力。创业的本质就是创新,任何一种创业都是创新的行为和过程。经济学家约瑟夫·熊彼特提出,创业包括创新和尝试未曾使用过的技术,或者改进当前可得到的产品、技术或组织、产品、制度等。知识经济时代的创业可以实现先进技术转化,推动新发明、新技术和新产品的不断涌现。同时,新创企业要想立足,就要使用新进技术,从而加速科技创新。因此,创业是社会创新的推动力。

其次,创业是生产力发展的原动力。科学技术是第一生产力,高新技术产业的发展成为影响国家综合国力的重要因素。高新技术产业的发展不仅需要人才支撑,也需要完善的创业体系的支撑,将创新成果转化为生产力成为可能。知识经济时代的到来兴起了创业热潮,而创业是一个国家经济发展中最为活跃的部分,是生产力发展的原动力。

最后,创业是缓解社会压力的手段。创业伴随着大量新价值的产生,是促进就业、改善人民生活质量、调节社会关系的有效途径之一。创业可以创造很多新的就业岗位,缓解社会就业压力。京东从 2016 年首次入选世界 500 强至今的 8 年间,新增了 45 万个就业岗位。同时,新企业向社会提供新的产品和服务,满足人民日益增长的消费需求,缓解社会供需矛盾。最重要的是,创业可以通过竞争有效配置社会资源,促进经济向好发展,缓解社会综合矛盾。

思考: 大众创业、万众创新的时代,每个人都需要创业吗?创业最重要的要素是什么?如果你要创业你会选择哪种类型的创业?

扫扫下方二维码,轻松学习在线开放课程《创新思维培养》(制造类)

二、经济发展与创业

问题导入:

牛文文在第十二届创业家年会暨产业加速大会上表示:"2020 年代会成为'一亿中流'的时代,成为科技赋能产业的时代,成为自我造血、独立发展的时代,成为产业加速的时代。'一亿中流'是中国经济与社会发展的脊梁。""一亿中流"的企业有五种特质:有根据地、不断升级、适度资本化、注重团队、长期主义。"一亿中流"企业从何而来?创业对经济发展起到什么样的作用呢?

"一亿中流"的概念最早源于日本,二十世纪五六十年代,日本社会有 1 亿左右的人口,当时日本政府希望本国没有太多富豪,也没有太多穷人,让更多的国民变成中产阶级,所以"一亿中流"就是个社会理想。中国这一轮创新创业已经开展了七八年,经济中有一类人和一类公司,他们的作用、地位、发展愈发凸显,这群人就是"一亿中流"。当他们不再是初创公司,不再是年轻的创客,不再是资本的宠儿,不再只是"估值独角兽"时,他们就会成为"默默的大多数",而这些"默默的大多数"恰恰是中国社会的脊梁。

"十三五"期间我国国民经济持续快速增长,成为世界第二大经济体,已经具备了建设创新型国家的基础和条件,提高自主创新能力是建设创新型国家的灵魂和核心。中国经济经过改革开放三十多年来的发展虽然取得了巨大成就,但其结构不合理的矛盾日益突出,表现在内需与外需、投资与消费失衡;农业基础薄弱、工业大而不强、服务业发展滞后,部分行业产能过剩;城镇化、中西部地区发展滞后;资源消耗偏高,环境压力加大等。因此当前中国经济急需要转型,才能满足人民日益增长的物质文化需要。

(一)身边的变化

1. 方便面行业不景气

你现在还经常吃方便面吗?方便美味的外卖可以送到家门口,人们不需要再煮方便面了,并且它没有什么营养,吃多了对身体不好,因此它只可以作为充饥的食品,不适合多食。康师傅、统一,方便面行业的领头羊,从 2013 年起,经历了 4 年的持续下滑,据说2018 年开始微弱复苏,但是复苏的态势也不是特别理想。康师傅于 2014 年最高市值高达 1200 多亿港元,但是至 2016 年市值仅剩 356 亿,暴跌了七成。在市值最低的一个月,康师傅被恒生指数"踢出门外"。统一也在 2013 至 2016 年期间,经历了不同规模的 4 次股价波动,市值缩水蒸发了 50%。这是什么原因造成的? 主因还在于人们生活方式和消费结构的变化。

(1) 方便面的消费主体减少

方便面行业在我国崛起于 20 世纪八九十年代,正是我国经济快速发展的时期,数以亿计的流动农民工构成方便面庞大的消费人群。近年来,随着农民工流动人口总量增速开始持续回落,方便面市场也随之进入下滑通道。农民工流动人口持续回落的原因有:近些年在国家脱贫攻坚政策的引导下,农村农业经济飞速发展,一方面越来越多的农民工在自己的家乡可以生活得很好,不愿意远走他乡打工,另一方面中国很多第一代农民工已经定居在城市,成为城市的一份子。

(2) 旅行越来越方便

旅行越来越方便,不需要方便面来"填饱肚子"了。在高铁尚未联通全国的时代,"绿皮火车"成为人们出远门最主要的交通工具。由于车速慢、运行时间长,方便面成了出行"必需品"。随着飞机、自驾等交通方式愈发普遍,尤其是铁路运输进入高铁时代,乘车时间大幅缩短,方便面消费逐渐减少。据新闻媒体报道,铁路原本是方便面的重要市场,但近年来火车站订货越来越少,很多专门做方便面代理销售的企业,转做饮料和休闲食品代理。

(3) 外卖行业崛起

外卖行业的崛起也是造成方便面行业萎缩的关键原因之一。2013 年以来,众多网络外卖平台的兴起让人们能吃到送到家的保温、快捷食品,方便面逐渐不再被青睐。中国互联网信息中心发布的数据显示,现在点外卖几乎成了我们日常生活中的必备技能,越来越多的人愿意在网上点餐。据中国互联网络信息中心(CNNIC)发布的最新报告,截至 2020 年 6 月,我国网上外卖用户已达 4.09 亿,手机网上外卖用户达 4.07 亿,占手机网民的 43.7%。迅速崛起的外卖行业甚至渗透到高铁交通领域。2017 年 7 月,高铁"外卖"已经在全国 27 个高铁车站上线运行,商家在 12306 互联网订餐配送中心和乘务员协助下,实现对乘客订餐的"精准投放"。

2. 纸媒在萎缩

随着自媒体的蓬勃发展,传统纸媒受到很大冲击。2015 年 6 月 12 日,潇湘晨报社和长株潭报社划归湖南日报社。潇湘晨报创刊于 2001 年,后面发展得很好,因其优秀的内容设置和良好的经营管理,很快成为湖南最有影响力的报纸之一。2006 年后其发行和广告一直稳居湖南纸媒第一,即便这样也没有摆脱被兼并的命运。曾几何时事业单位、企业等都要订上几份报纸供人们翻看的时代一去不复返。为什么呢?

新媒体传播速度更快,成本更低,更能满足人们的消费需求。新媒体具有传统媒体不具有的功能:

(1) 充分利用碎片化时间

人们可以利用碎片化时间看新媒体新闻,关注自己感兴趣的内容。

（2）它是全方位立体化的媒介传播

新媒体的可视化效果更好，有图像、有声音、有内容，能充分调动用户的视觉、听觉和触觉等各个感官去体验内容。

（3）大数据平台可以根据用户的喜好进行内容推送

新媒体传播还有一大优势是可以通过大数据平台根据用户的喜好和习惯进行内容推送，提高用户的使用效率。

（4）用户参与体验感更好

用户可以发表评论增加存在感，同时媒介可以第一时间获得用户的体验信息及时调整营销计划。

3. 商业实体低迷

当下商业实体经济不景气而电子商务平台却一片繁荣，一方面是因为疫情的冲击，另一方面是电子商务更能方便快捷地满足人们的消费需求。如一个家庭主妇可以一天不出门在家通过电子商务解决所有的需求：买菜用小区团购或者各大互联网超市，有人送货上门；买日用品、家电平台更多，像唯品会、天猫、京东和各大线下超市的线上平台等，不仅能保证质量，价格也比实体店优惠；不想搞卫生，可以网上平台预约，家政上门服务；不想做饭，外卖送货上门。

（二）新"四大发明"

2017 年，北京外国语大学丝绸之路研究院发起了一次留学生民间调查。来自"一带一路"沿线的 20 国青年评选出了他们心目中中国的"新四大发明"：高铁、支付宝、共享单车和网购。事实上这四样没有一项是中国发明的，但是中国在推广应用方面领先。

1964 年 10 月 1 日，日本东海道新干线正式通车。运营速度高达 210 公里/小时。故世界上第一条真正意义上的高速铁路由日本发明。这标志着世界高速铁路新纪元的到来。2006 年 3 月，由 E2 系 1000 番台改造而来的 CRH2A 型列车从神户港装船出发前往中国青岛，并转让部分技术予中国，由此开启了中国的高铁时代。

扫码支付的模式建立在移动支付的概念上，而最早一批由移动设备完成的付款发生在 1997 年的芬兰。芬兰当地媒体报道，芬兰电信启用了通过拨打一个付费电话号码来操作点唱机和饮料自动售货机的服务，这项服务可以在赫尔辛基机场买可口可乐。扫描的二维码（QR code，也称"快速反应码"）则是 1994 年由日本 DW 公司发明。2013 年 8 月 5 日，财付通与微信合作推出微信支付，微信支付正式上线。2014 年 1 月 4 日，滴滴打车接入微信支付，3 天突破 10 万单。

早在 1965 年，荷兰的阿姆斯特丹市政府提出了"白色计划"，根据该计划由政府购置 50 辆自行车并将其刷上白漆作为记号散放在城市各处供人使用，这是世界上最早的无人管理的共享单车系统，故共享单车由荷兰发明。2007 年，法国也有单车自由行，到 2016 年底共享单车才从上海、北京开始兴起，然后在短短几个月内基本推广到全国大中城市。后来在中国风靡的商业模式被推广海外。

网购属于电子商务的范畴。在 1979 年，英国人麦克·奥德里奇（Michael Aldrich）发明了网上购物的概念。奥德里奇利用一种被称为 Videotex 的技术，通过电话线将普通电视机连接到了当地零售商的电脑。到 20 世纪 90 年代,亚马逊和 eBay 在 1995 年推出了他们的网站后,电子商务开始在全球流行。1999 年阿里巴巴诞生,开启了中国电子商务的新时代,以网站为主要特征的电子商务服务商在风险资本的介入下成为中国电子商务最早的应用者,成为这一阶段中国电子商务的主体。

虽然"新四大发明"并不是中国发明的,但在中国却改变了人们的生活方式和生活习惯,给经济发展注入巨大活力。"新四大发明"不仅改变中国,而且深刻影响着地球村时尚,吸引着五大洲目光。

(三)经济转型与创新创业

自 2014 年 9 月李克强总理在夏季达沃斯论坛上提出"大众创业,万众创新"(以下简称为"双创"理念)以来,我国政府相继出台了《国务院关于强化实施创新驱动发展战略进一步推进大众创业万众创新深入发展的意见》《国务院办公厅关于建设大众创业万众创新示范基地的实施意见》及《国务院关于加快构建大众创业万众创新支撑平台的指导意见》等政策文件,积极鼓励"双创"活动开展,"双创"水平已经成为衡量国家和地区经济实力的重要休现。国务院及各地方部门积极响应,为"双创"活动提供支持与引导,开展"双创"活动已经成为振兴我国经济的重要战略手段之一。

我国经济正在向形态更高级、分工更复杂、结构更合理的阶段演化,经济发展进入新常态,正从高速增长转向中高速增长,经济发展方式正从粗放型增长转向集约型增长,经济结构正从增量扩能为主转向调整存量、做优增量并存的深度调整,经济发展动力正从传统增长点转向新的增长点。我国经济转型催生一大批新企业的诞生,带来新的创业热潮。

从消费需求看,过去我国消费主要是粗放式解决从无到有的问题,而现在解决个性化、多样化消费问题,保证产品质量安全、通过创新供给激活需求的重要性显著上升。一大批新企业将在新的消费政策的引领下,释放消费潜力,使消费继续在推动经济发展中发挥基础作用。

从投资需求看,经历了 30 多年高强度大规模开发建设后,传统产业相对饱和,但基础设施互联互通和一些新技术、新产品、新业态、新商业模式的投资机会大量涌现,对创新投融资方式提出了新要求,善于把握投资方向的企业,将使投资继续对经济发展发挥关键作用。

从生产能力和产业组织方式看,过去供给不足是长期困扰我们的一个主要矛盾,现在传统产业供给能力大幅超出需求,产业结构必须优化升级,企业兼并重组、生产相对集中不可避免,新兴产业、服务业、小微企业作用更加凸显,生产小型化、智能化、专业化将成为产业组织新特征。

从生产要素相对优势看,过去劳动力成本低是最大优势,引进技术和管理就能迅速变成生产力,现在人口老龄化日趋发展,农业富余劳动力减少,要素的规模驱动力减弱,经济增长将更多依靠人力资本质量和技术进步,必须让创新成为驱动发展的新引擎。

从市场竞争特点看,过去主要是数量扩张和价格竞争,现在正逐步转向质量型、差异化为主的竞争,统一全国市场、提高资源配置效率是经济发展的内生性要求,必须深化改革开放,加快形成统一透明、有序规范的市场环境。

(四) 双循环经济背景下创业的意义

目前我国已经进入工业化后期,部分发达地区已进入后工业化时代,经济发展的核心问题是内需疲软、供给过剩,如何启动内需、优化国内循环成为重中之重。我国经济社会发展将进入重大转型期、重大机遇期,同时也处于重大风险交织期。大国战略对抗、人口结构转变、区域发展不平衡、维护产业安全、贫富差距扩大、财政金融领域潜在风险等多领域、多层次风险广泛存在,在疫情的影响下更是复杂交织。为应对复杂的国际环境,为中国经济指明方向,习总书记在全国政协十三届三次会议经济界委员联组会上深刻分析国际形势后,提出"双循环"理念,即未来要把满足国内要求作为出发点和落脚点,逐步形成以国内大循环为主体,国内国际双循环相互促进的新发展格局。以国内循环为主,就是要通过深化改革,破解制约发展的桎梏阻碍,才能锻造出我国未来发展的新优势。同时通过进一步扩大对外开放形成国际合作竞争新优势,因此国际国内双循环经济背景下大力发展创业具有重要意义。

第一,推动供给创新升级。在国内经济循环中,供需不匹配、有效供给少的问题日益突出。创新创业能有效推进供给侧结构性改革,进一步挖掘消费潜力,特别是科技创新可以推动供给体系转型升级。加大科技创新力度,支持关键核心技术创新与创业,能不断形成高质量供给,在保障内循环生产端稳定的同时,对供给结构进行了优化。

第二,激发内需释放潜力。创新创业可以进一步激发不同领域消费的新活力,既能促进传统商品消费健康增长,又能推动升级类消费更好地满足群众需要,还能加快培育消费新业态新模式,带动消费新增量。从投资看,通过货币和财政政策拉动经济增长,提高消费总需求。创新创业围绕消费需求,发挥投资的关键性作用,进一步释放需求对经济发展的影响潜力。

> **思考**:结合身边的变化谈谈你了解的经济发展与创业的关系?

扫扫下方二维码,轻松学习在线开放课程《创新思维培养》(制造类)

三、创业精神

问题导入:

罗永浩是一位德艺双馨的相声表演艺术家,也是一位连续创业者,曾任新东方培训学校教师,从新东方出来后先后创办过老罗英语培训学校、牛博网和锤子科技。他创办的锤子手机获得了不少消费者的认可,然而由于后期经营策略问题,公司面临巨大亏损,他本人也背上了巨额债务。为还清债务,他迅速转战直播行业并且做得风生水起。2022年10月,罗永浩新的创业公司 thin red line(细红线)主攻 AR(增强现实)赛道,拿到 4 亿元天使轮融资,深谙传播之道的罗永浩再次吸引到聚光灯。从教育培训到手机,从带货到 AR,罗永浩频换赛道,却总能成为行业代言人。至于正在专注的 AR,虽然利好和痛点同在,但如他所言,"再创业可能后悔,不再创业百分之百后悔"。那么,是一种什么样的力量让他一直坚持自己的创业道路呢?

(一) 什么是创业精神

创业精神又叫企业家精神,是创业者在创业过程中具有的重要行为特征的高度凝练,主要包括开创性的思想、观念、个性、意志、作风和品质等,主要表现为敢于创新、不惧风险、团结协作、坚持不懈等。创业精神是创业的动力,也是创业的支柱。没有创业精神就不会有创业行动,也就无从谈起创业是否成功。因此,创业精神对创业至关重要。

1. 创新性

创新是创业精神的核心与灵魂。创业活动中贯穿着各种形式的创新,诸如产品创新、技术创新、市场创新、组织形式创新等。没有创新的创业很难创造巨大的经济财富,创业者只有具有创新精神,才可能创建创新性的企业,并保持企业的可持续发展。

2. 冒险性

创业会面临着各种风险,如果没有甘冒风险和承担风险的魄力,就不能成为创业者。创业者不同于一般职业阶层,他们最大的特殊性就是敢于冒险和承担风险。创业者对风险的容纳度超过了一般人的认知水平。没有敢为人先、勇担风险的勇气,创业者是很难开辟一片新的领域。

3. 合作性

社会发展到今天,行业分工越来越细,没有谁能一个人完成所有创业需要完成的事情。创业者要善于合作,凝聚团队集体智慧,共同为创业目标而奋斗,不但能弥补自己的局限更能使人尽其才物尽其用,博采众长。如在华为,任正非很忌讳谈个人英雄主义,他非常注重团队合作。

4. 执着性

创业的过程是对每个想实现人生梦想的人的心智的一个磨炼的过程,创业的过程必然伴随着各种艰辛和曲折,因此创业者必须具有执着的毅力,不轻言放弃,才能在艰难的竞争中想办法整合各类资源使企业生存下来,最终实现创业企业的发展。很多时候我们只看到创业者成功后的鲜花与掌声,却忽略了这背后的艰辛与努力。没有随随便便的成功,只有凤凰涅槃后的重生。

(二) 创业精神的作用

创业精神能够激发人们进行创业实践的欲望,是心理上的一种内在动力机制。它在很大程度上决定着一个人是否敢于投身创业实践活动,支配着人们对创业实践活动的态度和行为,并影响着态度和行为的方向及强度。创新精神能够在人的主观意志中起重要作用,让人们在遇到困难时,不断突破自我,找到更好的解决方法,从而实现创业梦想。创业精神能够渗透到三个广阔的领域并产生作用:个人自我价值的实现、企业的成长和国家的经济发展。创业精神能够帮助个人成功地创建企业,在精神上激励创业者为实现创业不断突破自己,实现自我价值;创业精神刺激企业焕发生机,具备强竞争力和高增长;个人和企业具备创业精神,能促进国家经济繁荣,使国家经济具备创业精神,帮助国家变得富强。因此,创业精神的力量能够帮助个人、企业乃至国家经济发展在面对新一轮科技革命的竞争时走向成功和繁荣。[1]

（三）影响创业精神形成的因素

创业精神的形成与发展受其所处的社会环境包括文化环境、产业环境和生活环境等影响。

1. 文化环境

文化对人的心理影响是潜移默化和深远持久的,创业者会受到其成长环境的影响,其接触的文化就是学习的重要内容之一。因此,商业文化氛围浓厚的地方,更容易培养潜在创业行动者的创业精神。比如商业文化十分发达的潮汕就孕育了当今潮汕商人的创业精神。

2. 产业环境

不同的产业环境会对创业精神产生不同的影响。对于垄断行业而言,行业缺乏竞争,创业缺乏萌芽的土壤,创业精神的产生就会受到抑制。而在一个全竞争的市场结构中,由于企业竞争激烈,则更有可能培育创业精神。如美国硅谷的竞争环境孕育了硅谷的创业精神。

3. 生活环境

俗话说:穷则思变。从生活环境来看,资源贫瘠、条件恶劣的区域往往更能使人产生斗志,渴望改善生存状况,这样的念头会促使人们不断寻求发展机会,整合外界资源,进而催生创业念头,激发创业精神。如20世纪八九十年代很多湖南邵东人到全国各地创业,他们吃苦耐劳,很多当地人不想做的生意,他们可以做得很好,产生了很多优秀的创业者。当时他们出去创业是因为走投无路,当地自然环境非常恶劣,在山区光靠务农没有办法养活一家人。

（四）创业精神的培育

1. 培育创业人格

个性特征对个体的创业来说非常重要,尤其是独立、坚持、敢为等特征。人格养成与创业精神、能力的培养相辅相成。我们应有针对性地学习必要的心理健康知识,树立心理健康意识。优化心理素质,增强心理调适能力和适应社会能力,自觉培养坚韧不拔的意志品质和艰苦奋斗的精神,提高承变和应对挫折的能力。

2. 培养创新能力

创新是创业精神的核心,创业者必须突出创新能力的培养与提高。要尊重个性发展规律,爱护和培养好奇心、求知欲,为禀赋和潜能的充分开发创造环境和机会。要勇于突破,有意识地突破前人,突破书本,突破老师。通过学习创新创造类课程、参加主题

---

[1]　拉里·法雷尔·创业时代[M].杨晓非,李政,译.北京:清华大学出版社,2006.

技能竞赛等去感受、理解知识学习和应用的过程,培养科学精神和创新思维。

3. 强化创业实践

创业精神的培育要做到知行合一,理论与实践紧密结合。大学生不仅要学好创业基础理论内容,还要多观察身边的创业机会,更要利用课余时间参加一定的社会实践活动,形成对创业的感性认知,提升解决问题的能力并孕育创业精神。

创业测试:创业准备度问答

如果每一项都是1~5分,你会给自己打多少分?

1. 我曾经/现在学习创业相关的知识,有过创业体会;
2. 我旁边的人们(家人、亲友)曾经创过业,对我有一定的影响;
3. 即便我现在打工/学习,我也对创业充满热情;
4. 我相信我会成为一名优秀的创业者;
5. 未来是不确定的,但我愿意承担其中的风险;
6. 常年的压力环境,对我来讲是一件轻松的事;
7. 当我想创业时,我周围会有丰富的资源(人、事、物)支持我;
8. 我曾经有过一定的商务经验(经商等);
9. 我所在的环境/地区拥有良好的经商文化氛围;
10. 每每想到创业,都会让我热血沸腾,激动不已。

扫扫下方二维码,轻松学习在线开放课程《创新思维培养》(制造类)

四、创业与职业生涯发展

问题导入:

小明从小到大都是听话的孩子,从上幼儿园开始就被父母安排好上哪所幼儿园,直到上大学都是选的父母觉得好的学校和专业。马上面临毕业,父母的建议是要他就在当地找个"铁饭碗"的工作,进国企、事业单位或者考公务员,过着稳定而舒适的生活。但是大学里的学习让他觉得这个世界充满太多的不确定性,当前还是炙手可热的工作,过几年就有被淘汰的可能。他有些迷茫,是要更加尊重自己"内心"的想法,去大城市闯一闯,还是过着和父母一样"一眼可以看到头"的平淡生活?他父母这一代有"铁饭碗"的工作,到他这里还会有吗?小明很困惑,希望通过这节内容的学习能够帮他解决这个问题。

(一) 创业对人生发展的意义

1. 实现自我人生理想

每个人都有自己的人生理想,实现理想的途径有很多,但从最终结果来看,创业是实现人生理想最为有效的一种方式。每个行业都有自己的门槛,但是创业是一种多元的选择,既可以依赖高层次的创新成果,比如专利技术,也可以仅靠自己的双手付出的辛勤劳动;创业者可以是高学历、高收入人群,也可以是农民、工人或文化程度较低的一群人;可以正值壮年,也可以是懵懂的少年、头发花白的暮年。最重要的是,创业依赖的是提供的产品或服务,相应的,评判创业成功与否的就是市场了,而市场是相对公开透明的,满足了市场的需求,产品或服务才能继续存活下去。所以,创业也是一条相对公平的实现人生理想的途径。

2. 承担社会责任感

创业是创造价值的过程,创业者将自己的创意通过商业手段转化为产品和服务,满足了消费者需求的同时创造了就业机会,有利于缓解当前严峻的就业形势。创业过程中,创业者需要对创业团队、客户、投资者等诸多社会主体负责,进而培养社会责任感。创业初期会遇到各种各样的困难,在大众创业、万众创新的政策扶持下,创业者在克服各种困难的同时,会形成一种对个人、家庭、企业、社会的强烈责任感和使命感,希望自己获得成功的同时也能更好地回馈社会。

3. 磨砺人生,提升自我

创业的艰辛不言而喻,从初期的创意萌芽到产品落地,这并不是结束,而是一切的开始,融资、管理、销售、研发等一系列问题都要解决,决策稍有不慎就有可能满盘皆输。创业者在享受企业成长的喜悦的同时,承担更多的是压力,但这也是一个极好的锻炼机会,面对困难磨砺了自己的意志和精神,解决问题提升了自己的综合素质,即使是失败了,创业能力的提升带来的益处,创业者也是受用终身的。

(二) 大学生创业与就业关系

1. 当前我们所处的时代

随着互联网、云计算、物联网等新经济形态的发展,全球经济处于前所未有的不稳定阶段,因此中国乃至全球都处在了高度不确定性的时代。20世纪90年代,美军方提出"乌卡时代"(VUCA)的说法,概括了后互联网时代商业世界的特征,指的是易变不稳定(volatile)、不确定(uncertain)、复杂(complex)、模糊(ambiguous)。将四个英文字头组合起来,与当今社会环境结合一体,构成一个完整的概念词汇——乌卡时代。是指我们目前正处于一个易变性、不确定性、复杂性、模糊性的世界里。"易变性"是指事情变化非常快,"不确定性"是说我们不知道下一步的方向在哪儿,"复杂性"意味着每件事会影响到另外一些事情,"模糊性"表示关系不明确。"乌卡时代"的特征概括如下:

(1) 没有了"参照系"。一直到20世纪80年代,人们的经济和商业活动,从产品、服务、财富标准交易模式到经济组织,都有着稳定甚至经久不衰的"参照系"。但是,现在这个"参照系"现在已经不存在,比如"洛克菲勒"的标准石油从创业到垄断花了近40年的时间;"老式"科技公司比尔·盖茨1972年创立"微软"到上市,到互联网泡沫顶峰花了27年时间。而Facebook扎克伯格只用了9年的时间完成上市;通用搜索引擎Google从斯坦福车库到上市只用了6年;颠覆出租车行业的Uber,第一个10亿美元的里程碑花了3年完成,5年后估值400亿。野蛮生长的创业公司证明了传统"参照系"已经被颠覆,带来的"大众创业、万众创新",虽然创业维艰、九死一生,但也已经成为必然现象,这也是这个时代如此丰富多彩的原因。

（2）捕获拐点日益困难。由于失去了稳定的参照系,技术发展的不确定性等多种因素使得量变引起质变的"拐点"更加难以捕获。如 2019 年沃尔玛在中国很多城市的投资撤回,原因如下:超市生意惨淡,网购盛行;沃尔玛卫星通信系统无法在我国使用;由于中国政策的改变与国内企业的腾飞,外资在中国发展困难。曾经世界"五百强"排第一的沃尔玛也想在中国好好经营下去,但是怎样经营能重赢市场变得日益困难。

（3）传统商业模式陷入困难。自古以来"商业模式"从来都是实现资本、劳动力市场等要素的最优组合。控制成本,使利益最大化。但是,我们发现,商业活动变了,知识、信息、数据成为最重要的要素,而成本结构也发生了变化,如 IT 行业,可以做到零"边际成本"。商业活动的顺序也发生了变化,原来是生产一个产品,通过广告的方式进行宣传,然后去找用户,而互联网的性质是"用户"去找"企业"。

作为当代大学生应正确认识不确定带来的机遇和挑战,树立将挑战变成机遇的意识,培养应变能力;树立新的时代观,不确定性将是常态,积极适应这种不确定性;把握当下的确定性,以自己的确定性去应对未来的不确定性,主动创造不可知的未来。

2. 创业与就业的关系

狭义的创业指"创办一个企业的过程",广义的创业指"创造新的人生事业的过程"。就业是指就业者到别人创办的企业或事业单位去找一份相对稳定的工作,通过劳动获得一份工资收入的行为。创业和就业并不是矛盾体,而是相辅相成、相互依赖的关系。从全社会看,创业是就业的前提,就业依赖于创业。如果社会上创业的人少了,那么就会出现大量的失业者。就业成就创业,没有就业也就无所谓创业。创业者如果没有就业者,单枪匹马很难走得长远。从大学生的角度看,创业与就业是包容与被包容、暂时和持续的关系。根据舒伯的职业发展理论,大学阶段为未来的职业发展做准备,我们应该有就业的前期准备,也应该有在未来随时抓住机会,进行自我创业的能力,实现个人职业飞跃。

据美国《财富》杂志报道,美国中小企业平均寿命不到 7 年,大企业平均寿命不足40 年。而中国,中小企业的平均寿命仅 2.5 年,集团企业的平均寿命仅 7～8 年。所以作为新时代的大学生如果只是抱着就业的心态去工作,将面临更大的失业风险,因为按照传统思维到一个企业工作一辈子基本不太可能,一辈子太长,有的企业可能几年就不存在了。从广义上说,我们每个人都需要创业,不是每个人都有机会创办企业,也可以指在企业的公司里创办子公司或分公司如加盟店,还可以选择在创业型公司工作,也可以选择在日常行为中进行创新,哪怕你的一点点改变都可以算成是创业的范畴。于是我们会发现人人都可以成为创业者,因为每个人都要创造自己的人生事业,以创业的心态去工作,不断提高自己的创业能力才能在激烈的竞争中立于不败之地。

（三）个人职业生涯的层次

职业生涯是指个人通过从事工作所创造出的一个有目的、延续一定时间的生活模式。这个定义是由美国职业发展协会(National Career Development Association)提出的,是职业生涯领域中被广泛使用的一个定义。职业在个人的职业生涯中,一般有五个层次。

第一个层次是任务。这个层次的工作者以完成指派工作为目标,任务通常是指定的,有明确的目标和时间结点,有阶段性和被动性。比如我们现在比较熟悉的快递小哥或外卖送单员,把快递或者外卖送到指定的地点,收入按照计件所得来计算,不需要太多专业知识和情感。还有我们比较熟悉的大学生以赚钱为目的的兼职。他们的共同特点就是做一天和尚撞一天钟,不需要太多知识和情感。

第二个层次是工作。工作者按照一定的程序化的规范去完成工作,把工作当成谋生的手段,说不上喜欢与否。在工作中,一天工作几个小时有具体要求,工作者会按照一定的流程去做自己分内的事,需要一定的知识但不会考虑其他因素,如我们机关事业单位的一些办事员或工厂流水线的工人,严格按流程工作,"出力但不走心"。

第三个层次是职业。职业有三个特点:专业、细节和文化,表现为尊重。比如教师这个职业,第一要有相应的专业知识,不同层次和学科教师对专业知识的要求不同。第二作为教师来说,要注重细节,注意自己的言传身教,如教师的着装、言行举止都要符合教师的这个职业的特征。曾经新闻报道过一个女教师拦高铁的事件,大家想想为什么在社会上反响会那么大?试想如果是一个普通的打工者做了这样一件事,媒体会不会觉得就少了一些炒作点呢?因为教师的身份对细节有具体的要求。第三是文化,每个职业都要自己的职业文化,教师的职业文化就是"点燃自己照亮别人"。学生的成长成才是老师的最大欣慰。

第四个层次是事业。事业是职业的意义,是职业的升华,是一个人毕生的奋斗目标,是社会价值和自我价值的统一。如果你想在某一职业上干不一样的业绩,这一职业就会成为你的毕生事业。今天我们提倡的"工匠精神",就是一种执着和坚守,对自己的工作和产品"精益求精",在平凡的工作中踏踏实实艰苦奋斗,做出不一样的业绩。

第五个层次为人生。这是事业的深度和宽度的统一,深度是指投入的精力和时间量度,职业深度则是指站在人生的终点来看待自己现在所做的事情,如果现在的职业是投入的精力和时间最多的,那就是事业的归宿和可持续发展。宽度指的是生活方式的延展,职业宽度是指工作融入生活,生活融入工作的水平。如果工作和生活的融入水平很高,就会让职业的意义变得更加丰富。如"2019年感动中国人物"樊锦诗,北大考古专业毕业,为了敦煌莫高窟的保护与管理,将自己的一生都奉献给了戈壁沙漠。她所从事的职业就是她的人生写照,这就是职业的最高层次——人生。

一般来说,你把自己的职业定位在哪个层次,你的努力和成就就被限定在哪个层次。任务、工作的视角是就业视角,职业在这个层次主要是做的重复性和机械性的工作,不需要很多个性化思考,更多强调的是服从,企业要求你怎么做你就怎么做。而职业、事业和人生是创业视角,它会要求你更加积极主动地去整合资源,采取小步行动,在行动中反思探究原因,思考事情背后的意义,从而实现个人人生职业目标。

思考:小明的问题应该怎么解决?想想你未来所要从事的职业应定位在职业生涯的哪个层次?为什么?

扫扫下方二维码,轻松学习在线开放课程《创新思维培养》(制造类)

解答与分享

通过上述内容的学习,你觉得李娜的问题应该怎么解决?

_____

你对自己的未来是怎么打算的?

_____

你觉得什么样的人生是最理想的?

_____

你对自己的职业生涯有什么困惑? 通过本模块的学习你解决困惑了吗?

_____

训练与应用

案例一:

敦煌女儿

樊锦诗,1938 年生于北京,长于上海。1963 年,樊锦诗从北京大学考古专业毕业,怀揣着保护祖国文化遗产梦想,千里迢迢来到了戈壁大漠深处的敦煌莫高窟。她主要致力于石窟考古、石窟科学保护和管理,被誉为"敦煌女儿"。住土房,睡土炕,吃杂粮,喝宕泉河水,20 世纪 60 年代的敦煌,条件还十分艰苦……但这一切没有吓走樊锦诗——这位唯一正儿八经分配来的女大学生。

为了敦煌,樊锦诗和丈夫两地分居长达 19 年,独自一人带两个孩子生活在敦煌,因为条件艰苦,两个孩子小时候都没有得到很好的照料。她在敦煌从满头青丝待到了一头白发,四十多年的光阴谱写了"敦煌女儿"的奋斗人生。她潜心于石窟考古研究与保护工作,扎根大漠,完成了敦煌莫高窟的分期断代、构建"数字敦煌"等重要文物研究和保护工程。她所撰写的《敦煌石窟研究百年回顾与瞻望》,是对 20 世纪敦煌石窟研究的总结和思考。由她主编,香港商务印书馆出版的 26 卷大型丛书《敦煌石窟全集》则是百年敦煌石窟研究的集中展示。2019 年她被评为感动中国十大人物之一。

(资料来源:改编自《"敦煌女儿"樊锦诗,只因为在书中多看了你一眼》,新华社新媒体,https://baijiahao.baidu.com/s? id=1646731888896050973&wfr=spider&for=pc)

案例二：

酷爱发明的张江杰

2017年福布斯中国"30位30岁以下"精英榜中，毕业于湖南工业职业技术学院的张江杰以仁杰电子总经理身份入选。张江杰从小就喜欢发明创造，习惯拆玩具，家里很少有一件完整的玩具；能拆的东西基本都被他拆坏过，电视机修了好几次。高二时，张江杰向妈妈提出要休学回家搞研究，并请求父母拿30万帮自己开一家创客公司。这个"离经叛道"的请求不但没有被母亲江其清驳斥回去，母亲更是全力支持拿出了全部的积蓄，就这样，"仁杰电子"悄然诞生。

早在退学前，张江杰就看到不少因燃放烟花爆竹而引发伤亡事故的新闻报道，他决定自己解决这些问题。花了整整一年的时间，张江杰研制成功了一整套"烟花无线电子点火系统"。2012年7月，这套系统获得国家发明专利，正式投产后，也备受省内外众多烟花爆竹厂商青睐。靠着这项发明，张江杰淘到了第一桶金。

在江其清的鼓励下，张江杰参加了湖南工业职业技术学院的单招考试，并顺利考入高校一边读书，一边将发明进行到底。不同于高中，在湖南工业职院的学习，张江杰如鱼得水。"职校实践课程很多，到处都是动手的机会，非常适合我。"不过，经常沉迷在自我空间里的张江杰"不善与人交流沟通"，江其清认为这会成为他创业路上的绊脚石。一次偶然的机会，张江杰结识了长沙市教育科学研究院科技与创新教育教研员，中国发明协会中小学创造教育分会副会长，徐特立教育奖获得者——谭迪熬老师。"谭老师是我生命中的贵人。"张江杰说，谭老师就像家人一样，时时给自己打电话聊天，还会到学校看望他。

2014年4月底，谭老师还特意陪同张江杰参加第113届巴黎国际发明展览会，他们带去了"一种脑电波控制假肢系统"和"烟花无线电子点火系统"两项作品。"烟花无线电子点火系统"拿下了铜奖，而"一种脑电波控制假肢系统"获得了金奖。

在巴黎拿到金奖作品"一种脑电波控制假肢系统"，源自张江杰小时候天马行空的一个想法。他的爷爷因病瘫痪在床，在他8岁时，就想发明一种可以让爷爷像正常人一样行动的系统。多年来，他一直没有放弃，并且在一次次的完善后，梦想已变成了一个可以操作的具体的系统。他给自己的这件作品打了高分，"假肢系统需要获取脑电波再转化成数据指令去控制机械，是个大挑战，我很满意"。展会现场，他的展台被围得水泄不通,大家都对这个可用思想制的"假肢"很着迷。

随后,在第二年举行的第114届巴黎国际发明展览会上,张江杰又凭借"哑语转换语音系统"再次获得金奖。面对成果,张江杰有一套自己的"发明经":不能一味追求新颖独特,要考虑社会需要什么;另一方面也不能一味根据需求去找思路,那样会扼杀自己的想象力。他觉得自己是个"脑洞很大"的人,喜欢将奇思妙想变成实际。"不过,发明创造要习惯失败的状态,往往要经过成百上千次的失败才能得到一个满意的结果。"

(资料来源:改编自《第十届中国大学生年度人物候选人张江杰事迹》,人民网,http://stu.people.com.cn/n/2015/0330/c392389-26772260.html)

> **思考:**樊锦诗和张江杰都是在创业吗?他们把自己的职业生涯定在什么层次?你会向他们学习吗?他们身上可贵的地方有哪些?

作 业

做做你的白日梦

请拿出一张白纸,在上面写10年以后你想要过的生活,包括工作环境、家庭成员、住房条件、代步工具、交际范畴、消费水准、健康状况……

拓展阅读

创新创业创造:一代青年的人生追求

千百年来,对于人生价值和意义的追问追寻从不过时。

历史不是虚无、未来不是虚无;崇高不是虚无、理想不是虚无;价值不是虚无、意义不是虚无,每一代人都有追问追寻人生意义的权利,每一代人也都有追问追寻人生意义的责任。

五四百年,代代长征。从新民主主义革命到社会主义革命和建设,再到改革开放时期,每一代英雄的中国人都经历了属于其人其时的长征。新时代青年应自觉融入为中国梦而奋斗的新长征,在创新创业创造中展现人生意义。

——厚植家国情怀,以创新创业创造贡献国家

五四运动孕育了以爱国、进步、民主、科学为主要内容的伟大五四精神,其核心是爱国主义。离开了祖国需要、人民利益,任何孤芳自赏都会陷入越走越窄的狭小天地。新时代青年应牢牢把握当代中国爱国主义的本质,坚持爱国和爱党、爱社会主义高度统一,把自己的小我融入祖国的大我、人民的大我之中,升华人生境界。

当今,中国特色社会主义已进入新时代,深化供给侧结构性改革、实现高质量发展前所未有地呼唤创新创业创造。新时代中国青年应当在创新创业创造上有所作为,而且应有大的作为,以创新向落后宣战,以创业向享乐宣战,以创造向保守宣战,用真情投入体现家国情怀和人类关怀。

一切视探索尝试为畏途、一切把负重前行当吃亏、一切"躲进小楼成一统"逃避责任的

思想和行为，都是成不了事的。新时代中国青年应勇于担当、勇于开拓，在创新创业创造的时代实践中寻找人生价值，在实现中华民族伟大复兴的新征程上勇立潮头、争做先锋。

——追求进步觉醒，以创新创业创造引领时代

我们要建设的社会主义现代化强国，不仅要在物质上强，更要在精神上强。五四运动以全民族的行动激发了追求真理、追求进步的伟大觉醒。新时代青年应坚定理想信念，志存高远，把握好当代社会主义、当代青年运动方向，把青春汗水挥洒在中国特色社会主义的正确道路上。

我们应当意识到，新时代是一个改革创新的时代，创新是一场融合新科技革命和新产业革命、具有鲜明新时代特征的划时代大变革。我们必须充分释放全社会创新创业创造动能，把创新发展作为新时代发展的首要理念真正树立起来，使创新真正成为融入血液的基因、成为下意识的行动，让创新创业创造真正成为新时代文化的鲜明特色。

当代青年思想活跃、思维敏捷，观念新颖、兴趣广泛，探索未知劲头足，接受新生事物快，主体意识、参与意识强，对实现人生发展有着强烈渴望。这种青春天性赋予青年的活力、激情和想象力，正是创新创业创造的重要源泉。同时，青年人阅历不广，容易从自身角度、从理想状态的角度来认识和理解世界，这是青年创新创业创造的局限。新时代青年应正视自身的优势和不足，锤炼品德修为，恪守正道，使自己的思维视野、思想观念、认识水平跟上越来越快的时代发展，在与时代同步伐中成就新的青春之歌。

——承继奋斗传统，以创新创业创造驱动发展

没有人会恩赐给我们一个光明的中国、一个光明的未来，民族复兴的使命要靠奋斗来实现，人生理想的风帆要靠奋斗来扬起。五四运动以全民族的搏击培育了永久奋斗的伟大传统。今天，我们的生活条件好了，但奋斗精神一点都不能少，必须以新的奋斗拼搏奔赴更远大的前程。

创新是引领发展的第一动力，创新创业创造是新时代伟大奋斗至关重要的内容。新时代要求更好地推进科技创新，着力增强开放条件下的科技创新自主供给能力；新时代要求更好地推进社会创业，着力把创新成果转化为实实在在的产业活动；新时代要求更好地推进价值创造，让全社会从创新创业中增强获得感、幸福感、安全感。

创新创业创造不是口号，需要在砥砺奋斗中见实效，在做好每一件小事、完成每一项任务、履行每一项职责中见精神。特别是当今时代知识更新不断加快，社会分工日益细化，新技术新模式新业态层出不穷，当代青年遇到很多过去从未遇到过的困难，面临不少思想认识上的困惑彷徨、人生抉择上的十字路口。新时代青年需要提高内在素质，锤炼过硬本领，以强者之姿创新创造、攻坚克难，书写人生精彩。

一个创新创业创造的伟大新时代，为中国青年一代追寻人生意义提供了无比广阔的舞台。新时代中国青年，应以创新的勇气、创业的实干、创造的能力，托举起新时代中国之命运、中华民族之命运、中国人之命运！

（资料来源：王仕涛，《创新创业创造：一代青年的人生追求》，载自《科技日报》，2019年5月6日）

模块二 创新意识与思维

【学习目标】

育人目标:用创新的思维去学习和生活;造就全面发展的人。

知识目标:认识创新意识的概念及特征;掌握创新意识的类型;了解创新思维的分类及特征;认识影响创新思维的障碍及开拓创新思维的方法;区分创意思维和管理思维。

能力目标:培养创新意识;增强遇到问题的多角度思维能力;提高学生的观察能力。

思政目标:树立正确的创新观;焕发出学生创新的热情和动力;培养学生的探索精神。

【教学重难点】

重点:创新的来源;创新思维的概念及类型;创新意识的概念及类型

难点:如何培养创新意识;如何开拓创新思维;创业思维和管理思维的区分

困惑与迷思

李芬是一名广告设计专业大三学生,近期她经常在网络、报纸杂志上看到"大众创新,万众创业""唯有创新,方能长存"等关于创新创业的热点话题,了解到当下国家倡导创业,出台了很多支持创业的政策,特别是大学生创业,她也想毕业后抓住机会,自己开办一家小小的广告设计公司。她将自己的想法告诉了父母,想得到父母的认可,并通过父母的帮助筹钱。但是父母不太同意她的未来规划,觉得女孩子有个稳定工作就好,比如去考个公务员或者老师就很好,并领李芬去广告设计公司市场看了看,到处都是广告公司,资深的广告公司有稳定的客源,稳定的业务,还未起步的李芬用什么去与他们竞争,李芬陷入了沉思,她想做创新型广告设计公司,去做与市场上有差别的广告公司。

如果你对整个市场、行业不了解,是否也会有想要贸然创业的想法?李芬想要做创新型广告设计公司,该如何培养创新意识与创新思维呢?创新意识与思维的种类有哪些呢?阻碍创新意识与思维的发展因素有哪些呢?

知识引领

思维导图

```
                      创新意识与思维
   ┌──────────┬──────────┬──────────┬──────────┐
 创新的概念及来源   创新意识      创新思维      创业思维和管理思维

 创新的概念      创新意识的内涵   思维方式的概念与层次   创新思维

 创新的来源      创新意识的特征   创新思维的内涵与特征   管理思维

            创新意识的作用   创新思维的分类   创业思维和管理思维的区分

            创新意识的类型   创新思维的障碍

            创新意识的培养   开拓创新思维的方法
```

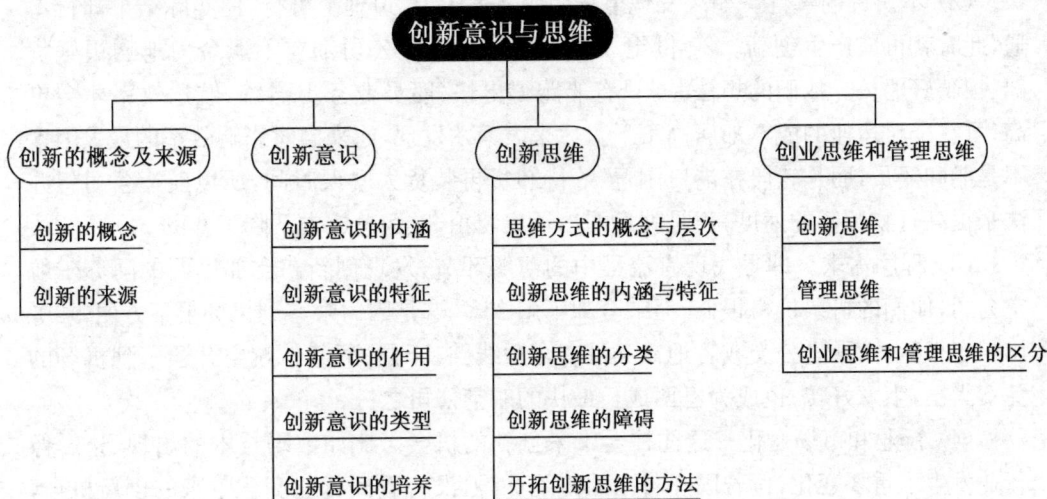

一、创新的概念及来源

问题导入：

李明是一名大三在外实习的大学生，起初一直在超市实习的他，一直和供货商有对接，他想既然自己积累了资源，不如利用这个机会在家附近自己开一家，但是家楼下的超市也不少了，他该怎么做呢？

1. 创新的概念

创新，顾名思义，创造新的事物。《广雅》："创，始也"；新，与旧相对。创新一词出现很早，如《魏书》有"革弊创新"，《周书》中有"创新改旧"。和创新含义近同的词汇有维新、鼎新等，如"革故鼎新""除旧布新""苟日新、日日新，又日新"。

在西方，英语中 innovation（创新）这个词起源于拉丁语。它原意有三层含义：第一，更新，就是对原有的东西就行替换；第二，创造新的东西，就是创造出原来没有的东西；第三，改变，就是对原有的东西进行发展和改造。

创新是企业家特有的工具。凭借创新，他们将变化看作是开创另一个企业或服务的机遇。企业家必须有目的地寻找创新的来源，寻找预示成功创新的机会的变化和征兆。他们还应该了解成功创新的原理，并加以应用。

2. 创新的来源

一个苹果砸出了牛顿力学；入睡的瓦特被一阵开水的响声吵醒，发明了蒸汽机。这是创新中的顿悟。创新不只有顿悟或者灵感突现，创新还有许多来源，如意外事件、不协调的事件、程序需求等。

（1）意外事件。这是最容易利用、成本最低的创新机会。比如万豪酒店最早成立的时候做连锁餐饮,有一年万豪酒店在华盛顿州开的一家餐馆,生意意外地火爆,原来餐馆对面是机场,那时飞机上不提供食物,很多乘客就来餐馆买快餐带到飞机上,万豪就意外地发现了新机会,开始和航空公司合作,经营航空餐厅,取得了成功。

(2)不协调的事件。如果发现事物明明从逻辑上、道理上可行,但实际结果却行不通,此时就可能产生创新。20世纪50年代之前,航运公司都在不遗余力地购买好货船、招聘好船员。他们的想法是,只有船跑得更快、船员业务更熟练,航运效率才会更高,可整个航运业的成本却居高不下。后来大家才发现,原来当时影响效率的最大因素不是船和船员,而是轮船在港口闲置、等待卸货再装货太耽误时间,所以航运公司想办法来提高货物装卸的速度,于是就发明出了集装箱,航运总成本下降了60%。

(3)程序需求。即寻找现有流程中的薄弱环节,发现创新。比如巴西的阿苏尔航空公司,他们的机票价格很低,但乘客却不怎么多,这是因为乘客到机场很不方便,乘坐出租车很贵,而乘坐公交或者地铁又没有合适线路,于是,阿苏尔航空开通了到机场的免费大巴,生意好转,也成为巴西成长最快的航空公司之一。

(4)行业和市场变化。这往往会带来创新的机会。比如数码技术的出现,让影像行业发生了重要变化,倘若固守自己的传统优势,没有看到行业变化带来的创新机会,未来也会步履维艰。柯达作为全球最大的影像公司,未能赶上潮流,一步步陷入生死存亡的绝境。而事实上,早在1975年,柯达就发明了第一台数码相机,管理层们知道胶卷总有一天会消失,但是不知道什么时候会发生。结果,当市场结构真正变化时,一切都来不及了,这家百年企业的市值蒸发超过90%,不得不于2012年在美国申请破产保护。

(5)人口结构的变化。人口数量、年龄结构、性别组合、就业情况、受教育状况、收入情况等方面的变化,都会带来创新机会。如人口老龄化,随着人口老龄化趋势的加剧,可以考虑创办针对老年人的健康保健、康体养生等服务机构。在四川雅安,代佳林和周航是两名海外留学生,学成归来后,在家乡开起了养老院。佳林最初的动机是为了给他的爷爷找到一所满意的养老机构,于是她拉上多年好友周航一起考察成都以及周边的多家养老机构。"我们的第一感觉是老了好可怕,两三个老人合居在一个房间里面,昏暗压抑,绝对不能把我的家人送到这种环境里。"由于对传统养老机构的失望,两人决定合力开设一家不同寻常的养老院。在前期考察中,他们浏览了大量的养老机构,并最终决定在雅安开办一家以年轻人为创办者和管理者的特色养老院。这家"另类养老院"由一批90后和00后共同创办和管理。除了提供常规护理服务外,这些年轻人每天还带着老人们进行时尚大片拍摄、唱K歌、跳舞、玩泡泡枪、种菜等各种活动。他们致力于为老人们创造愉快、多样化和有意义的生活体验。通过年轻人的努力和创新思维,这家"另类养老院"为老人们提供了一个充满活力和乐趣的居住环境,改变了人们对传统养老院的看法。

(6)认知上的变化。意料之外的成功和失败能产生创新,是因为它能引起认知上的变化。比如计算机,最早人们认为只有在大企业中才能有用,后来意识到在家庭中也有广阔的使用空间,从而推动了家用电脑的革新。

(7)新知识。纵观那些书写历史的创新,都是基于某种新的知识——无论这种知识是科学的、技术的,还是社会的。这些知识是创业界的超级明星,它们吸引公众的注意,能获得投资。它是人们经常谈到的创新的最普遍的形式,当然并不是所有基于知识的创新都那么重要。

拓展阅读

1890年,世界贸易兴旺发达,长时间生活在船上的海员,因吃不上新鲜的蔬菜、水果等食品而患病,有的还患了严重威胁生命的坏血症。拿破仑政府用12 000法郎的巨额奖金,征求一种长期贮存食品的方法。巴黎有个小伙子叫波特,他看到公告后,就让妻子买了好几种菜回来。波特想,蔬菜变质,可能与阳光照射有关,他就把蔬菜搬到阴暗处,可没几天蔬菜全烂了。波特又想:会不会因为蔬菜里进了脏东西,引起腐烂,于是,他把蔬菜和水果严严实实的包扎起来。虽然用这种方法,保存的时间长了几天,但还是不能解决长途运输的问题。

一天晚上,妻子把当天吃剩的菜重新煮了一遍,波特问这是为什么?妻子告诉他,这样到了明天,饭菜就不能变馊。波特很快受启发。他把食物装进玻璃瓶里,敞开着瓶口,放到水里煮。等煮沸后,用涂了腊的软木塞把瓶口堵住,用金属丝缠好,然后再把瓶子放到开水里煮一会儿,食物没有变质,还更好吃了,他抱着瓶子跳着舞去领赏,罐头就此诞生了。

> 思考:1. 上述案例属于创新来源中的哪一种?
> 　　　2. 波特是如何解决海员遇到的问题的?
> 　　　3. 如何才能培养并激发我们的创新意识?

扫扫下方二维码,轻松学习在线开放课程《创新思维培养》(制造类)

二、创新意识

大学生要想增强自身的创新能力,首先就要培养自身的创新意识。没有创新意识,就进行不了创新活动。

案例导入:

中国作为全球最大的农业生产国之一,一直面临着粮食供给压力和农业可持续发展的挑战。然而,一个农业科学家的创新意识和持续努力,引领了中国农业的巨大变革。袁隆平是中国杂交水稻育种的开创者,被誉为"杂交水稻之父"。他在20世纪60年代起,投身于水稻研究,并立志通过创新来提高水稻产量,以解决中国粮食问题。

在杂交水稻育种上,袁隆平不满足传统水稻品种的低产和抗逆性差,通过交配法培育出高产优质的杂交水稻品种。他坚持研究技术创新,通过选择优良基因和改进种植技术,不断提高杂交水稻的产量和品质。

在创新杂交水稻的过程中,袁隆平面临了重重困难和挑战。他需要大量的资金和技术支持来实现他的创业想法。他积极与政府、科研机构和企业合作,争取到了重要的科研资源和资金,为杂交水稻育种提供了强大的支持。

此外,袁隆平的创新意识还体现在科研方法和理念上。他注重理论研究和实践相结合,通过实验和田间试验验证理论,并不断完善和优化杂交水稻育种的技术。

袁隆平的创新意识和科技成就对中国农业的发展和粮食安全起到了巨大的推动作用。他通过杂交水稻的创新,使中国粮食产量大幅提升,为解决粮食问题作出了重要贡献。

> **思考:**1. 在面对粮食供给压力和农业可持续发展的挑战时,袁隆平如
> 何运用创新意识和持续努力来引领中国农业的巨大变革?
> 2. 结合生活中的经验,如何培养创新意识?

1. 创新意识的内涵

创新是指以现有的知识和物质,在特定的环境中,改进或创造新的事物,并能获得一定有益效果的行为。意识是指大脑对客观世界的反应。

创新意识是指人们依据社会生活发展的需要,表现出来的探究和勇于开拓的精神和观念。它是人类意识活动中的一种积极的、富有成果性的表现形式,是人们进行创造活动的出发点和内在动力,是创造性思维和创造力的前提。

创新意识的内涵包括创造动机、创造兴趣、创造情感和创造意志。

(1) 创造动机

创造动机是创造活动的动力因素,它能推动和激励人们发动和维持创造性活动。这个动机可能是要解决某一问题,也可能是使某物变得更好,如人体工程学电脑椅,瓦特改良蒸汽机。

(2) 创造兴趣

创造兴趣能促进创造活动的成功,是促使人们积极探求新奇事物的一种心理倾向,兴趣常常能引发创新。如牛顿学习成绩很糟糕,但是他热爱发明创造,辍学后仍然自己学习有关知识,最后成为大发明家。比尔·盖茨由于一直保持使计算机能更好操控的强烈兴趣,才创造出 Windows 操作系统。

(3) 创造情感

创造情感是引起、推进乃至完成创造的心理因素,只有具有正确的创造情感才能使创造成功。如南丁格尔正是被自身对伤病员的伟大关怀所引领,才创立了护理学。

(4) 创造意志

创造意志是在创造中克服困难、冲破阻碍的心理因素,创造意志具有目的性、自制性和顽强性三个特征。如鲁班发明锯子,爱迪生在研究电灯时实验了超过 1000 种灯丝材料,才选定了钨丝为灯丝材料,发明了电灯。

2. 创新意识的特征

创新意识具有新颖性、历史性和差异性三个基本特征,下面分别进行介绍。

（1）新颖性

创新意识是求新意识,新颖性是创新意识最显著的特征,创新意识的出发点要么是为了满足新的社会需求,或是用新的方式更好地满足原来的社会需求。无论是哪种都是不满足于现状,要对现状进行突破。

（2）历史性

创新意识是以提高物质生活和精神生活水平需要为出发点的,而这种需要很大程度上受具体的社会历史条件制约。人们的创新意识激起的创造活动和产生的创造成果,应为人类进步和社会发展服务。

（3）差异性

社会地位、环境氛围、文化素养、兴趣爱好、情感志趣等因素对创新意识的产生有重大影响,每个人的影响因素都不同,导致呈现出的创新意识也不同。这类因素也是因人而异,因此对于创新意识既要考察社会背景,又要考察其文化素养和志趣动机。

3. 创新意识的作用

（1）创新意识是决定一个国家、民族创新能力最直接的精神力量

一个国家、民族发展能力的高低可以通过创新能力反映出来,是一个国家和民族解决自身生存、发展问题能力大小的最客观和最重要的标志。

（2）创新意识促成社会多种因素的变化,推动社会的全面进步

创新意识能够促进社会多种因素的变化,从而推动社会的全面进步,带动经济的发展,促进上层建筑的进步。

（3）创新意识能促成人才素质结构的变化,提升人的本质力量

创新意识引导人们朝着充满生机和活力、有开拓精神、有新思想道德素质和现代科学文化素质的人发展,提升人的综合素质,激发人的主体性、能动性、创造性的进一步发挥,从而使人自身的内涵获得极大丰富和扩展。

4. 创新意识的类型

根据创新意识的基本特征和表现形式,将创新意识分为求异意识、求真意识、问题意识和求变意识。

（1）求异意识

求异是创新的本质,新颖、独特,说到底就是与众不同,有创见的意识。求异思维重在开阔思路,启发联想,从各方面、各角度、各层次思考问题,并在各种结构的比较中,选择富有创造性的异乎寻常的新构思。

（2）求真意识

在求异的前提下,创新者应该脚踏实地,遵循客观规律,按规律办事,这样才能获得有价值的成果。反之,脱离实际,不符合客观规律,最后都以失败告终。

（3）问题意识

在人的认知中经常会遇到一些不明白的问题或者是现象,并且通常会产生疑问、探求的心理状态就是问题意识。我们在进行创新时,要善于观察并提出问题,针对问题提出解决方案,若现有的手段无法解决,则要探求新的方法以解决问题。

（4）求变意识

求变意识也是创新意识的重要类型,求变意识的变主要是指变革、革新,是既有格局的突破,也是对已有事物的补充、重构和再发展。其与求异意识不同之处在于适用条件不同,求异意识是创新者主动寻求创新,对可以通过惯常手段解决的问题,依然去思考和寻找更优化的解决方案。求变意识则是创新者因为面临用惯常手段无法解决的问题,而不得不寻求改变来打破困局。

5. 创新意识的培养

创新意识对创业者来说非常的重要,既关系到创业者能否发现创业机会,又影响创业活动的成败。所以培养创新意识是十分重要的。

（1）优化知识结构

大学是培养学习能力、高效获取知识、积极拓宽视野的黄金时期,大学生应尽可能多地掌握知识,其扩展思路实现创新的可能性越强,这里的知识不仅指学习专业知识,还需探索其他相关知识,如生活知识等,扩展知识面,引导学生去思考。

（2）鼓励提出疑问

提出问题往往比解决问题更加重要,培养学生的创新素质,就是鼓励学生不断提出问题,分析问题并解决问题,以此得到能力的提升。提出疑问会使人们对事物或人充满兴趣,这些兴趣会促使人去探索。此时,带着疑问去思考,人的思维会更加活跃,人的潜能得以开发,人的创造性也会提升。

（3）参与创新活动

意识能够指导实践,从实践中也能培养意识,参与实践是建立意识最有效最直接的方法,大学生应该积极投身于创新实践活动中去,如参加创新创业培训或创新创业比赛。

（4）树立信心

很多大学生因为自信心不足,不敢去打破固有思维,没有创新的欲望,或者在创新的过程中由于受到从众心理、胆怯心理或者自卑心理的影响,产生消极的心理,不敢也不愿意投身于创新实践中。

> **思考**:创新意识是凭空而来的吗？在培养创新意识的过程时要注意哪些问题呢？

扫扫下方二维码,轻松学习在线开放课程《创新思维培养》(制造类)

三、创新思维

案例导入:

有位儿童商品生产商,偶然看见一个家长一手抱着孩子,一手吃力地拿着一辆小三轮车,他猜想这是因为孩子骑车骑累了要大人抱,才出现了这种情况。这位生产商想,如果设计一种多用童车,家长们就不用这么累了,他首先想象出把坐式推车和三轮童车组合起来,在小三轮童车的后面加上一个推把,后来,他又想到加一个连接装置,把童车挂在自行车上,作为母子车用,接着他又想到,再加一个摇动部分,便可当安乐椅,而要是在前面再装一个把手,还能让孩子当木马骑,经过这些不断地组合想象,他设计出了一款与众不同的"多用童车"。

(案例来源:学优网)

思考:多用童车运用了哪种创新思维方式呢?

1. 思维方式的概念与层次

思维方式是指看问题的角度和层次,角度是指看事物的广度,层次是指看问题的深度。多角度、多层次地看事物,才能更准确地认知事物。思维方式可分为横向视角(不同角度看问题)和纵向视角(不同层次看问题)两方面。

横向视角:不同角度看事物

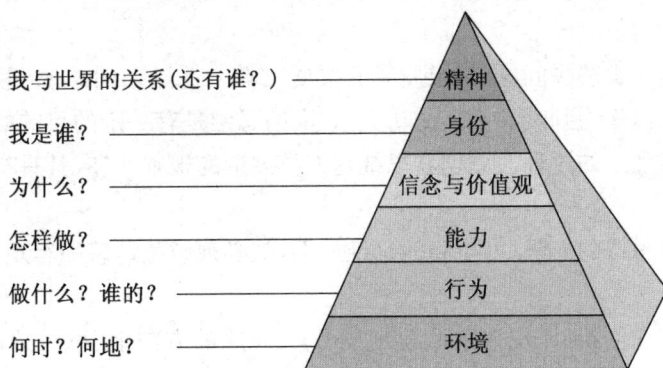

纵向视角:不同层次看事物

思维方式的层次

(1) 环境层

思维模式在环境层的人,聚焦于外在环境,类似于心理学上的"外部归因",认为问题的出现都是别人的错或者环境不好。比如生意不好做是因为竞争太激烈,自己没有得到晋升是领导偏心等,其主要的应对模式是"抱怨"。

(2) 行为层

思维模式在行为层的人,关注于自身行为,他们认为问题的出现是因为自己的行动力不够,其主要的应对模式是"行动、行动、再行动"。比如工资低就多加班,赚更多的加班费。

(3) 能力层

思维模式在能力层的人,关注于能力提升,他们认为问题的出现是因为自己能力不够,其主要的应对模式是"学习、学习,再学习"。比如工作没有做好是因为能力不够,侧重于提升自己的能力。

(4) 价值层

思维层级在这个层次的人,关注的是什么对自己是重要的,自己想要的究竟是什么,其主要的应对模式是"要做对的事情"。

(5) 身份层

思维模式在这个层次的人,关注的是"我是谁,我想成为一个什么样的人",其主要的应对模式"因为我是一个什么样的人,所以我会做出某种选择和行动"。

(6) 愿景层

思维模式在愿景层的人,关注的是"我与这个世界的关系是什么样的? 我如何能改变世界?"其主要的应对模式是"如何改变这个世界,让它更好?"这个世界只有极少数人能够达到愿景层,因为他们思考的是与这个世界的关系。对于同一个人来讲,思维会在不同的层次之间切换。一个人思维层次的上限,决定了他的能力高度和解决事情的效果。

2. 创新思维的内涵与特征

创新思维又称创造性思维,是指人脑对客观事物本质属性与内在联系的概括和间接反映,以新颖、独特的思维活动揭示客观事物本质及内在联系,指引人们获得对问题的新的解释,从而产生新的思维成果的过程。

创新思维的特征

创新思维是人类解决问题、寻求发展的重要工具。毛泽东同志说,思维"就是在人脑子中运用概念以作为判断和推理的功夫"。人的思维是有一定的目的的,在一定心理结构中进行信息加工的过程。而创新思维是人类创造的根本所在,其具有的特征有:

(1) 敏感性

要打破常规思维的界限,产生新的思维成果,就必须敏感地感知客观世界的变化。

(2) 新颖性

创新思维重在创新,体现为在思考的方式上、思路的方向上、思维的角度上具有创造性和开拓性。认识事物时不停留在原有的层面上,而是进行重新的认识和分析,以独特的方法解决问题,用新奇的方式处理事情,产生新产品、新工艺、新方法、新方案等,从而形成和产生新的实用性或新的价值。

(3) 联动性

创新思维具有由此及彼的联动性,这是创新思维所具有的重要特征。联动的方向有三种:一是纵向,就是看到一种现象,就向纵深思考,探究其产生的原因;二是逆向,就是发现一种现象,则想到它的反面;三是横向,就是能联想到与其相似或相关的事物。创新思维的联动性表现为由深入浅、由大及小、举一反三,从而获得新的认识、新的发现。

（4）开放性

创新思维是开放的,要创新就必须善于学习、勤于思考,实现与外界的物质、能量和信息的交换。

（5）跨越性

创新思维属于非常规性、非逻辑性的思维活动。具有创新思维的人尝尝独具卓识,敢于质疑,善于破除馋鬼和思想的禁锢,善于从新的角度思考问题,力求另辟蹊径,得到突破性的新发现。

3. 创新思维的分类

（1）逻辑思维和非逻辑思维

逻辑思维是指符合某种人为制定的思维规则和思维形式的思维方式,也称"抽象思维"。它主要包括抽象与概括、归纳与演绎、比较与分析、综合、判断、推理、类比等。逻辑思维也是一种按照逻辑规律建立概念之间推理关系的形式化思维,具有规范、严密、确定和可重复等特点。

非逻辑思维是思维活动的高级形式,通常包括直觉、灵感、联想与想象。常具有突发性、模糊性、独创性、非自觉性、意象性及互不综合性等特征。

（2）理性思维与非理性思维

理性思维是一种有明确的思维方向,有充分的思维依据,能对事物或问题进行观察、比较、分析、综合抽象与概括的思维。理性思维是人类思维的高级形式,是人们把握客观事物本质和规律的一种能力。

非理性思维一般指在直觉、欲望、本能控制下的有情绪参与的思维活动。但非理性思维并不是疯狂的,也不是毫无规律的,而是根植于我们理性大脑认知系统的一套决策方法。

完整的创新思维方式应是理性思维与非理性思维的统一。

（3）发散思维与集中思维

在创造过程中,人们的思维不是仅按照一条线索发展,而是从已知信息出发向四面八方扩展,由一种输入得到多种输出,这种思维方式称为发散思维,也称扩散思维或辐射思维。发散思维是多维度的、立体的和开放的,具有流畅性、灵活性和独特性。

在解决问题的过程中,尽量运用已有的知识和经验把众多的信息和解决问题的可能性引导到条理化的逻辑序列中,按逻辑思考方式进行加工,从而得到一个正确的解释。这种方式称为集中思维,也称收敛思维。集中思维的特点是从已知的前提条件(如方案、设想、思路及知识、经验等)出发,寻找问题的最佳答案,或找出唯一的解决办法。

综合运用发散思维和集中思维,常常会发现毫不相关的事物间的联系,从而产生创造性设想。

（4）逆向思维与直觉思维

逆向思维也叫求异思维,它是对司空见惯的似乎已成定论的事物或观点反过来思考的一种思维方式。敢于"反其道而思之",让思维向对立面的方向发展,从问题的相反面深入地进行探索,树立新思想,创立新形象。

例:有人落水,常规的思维模式是"救人离水",而司马光面对紧急险情,运用了逆向思维,果断地用石头把缸砸破,"让水离人",救了小伙伴性命。

逆向思维具有普遍性、批判性与新颖性。

直觉思维是指对一个问题未经逐步分析,仅依据内因的感知迅速地对问题答案做出判断、猜想、设想,或者在对疑难百思不得其解之中,突然对问题有"灵感"和"顿悟",甚至对未来事物的结果有"预感""预言"等都是直觉思维。

例:美籍华裔物理学家丁肇中在谈到"J"粒子的发现时写道:"1972年,我感到很可能存在许多有光的而又比较重的粒子,然而理论上并没有预言这些粒子的存在。我直观上感到没有理由认为这种较重的发光的粒子(简称重光子)也一定比质子轻。"这就是直觉。正是在这种直觉的驱使下丁肇中决定研究重光子,终于发现了"J"粒子,并因此而获得诺贝尔物理学奖。

直觉思维具有简约性、创造性。

(5)联想思维与想象思维

所谓联想,是根据一定的相关性从一事物想到另一事物的思维过程,它将各种不同联系的事物反映在一起,形成各种不同的关系。需要指出的是,联想并不是对记忆中以往事物的简单罗列,而是将脑海中的多个形象经过拆分、重叠、聚散、融合等处理后,发觉它们之间的内在联系,重新创造出令人惊奇的形象。联想可以使表面上毫无关系,甚至像个遥远的事物之间产生关联性。联想可以是由一点出发呈面状向四面发散,如由圆形的形态联想到具有这一特征的事物,如方向盘、钟表、头等;也可以以线形发散,如以圆为基础,想到圆规—文具—学生—教室—设计师等。

联想具有连续性、形象性和概括性。

想象思维是人的大脑不仅能够产生过去感知过的事物形象,而且能够产生过去从未感知过的事物形象。想象是创新发展的翅膀,是人对头脑中已有表象进行加工、改造,创造出新形象的思维过程。想象思维是思维的一种特殊形式,是一种形象思维。

想象思维具有形象性、概括性和超越性。

4. 创新思维的障碍

(1)习惯型思维障碍

又称之为思维定式。随着人们的知识、经验的积累,形成了一定的习惯的思考问题、解决问题的方式。思维定式对于解决一般问题、老问题是有效的,但对于新的问题,往往就成了障碍。

(2)直线型思维障碍

死记硬背现成答案,生搬硬套现有理论,不善于从侧面或迂回地去思考问题。但客观世界往往是复杂的,直线型思维方式对于解决稍微复杂问题的帮助不大,甚至于可能起阻碍作用。要想巧妙地解决问题,要出奇制胜,就必须克服直线型思维障碍。

(3)权威型思维障碍

迷信权威,不敢怀疑权威的理论或观点,一切都按照权威的意见办事,这是创新思维的极大障碍。

（4）从众型思维障碍

因懒于独立思考，或不敢标新立异，为天下先，而盲目从众，一切随大流，抑制了创新的敏感和勇气。在实际生活中，每个人或多或少都有从众心理，很多人甚至因从众心理而陷入盲目性，明明稍加独立思考就能正确决策的事情，偏偏跟着大家走弯路。

（5）书本型思维障碍

迷信书本理论，不敢提出质疑，不能纠正前人的失误，从而探索新的领域。但尽信书不如无书，书本上的知识只是前人的知识和经验的总结，有其特定的适用范围。时代发展了，情况变化了，不能无条件地照抄。更何况书本上的知识原来就是错误的或片面的。因此，我们既要学习书本知识，接受书本知识的理论指导，又要对所应用的书本知识严格地进行检验。

（6）自我中心型思维障碍

一叶障目、不见泰山，局限于自己已有的知识或成果的范围内，思考问题时以自我为中心，阻碍了创新思维。实际上，客观情况是发展变化的，而成绩只能说明过去，自己掌握的知识和技能只能在一定的范围内适用。

（7）自卑型思维障碍

在自卑心理的支配下，不敢去做没有把握的事情，即使是走到了成功的边缘，也因为害怕失败而退却。有这种心理的人，有的其实是很聪明的，也有的取得过不错的成绩，后来遭受或某种打击，从此信心受挫，虽然还在从事有可能实现创新的工作，却一再和成功失之交臂。

（8）麻木型思维障碍

对生活、工作中的问题习以为常，精力不集中，思维不活跃，行动不敏捷，不能抓住机遇，更不会主动寻找困难，迎接挑战，也就不能实现创新。不同的人在不同的情况下，思维障碍的情况有所不同，为了突破思维障碍，应该大胆质疑，尽量突破他人的思想和自己固有知识的局限；构建立体思维，不受点、线、面的局限，充分发挥我们的空间想象力；从不同角度去观察思考同一事物，并有意识地进行非常规思维，如从逆向、侧向进行与众不同的思考。

5. 开拓创新思维的方法

（1）思维导图

思维导图，又叫心智图，是表达发射性思维的有效的图形思维工具，简单又有效，思维导图运用图文并重的技巧，把各级主题的关系用相互隶属与相关的层级图表现出来，把主题关键词与图像、颜色等建立记忆链接，思维导图充分运用左右脑的机能，利用记忆、阅读、思维的规律，协助人们在科学与艺术、逻辑与想象之间平衡发展，从而开启人类大脑的无限潜能。思维导图因此具有人类思维的强大功能。

（2）头脑风暴法

在最初，头脑风暴是精神病理学上的一个名词。后来经过时间和奥斯本的转化，才有了新的含义。"头脑风暴法"由美国 BBDO 广告公司奥斯本首创，主要指工作小组人员在正常融洽和不受限制的环境气氛中以会议的方式进行讨论、打破常规、积极思考、充分发表看法。所以说"头脑风暴"是一种产生创意和想法的方法，通过汇聚会议中不同人的观点，从中产生新的创意点。

> **思考：**开拓创新思维还有其他的方法吗？分组尝试围绕"如何解决城市交通拥堵问题"做一次头脑风暴吧

扫扫下方二维码，轻松学习在线开放课程《创新思维培养》(制造类)

四、创业思维和管理思维

小活动：旅行攻略辩论赛

全班同学将开启春游活动，自行分成两队，一队主张跟团游，另一队主张自由行，请双方说明各自的理由。

要求：(1) 正面说明你选择的理由；

(2) 陈述你的选择可能面临的遗憾；

(3) 说出你不选择另一种方式的理由；

(4) 说说行动的步骤。

1. 创业思维

(1) 创业思维的概念

创业思维指善于借助互联网捕捉或创造富有创新性的创业机会，把控内外资源，萌发互联网思维，借助创业者将自身创新性成果转化为经济价值的思维驱动。

(2) 创业思维的五大原则

从拥有的资源出发。创业者通常会从自身开始思考，我是谁(特质、个性和能力)、我知道什么(教育背景、专业知识和经历经验)、我认识谁(社交网络)。这三个方面综合构成了一个人拥有的资源总和，创业者试图从资源出发找到最有效的解决方案。

从自己能做的事情做起。"贪大求快"是很多创业者的通病，一开始往往有宏伟的目标，却没有起步的细节，找到一个合适的创业项目后，脚踏实地地去做，力求把自己能做的做好。

拥抱不确定性。创业的未来是不可预测的，无法确定前进的途中会遭遇什么，接受意外事件、分析意外事件、利用突发的关键事件检验目标。此时，"惊喜"不一定是坏事，可能是寻找新市场的机会。

生成团队。在创业初期阶段，可能根本就不存在一个既定的市场，详尽的竞争分析因此产生不了任何作用。相反，此时创业者应该考虑自己要做的事情，并将已有资源，包含潜在的利益相关者、朋友、家人等引入到战略伙伴关系，并通过和他们的互动，获得利益相关者的承诺,为创业活动带来新的资源,并吸引志同道合的伙伴一起创业。

创造未来。与他们做出承诺的战略伙伴一起创造未来,而非依据市场判断来预测未来,这样有助于更好地控制事态发展,灵活应对创业过程中遇到的各种意外事件,增强在不确定性环境中的控制力。

(3)创业思维的特征

积极行动。由内而外,从你所拥有的资源开始,你自己就是你最大的资源,创业的过程就是自我成长和改变的过程,只有改变自己,才能影响更多的人,吸引他们加入你的团队,资源总是流向价值创造最大的地方。

领先行动。具有创业思维的人喜欢在行动中学习和反思,面临不确定性,行动是最有效的思维方式。在行动之前,要评估最坏的结果,然后采取小行动。一边行动,一边反思,一边调整,逐步达到目标。

探索。创业不是复制和优化,而是用新的方式去创造价值,创业不是沿着已有的道路前行,而是探索寻找新的风景。

(4)创业思维模型

欲望,每个人都会有一个一直想但一直无法实现的事情,可能来自一个儿时的梦想,对未来的期待。从现在开始我们来实现这个梦想,首先,看看你拥有什么资源(在这件事上),你是谁？你认识谁？你会做什么？第二步,影响这件事成功可能出现的风险是什么？能不能承担？比如时间、金钱、名誉甚至身体健康,最坏的打算是什么？第三步,哪些人可以和你一起做。组建团队,(他们和你的想法一样)。第四步,采取小行动,行动在前,小步快跑,快速迭代。第五步,在行动中学习和提升,创业是一个实验的过程,通过试错的方法去学习,快速尝试,在失败中反思。

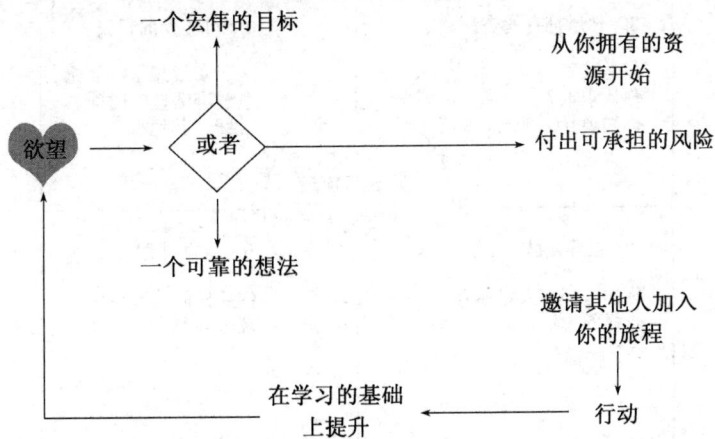

2. 管理思维

管理思维是指与管理行为相伴而生的思考活动,亦即管理者在履行管理过程中的思考活动,是管理者对成型的组织或事物进行控制,协调,管理思维是管理的根本。

3. 创业思维与管理思维的区分

	创业思维	管理思维
过程视角	在事物创建过程中应用,解决从 0 到 1 的问题,从 0 到 1 是一个质变的过程,给出一个全新的解决方案或商业模式	在事物生长过程中应用,解决从 1 到 N 的问题,即生长问题,从 1 到 N 是一个量变过程,是对现有解决方案或上模式的复制或优化
目标视角	在目标不确定、需要探索时,应用创业思维,通过实验,可以降低目标实现的风险	在目标确定、需要执行时,应用管理思维。通过计划,可以提高目标实现的效率
资源视角	从自己拥有的资源开始行动。你就是最大的资源,资源是创造性整合而来的,资源总是流向价值最大的地方	直到拥有资源才开始行动,在行动之前,要先做预算,先进性资源储备,直到拥有执行计划所需要的资源,才开始行动
计划视角	采取小行动,小步快跑。具备创业思维的人是行动在前、在行动中学习,并逐步调整和改善	制订大计划,周密规划,具备管理思维的人在采取行动之前,要调研各种信息、制订周密计划,然后采取行动
结果视角	创造新事物,创新是创业思维的核心,探索新的问题,给出不同的解决方案、找到新的商业模式等,都属于创业思维	重复原有的事物或原有的事情做得更好,复制或改良现有的产品或商业模式都属于管理思维

（资料来源：百度文库）

思考：做一件你一直想做却没有做的一件事,填写创业思维练习表,并运用创业思维,将你的想法付诸实现。

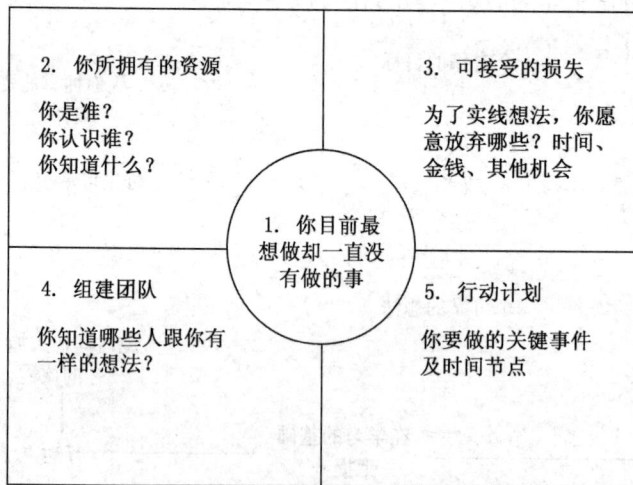

```
2. 你所拥有的资源              3. 可接受的损失

你是准?                        为了实线想法,你愿
你认识谁?                      意放弃哪些? 时间、
你知道什么?                    金钱、其他机会

              ( 1. 你目前最
                想做却一直没
                有做的事 )

4. 组建团队                    5. 行动计划

你知道哪些人跟你有              你要做的关键事件
一样的想法?                    及时间节点
```

扫扫下方二维码,轻松学习在线开放课程《创新思维培养》(制造类)

解答与分享

创新思维来源于生活，通过上述内容的学习，如果你是李芬，你该如何创新？

_____

_____

她该如何培养创新意识与创新思维呢？

_____

_____

阻碍创新意识与思维的发展因素有哪些呢？

_____

_____

训练与应用

案例

Airbnb 的商业创意

Airbnb(Airbed and Breakfast)是当前国际最知名的提供发布和发掘和预定全球独特房源的线上短期租房服务平台。该公司成立于 2008 年 8 月，总部设在美国加州旧金山市。

2007 年 10 月，旧金山在举办国际设计大会，周边酒店爆满，两个年轻人"灵光一闪"：在自己公寓里放了几张充气床垫，以每张每晚 80 美元出租，并提供免费早餐。结果这项服务大受欢迎，在整个会议期间，他们净赚 1000 美元。

后来，他们把新型出租模式进行推广，创立了公司——爱彼迎，即 Airbnb。这两个年轻人，就是爱彼迎的创始人：布莱恩·切斯基和乔·杰比亚。

如今，爱彼迎已经成为估值 300 亿美元的独角兽公司。

精准抓住用户痛点。这里的用户不是租客，而是房东。爱彼迎在早期阶段，面临的一个主要问题是房东不会给房子拍照，导致房子租不出去。怎么办呢？CEO 切斯基就亲自当摄影师，挨家拍照并上传，还用两年时间发展了庞大的摄影师网络，每月至少为 5000 名房东提供摄影服务，大大提升了房源的预定率。

花高成本建立定价系统。因为房子的位置、质量、旅游淡旺季等因素，房子的价格随时会波动，这也带来了一个问题，房东无法像专业酒店一样精准定价。为此，爱彼迎在资金并不充足的情况下，依然选择花高成本引进技术人才，打造了一套核心算法软件，帮助房东定价。这也成为爱彼迎赢得市场竞争的关键法宝之一。

建立"四海为家"的品牌文化。很多人只是把爱彼迎看作一个旅店，但爱彼迎除了给人们提供住宿，更重要的是建立一种"四海为家"的品牌文化，让房东和房客有人际的互动，共享生活体验，从而让房客在异国他乡找到家的感觉。就这样，爱彼迎在房东和房客之间建立了情感纽带，这是之前任何一家房屋租赁公司都没有做到的。

发掘更多适用场景。我们开头说过，爱彼迎最开始只是做大型会议、活动的房屋短租业务，但这些活动不常有，很难持续盈利。怎么办呢？创始人们不断去发掘更多适用场景，比如我们现在熟悉的短租民宿，以及和商务公司合作，提供个性定制商务旅行，并且计划进军婚礼服务，推出英国古堡、意大利别墅、加州牧场等独特的房源。

思考：爱彼迎公司在发展过程中所用的方法有何创新之处？运用了什么样的思维？

四川航空遇难题

四川航空股份有限公司（以下简称"四川航空"）是国内知名的航空公司，其总部在成都双流机场，由于该机场位于成都市郊，因此旅客往往需要换乘其他交通工具来接驳航班。这让四川航空看到了创新的机会，只有解决乘客的交通问题，才能获得更多的客户。于是为了延伸公司的服务空间，提高行业市场竞争力，四川航空决定开展"免费接送"服务，凡是购买四川航空半价以上机票的顾客都可以享受从机场到市区的免费接送服务。

但是问题来了，经过计算，如果要达到让旅客满意的通勤效率，该服务一共需要使用150台商旅车，购车款加上司机、油费等费用将是一笔不小的钱，这样的免费活动如果常年开展对公司来说是一笔不小的支出。如何破解这个难题呢？四川航空决定换一个角度。首先，四川航空以远低于市场的价格向风行公司购买了150台商旅车用于接送乘客。为什么风行公司会给出这么大幅度的优惠呢？因为四川航空承诺在每次接送途中都为风行公司的这款车做广告，以每次坐6名乘客、每天往返3趟来计算，一年内风行汽车的广告就会覆盖近200万人次，这笔交易对风行汽车来说十分划算。就这样，四川航空以较低的成本获取了车辆。

车的问题解决了，四川航空着手解决司机的问题，四川航空决定再把这些商旅车高价卖给司机，让司机来运营线路。四川航空宣布只要有司机买下一辆商旅车，四川航空就将乘客接送的客源给司机，并且以每位乘客单程25元的价格向司机支付费用。这个条件受到了很多司机的认可，因为这样就有了非常稳定的客源，哪怕买车的费用稍高，也能够保证收益。

通过这样两个方法，四川航空不仅通过低价买车高价卖车获利颇丰，还使免费接送服务得以稳定持续地开展下去，公司需要支出的是每位乘客25元的车费，对比买车、雇佣司机和日常维的费用可谓十分低廉。而且因为司机按乘客数来获取收益，所以其效率要比以月薪雇佣的司机高很多，其服务质量也较高。而乘客呢？乘客发现相比其他航空，购买四川航空的机票能够享受免费且高效的接送服务，解决了从机场到市区、从市区到机场的交通问题，自然愿意选择四川航空。而这150台印着"四川航空，免费接送"字样的商旅车在城市里不断地驶进驶出，本身也起到宣传公司的作用。事实证明，四川航空的这项免费接送服务，带动了公司每天过万的机票销量，获得了上亿元人民币的收益。综合来看,四川航空在免费接送这个项目上,使汽车制造商、司机、乘客及自己四方实现了共赢,这一切都得益于其敏锐的眼光和别样的思路。

思考:

四川航空开通免费接送服务所用的方法有何创新之处?

四川航空开通名免费接送服务成功的原因是什么?

四川航空在该事件中运用了什么样的思维?

拓展阅读

创新法则:和田十二法

和田十二法又叫"和田创新法则",即指人们在观察、认识一个事物时,可以考虑是否可以。和田十二法是我国学者许立言、张福奎在奥斯本稽核问题表基础上,借用其基本原理,加以创造而提出的一种思维技法。它既是对奥斯本稽核问题表法的一种继承,又是一种大胆的创新。比如,其中的"联一联""定一定"等,就是一种新发展。同时,这些技法更通俗易懂,简便易行,便于推广。

(1) 加一加:加高、加厚、加多、组合等。

(2) 减一减:减轻、减少、省略等。

(3) 扩一扩:放大、扩大、提高功效等。

(4) 变一变:变形状、颜色、气味、音响、次序等。

(5) 改一改:改缺点、改不便、不足之处。

(6) 缩一缩:压缩、缩小、微型化。

(7) 联一联:原因和结果有何联系,把某些东西联系起来。

(8) 学一学:模仿形状、结构、方法,学习先进。

(9) 代一代:用别的材料代替,用别的方法代替。

(10) 搬一搬:移作他用。

(11) 反一反:能否颠倒一下。

(12) 定一定:定个界限、标准,能提高工作效率。

因为换个角度想问题,他创立了国内最大的教育品牌

好未来教育集团(前身为学而思)创始人张邦鑫,曾分享过自己创业初期的一个故事。

2002 年,毕业于四川大学的张邦鑫,考入北京大学生命科学学院,读研究生。为了补贴生活开销,减轻家里的负担,张邦鑫开始利用业余时间做家教。第一个客户是别人介绍的,家里有个男孩儿,他主要负责提升这个男孩的数学成绩。

教了几天之后,张邦鑫发现,这个小男孩根本不喜欢学习,而且数学基础特别差,每次辅导功课,都不太配合。如果只是这样下去,成绩很难有多大提升,这个家长也一定

不满意,也会辜负介绍人。

怎么才能快速提升男孩的数学成绩?

张邦鑫分析道,这个男孩最大的问题是,平时周一到周五完全不听课,而他辅导这个男孩的时间,只有周六和周日两天。怎样才能在周末两天,补上平时五天的缺口?张邦鑫觉得,必须得有一个奇招儿。想了很久,他想到一个办法,那就是利用周末两天,专门提升男孩的学习状态,以保证他在周内的五天学习里,能喜欢数学,认真学习数学。如果像现在这样,平时状态如果不好,缺口永远补不完。为了从根本上解决这个问题,数学成绩一向优异的张邦鑫,算了一道数学题:假如这个男孩平时5天不爱学习,每天的学习状态只有60分,他在周末2天补课,状态再好也就85分,这已经是奇迹了。这个模式的总分是 $60*5+85*2=470$ 分。但如果换个思路,利用周末的2天,把这个男孩在平时5天的学习状态,提升到80分,然后周末2天的状态也保持在80分。这个模式的总分是 $80*7=560$ 分。一个是470分,一个是560分,前后对比,结果一目了然。有了这个分析之后,张邦鑫彻底摒弃了之前的授课模式,不再反复讲解那些平时听不懂的方程式和应用题,而是先和这个男孩交朋友,激发他的学习兴趣。于是,每个周末,都变成了这个男孩最开心的时间,他平时在学校的学习状态也更好了。很多基础问题,再也不用反复讲了。渐渐地,这个男孩的数学成绩,有了很大的提升。男孩家长非常满意,主动把张邦鑫介绍给了周围二十多个好朋友和同事,还专门帮张邦鑫准备了一个线下教室。就这样,张邦鑫开办了第一个补习辅导班。

如今,张邦鑫创办的好未来教育集团,已经成为中国最大的教育科技公司,市值超过300亿美金,2000多亿人民币。

你看,就是思维方式的一个改变,张邦鑫在大多数人认为早已是一片红海的传统教育培训领域杀出了一条血路,硬生生给自己开辟出了一片蓝海,这的确值得我们深思。

作 业

1. 在"日"字上添加一笔,可以使之成为一个新汉字,你能找出几个呢?

2. "铅笔"的联想:说到铅笔,你能联想到什么?

3. 有9个等距离的点组成了一个正方形,要求一笔画下来,用4条直线把9个点全部都连接起来(笔不能离开纸面),如下图所示。

4. 叠高塔活动

以小组为单位(5~7人),利用一副扑克牌,自由搭建一个扑克牌高塔,允许扑克牌弯折但不允许折断或者剪断,搭建完成后,高塔必须在不借助外力的情况下立稳。

5. 设计100年后的房子

每人拿两张A4纸,按照你自己的想法去搭建你认为的100年以后的房子,并陈述你的想法。

模块三　成为创业者

【学习目标】

育人目标:用创业者的精神去主动地尝试和探索未来。

知识目标:理性了解创业者,了解创业者需要具备什么样的能力。

能力目标:掌握创业者应具备的基本能力。

思政目标:挖掘学生的创业者素质;激发学生创业内驱力;激发学生在实践中培养
　　　　　自我创业的素质与能力。

【教学重难点】

重点:认识创业者应具备的基本能力。

难点:挖掘自身创业者的素质和能力,学会激发创业内驱力。

困惑与迷思

"4年净赚40万,大学生1000元起家""95后大学生,还没毕业营收80万""大学生创业当老板,未出校门已成百万富翁"……在这个信息爆炸的时代,我们经常会看到这样的新闻,标题中的每一个字眼仿佛都在刺激着我们敏感的神经。创业,这个在没有经历过的人看来无比美好,似乎和它沾上边就可以"迎娶白富美、走向人生巅峰",在经历过的人看来,却满是九死一生和说不尽的坎坷。

从改革开放初期的"投机者",到后来的"经商者",如今都鼓励大家努力发展创业精神。可以说,创业已经逐渐进入我们的视野里。现在,自主创业已经成为一种趋势,是许多人实现财富梦想的方法,也是发挥自己能力的平台,而在创业之中,更是有着多样化的选择,对于在读或者刚毕业的大学生,热血沸腾、志比天高,应不应该踏上创业之路呢?

知识引领

思维导图

```
                        成为创业者
    ┌──────────┬──────────────┬──────────────┬──────────────┐
 创业者的概念   创业者的类型    创业者应具备的能力  创业者的内驱力培养
              依据创业主体自身情况分类   责任感和决心      关注世界的发展与变化
              依据创业者在创业过程中所处的  领导力        技术创新与淘汰
              角色和所发挥的作用分类
              依据创业的背景和动机分类   商机敏感        解决顾客的迫切需求
                                对风险和不确定性的容纳度  创意的获取与互联网的发展
                                创造、自我依赖和适应能力  相似案例的不同解决方案
                                胜出的动机
```

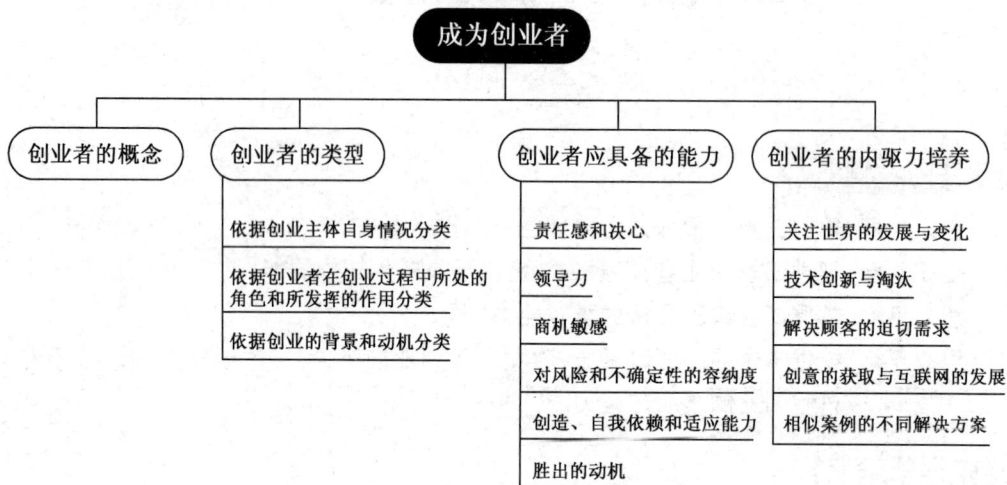

一、创业者的概念

问题导入：

走出大学校门不到一年的西安大学生舒正义高调宣布开办公司，9天之后又高调宣布"破产"——这个不满23岁的大男孩在网络上被推上了风口浪尖。不少人认为这是一场炒作，有人甚至发出这样的质问："开公司不是过家家，你想开就开呀？"那么问题来了，对于在校大学生或者刚刚毕业的大学生，热血沸腾、志比天高，应不应该踏上创业之路呢？什么样的人更容易成为创业者呢？

（资料来源：中国青年报）

创业者是创业的主体，是创业过程中最根本也是最重要的因素。所有的创业条件，只有作用于创业者才能发挥其作用，才能促进创业目标的实现。没有创业者就没有创业可言。

在美国传统词典里，创业者被定义为组织、管理一个生意或企业并承担其风险的人[①]。而创业者英文原词的两个基本含义：一是指企业家，即在现有企业中负责经营和决策的领导人；二是指创始人，通常理解为即将创办新企业或者是刚刚创办新企业的领导人。

国外研究对创业者概念所得到的一些主要结论：法国经济学家坎蒂隆于1755年首次将"创业者"一词引入经济学领域。法国经济学家萨伊在1800年，首次给出了创业者的定义，将经济资源从生产率较低的区域转移到生产率较高区域的人。美国经济学家奈特赋予了创业者不确定性决策者的角色，他认为创业者要承担由于创业的不确定性

---

① 姜军.创业者成就函数及其应用研究[D].同济大学，2008.

所带来的风险①。奥地利经济学家熊彼特认为创业者应为创新者,在创业的过程中要有创新,要融入与时代相适应的元素,即具有发现和引入新的更好的能赚钱的产品、服务和过程的能力。

国内研究对创业者概念所得到的一些主要结论:林强等把创业者分为狭义的创业者和广义的创业者。狭义的创业者是参与活动的核心人员;广义的创业者是参与创业活动的全部人员。在创业过程中,狭义的创业者将比广义的创业者承担更多的风险,但也会获得更多的收益②。

而什么样的人容易成为创业者?父母是创业者的;认识并与创业者长期接触的;长期接受创业教育的;什么人适合创业?没有固定的标准,只不过不同的年龄、不同性别的人在创业上的特点和优势不同。老年创业者:经验丰富、财务和社会资源充足;女性创业者:往往更懂女性,"她"时代已经到来;青年创业者:更了解青年人这一主流消费市场,有热情,敢拼搏和行动,即使失败,也有东山再起的能力和时间。

思考:通过以上内容的学习,你认为什么样的人更适合创业呢?为什么?

扫扫下方二维码,轻松学习在线开放课程《创新思维培养》(制造类)

二、创业者的类型

案例导入:

康盛创想创始人戴志康是无数互联网人的偶像,他创建的"Discuz!"开源模板与"Wordpress"成为世界上最伟大的两个开源网站模板,被数以百万级的站长使用,深刻地改变了中国互联网,而戴志康也是一位大学生创业者。

戴志康出生于一个知识分子家庭,父亲是大学教授,亲属中也有很多人是老师。据说,因为这种家庭背景,戴志康小时候开始就一直接触电脑。在计算机性能不断升级的过程中,他的编程技术也日益提高。1995年戴志康小学刚毕业后就开始初步尝试编制软件。初中、高中时期,他几乎席卷了各类计算机大赛。戴志康2000年考上哈尔滨工程大学,2001年便在校外创业,他在外面找到一间月租300块的房子,一天差不多15个小时都泡在电脑前面,最终他创造的"Discuz!"成为中国最成功的建站开源模板,"Discuz!"于2010年被腾讯以6000万美金的价格收购。

(资料来源:网易科技)

① 孙跃,胡蓓,杨天中.基于成就动机的大学生创业意愿影响因素研究[J].科技管理研究,2011,031(013):130-134.

② 张莉.创业者弹性特征对成功创业的影响研究[D].北京交通大学,2015.

> **思考：**在案例中，戴志康属于哪种类型的创业者？

国内创业公司不计其数，有的看起来很普通，但是偏偏很成功；有的整个公司都很努力，但是业绩怎么也上不去。那么成功的公司是否都是同一类型？失败的创业公司是不是都是因为自身原因呢？下面具体来看看创业者的类型有哪些。

现有的研究成果主要从以下三个标准对创业者进行分类：创业主体自身的情况、创业者在创业过程中所处的角色和所发挥的作用、创业的背景和动机。

（一）依据创业主体自身的情况分类

可以分为：勤奋型创业者、智慧型创业者、机会型创业者、关系型创业者、冒险型创业者[①]。

勤奋型创业者较为常见，主要依靠自己的勤奋努力而获得成功。

智慧型创业者主要是靠自己的聪明才智达到创业的成功。智慧型的创业者大多具有较高智商，能够高瞻远瞩，从不同的角度看问题，提出不同于常人的工作思路和做法，统筹各方面发展。

机会型创业者主要是依靠自己对机遇的把握而取得成功。洛杉矶奥运会组委会主席彼得·尤伯罗斯（Peter Ueberroth）之所以能使 1984 年洛杉矶奥运会成为第一届赚钱的奥运会，就在于他成功利用了美国社会高度商业化的特点，抓住了许多企业想靠奥运会宣传产品的心理。

关系型创业者是指主要借用人际关系的力量来取得创业的成功。良好的人际关系对于创业成功具有至关重要的作用。当今社会中，创业并非一个人或者一个公司的事情，要想创业成功就必须与社会中的其他组成要素相互合作，就需要良好的人际关系。

冒险型创业者主要是依靠自己的胆略，以及抵御风险的能力来取得成功，这类创业者在政治、经济、军事等领域是比较常见的。要想在冒险中取得大的收益，就一定要科学地评估每次冒险的风险代价和预期收益，要去做一个理性的冒险者。

（二）依据创业者在创业过程中所处的角色和所发挥的作用分类

可以分为：独立创业者、主导创业者、跟随创业者。

独立创业者：指独自创业的创业者，即在创业的过程中，自己出资，自己管理。而主导创业者与跟随创业者分别指在一个创业团队中，带领创业的人就是团队的领导者，其他团队成员就是跟随创业者，也叫参与创业者。

（三）依据创业的背景和动机

可以分为生存型创业者和主动型创业者。

生存型创业者大多为下岗工人、失去土地或因种种原因不愿困守乡村的农民，以及刚刚毕业暂时未能落实工作的大学生。这是中国数量最大的一拨创业人群，据清华大

---

① 李莎.技术创业者社会资本对新创业绩效影响研究［D］.西安电子科技大学,2010.

学的调查报告:这一类型的创业者,占中国创业者总数的90%。当然也有因为机遇成长为大中型企业的,但数量极少。

主动型创业者又可以分为两种:盲目型和冷静型创业者。盲目型创业者:大多极为自信,做事冲动。这样的创业者很容易失败,但一旦成功往往会成就一番大事业。冷静型创业者:创业者的佼佼者,其特点是谋定而后动,做好充分准备和前期调查,不打无准备之战,或是掌握资源,或是拥有技术,一旦行动,成功率通常很高。

思考:结合课程以及身边的案例,谈谈你所了解的大学生创业一般有哪些类型呢?

扫扫下方二维码,轻松学习在线开放课程《创新思维培养》(制造类)

三、创业者应具备的能力

案例导入:

养殖大王——马永超

2007年马永超毕业返乡后,他把守业方向定位在生猪养殖上。在丰收镇政府的赞助下,他投资4万元盖起了250平方米的猪舍,当年出栏生猪100头,纯收入4.5万元。守业胜利,更坚决了马永超继承开展生猪产业的自信心,第二年他又扩张了养殖范围,投资2万元新建一栋120平方米的猪舍,置办母猪,开始自繁自养。大学生创业的成功模式,就是扶持大学生自主创业,指导他们选取好的大学生创业项目。3年多来,他的养殖场共出栏生猪420头。尽管这几年生猪价钱不稳,但纯收入仍到达10多万元,成为当地著名的养猪大户。

为了完成"多条腿走路",马永超又把眼光放在了远景更看好的肉羊养殖上。他购回了80头羊,当起了"羊倌"。在他的带动下,当地村民又刮起了一股"养殖热"。如今,他又义务为村民传授养殖技巧,哪里有技巧难题,哪里就有他的身影。

(资料来源:新华网)

思考:从案例中,故事主人公马永超具备什么样的创业素质和能力?

众所周知,一个人想要创业很难,想要创业成功更是难上加难了。创业者想要取得成功,拥有充分的资金和商业头脑往往不够,还需要创业者具备一定的能力,只有满足这些条件后,创业者才容易取得成功。那么对于创业者来说,应该具备哪些能力呢?

创业者身上体现的六大要素:

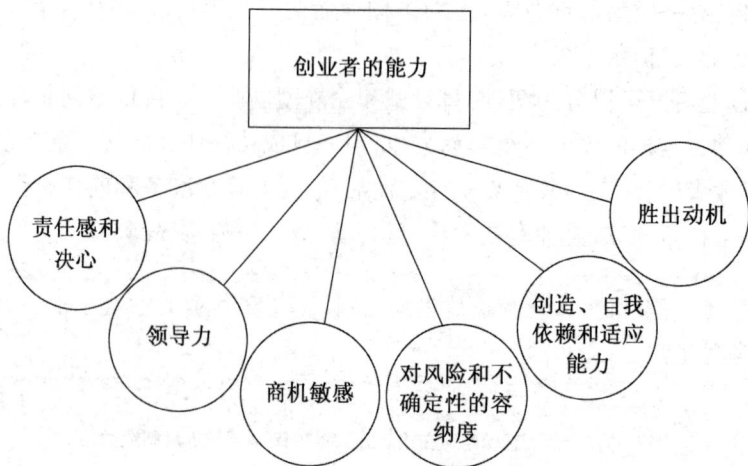

(一) 责任感和决心

责任感和决心会使创业者在团队中成为敢于承担的团队领袖，能够更好地获得团队成员的信赖与尊重。老板布置任务要大家去完成，领导者培训员工领头去完成任务。

美国强生公司成立于 1886 年，迄今走过了百年的历史，这百年的时间里不是一帆风顺的，其中经历过一些生死存亡的事件。泰诺是一种代替阿司匹林的新型止痛药，是强生公司 20 世纪七八十年代的明星产品，但是在 1982 年的芝加哥地区，有 7 人因为服用强生的泰诺胶囊而中毒身亡。这是一件非常严重的事情，后来经过警方调查认定，是外人动了泰诺药瓶，在药里掺了氰化物，虽然是芝加哥发生的事，但强生公司对此高度重视，立刻拟定了一个恢复计划，分成三步走：① 弄清楚到底发生了什么？② 预估这件事所造成的破坏并遏制其发展势头。③ 使产品重新赢得市场。强生公司不仅仅从芝加哥，而是整个美国市场回收了所有的泰诺胶囊，总价值超过 1 亿美元，专门设计了一种防污染和破坏的新包装。强生通过广告表明会不惜一切代价捍卫泰诺的荣誉，发动全国 2000 多名推销人员游说医生和药剂师继续向顾客推荐泰诺药片。强生的这种做法，表面上看起来好像是扩大了损失，但是由于强生公司所做的一切努力，很快就从这场危机中走了出来，重新赢得了市场。

(二) 领导力

一说到领导力，大家就会想到霸道总裁的形象，其实领导力是一种能力，不同兴趣、能力、性格的领导者他们的领导方法是不一样的。就比如说三国演义中的这三个领导，曹操：一代枭雄，有点霸道总裁的味道，一言不合就要人脑袋，他最著名的一句话叫"宁愿我负天下人，不愿天下人负我"，所以一怒之下杀掉了华佗。但是他又非常爱才，更胜于刘备和孙权，特别是他和关羽的一段情义叫人赞叹不已。刘备，一个落魄皇叔，最会打的就是感情牌，特别礼贤下士，三顾茅庐请诸葛亮下山，才有了后面的蜀国之说，关于他也有一句经典叫"刘备摔孩子，收拢人心"。孙权是其兄孙策遇刺后上位的，年轻，初掌权时时局动荡不安，为了稳定局面，一方面拜张昭为老师，又拜周瑜为大都督，后来又广招贤臣，他的特点就是敢于用人，充分信任人才。

企业家领导力中的资源整合能力,不拘于当前条件限制,整合资源,追求机会,创造价值,这也是创业的本质。

(三) 商机敏感

一项创新最终成功,能够从创意落地的创造,是由市场中的客户以及需求决定的,而不是技术、资源、品牌、资本、行政力量等做终极判决。——钱致远

创业者的敏感,是对外界变化的敏感,尤其是对商业机会的快速反应。商机对每个人都是均等的,它有时就在你身边,有商业头脑、对商机敏锐的人,会及时发现,并紧紧抓住它;而缺乏商业头脑、对商机迟钝的人,会视而不见,错过成功的机会。一位成功的企业家说:"商机就像飘在天上的白云,它在每个人的眼前飘过,只有敏锐的慧眼才注意它,才盯住它。以深刻而敏锐的眼力或洞察力去发现商机,才是企业家精神的本质。"如今这个倍速变化的时代里,即使你现在生意做得很不错,但如果不能对周围随时发生着的事物保持敏感和准确的预估判断,也会迅速被市场淘汰。

面对一件新生事物,有些人觉得新奇有趣,但也就是看看就算了,而有些人则会认真探究,从中发现很多更深刻与有价值的东西。这通常是老板都该具有的本能的敏感洞察力,当然,这也需要一些锻炼,和个人的素质特点也有关系。善于洞察并思考的人更适合创业,做老板。

(四) 对风险和不确定性的容纳度

企业家不同于一般职业阶层,他们最大的特殊性就是敢于冒险和承担风险。为什么很多人虽然想创业,但迟迟不敢行动呢? 创业是九死一生的事,就是因为创业风险极大,大多数人不愿意冒险。冒险在创业者身上是不变的主题,他们对于风险、模糊性和不确定性的容纳度远远超过了一般打工者。

创业的历程是艰辛的,曾经有人统计过,马云在走上互联网之路之前,共经历了二十多次创业失败,在而立之年的马云,依旧走在创业的道路上。但有志者事竟成,长期的创业经历也给了马云足够多的经验,他的梦想也终究在阿里巴巴身上实现了。很多网友都很佩服马云,纷纷留言:能成功都是有道理的!

(五) 创造、自我依赖和适应能力

正因为创业者需要面对一个不确定的环境,他们才需要更强大的适应和自我依赖能力。他们不满足于停留在现有的规模上,创业者希望他的企业能够尽可能地快速增长,员工能够拼命工作,他们不断寻找新趋势和机会,不断创新,不断推出新产品和新的经营方式。所以那些找不到工作或者在工作中无法适应的人说干脆我就去创个业吧,基本就是天方夜谭,创业者要有很强大的适应能力。

(六) 胜出动机

我们常常会发现一些人念叨着要开公司、要创业,但实际上,他们并没有创业愿景。最成功的创业者一定有改变世界的激情。卓越的创业者有很强的雄心壮志,有一种必须要赢、敢于挑战任何对手的决心。创业者们往往是驱动型人格,他们受到内心强烈愿望的驱动,希望和自己定下的标准竞争,追求并达到富有挑战性的目标。

创业者的欲望实际就是一种生活目标,一种人生理想,往往伴随着行动力和牺牲精神。他们的欲望往往超出他们的现实,往往需要打破他们现在的立足点,打破眼前的牢笼,才能够实现。这不是普通人能够做得到的[①]。因为想得到,而凭自己现在的身份、地位、财富得不到,所以要去创业,要靠创业改变身份,提高地位,积累财富,这构成了许多创业者的人生三部曲。有了欲望,而不甘心,而创业,而行动,而成功,这是大多数白手起家的创业者走过的共同道路。或许我们可以套用一句伟人的话:欲望是创业的最大推动力。

> **创业能力的测评**
>
> 本测试由一系列陈述句组成,请根据实际情况,从"是"和"否"中选择最符合自己特征的答案。在选择时,请根据第一印象回答。
>
> 1. 你是否曾经为了某个理想而设下两年以上的长期计划,并且按计划执行直到完成?
>
> 2. 在学校和家庭生活中,你是否能在没有父母及师长的督促下,就可以自动地完成分派的工作?
>
> 3. 你是否喜欢独自完成自己的工作,并且做得很好?
>
> 4. 当你与朋友在一起时,你的朋友是否经常寻求你的指导和建议?你是否曾被推举为领导者?
>
> 5. 求学时期,你有没有赚钱的经验?你喜欢储蓄吗?
>
> 6. 你是否能够专注地投入个人兴趣连续 10 个小时以上?
>
> 7. 你是否习惯保存重要资料,并且井井有条地整理,以备需要时可以随时提取查阅?
>
> 8. 在平时生活中,你是否热衷于社会服务工作?你关心别人的需求吗?
>
> 9. 你是否喜欢音乐、艺术、体育以及各种活动课程?
>
> 10. 在求学期间,你是否曾经带动同学,完成一项由你领导的大型活动,比如运动会歌唱比赛等?
>
> 11. 你喜欢在竞争中生存吗?
>
> 12. 当你为别人工作时,发现其管理方式不当,你是否会想出适当的管理方式并建议改进?
>
> 13. 当你需要别人帮助时,是否能充满自信地要求,并且能说服别人来帮助你?
>
> 14. 你在募捐或义卖时,是不是充满自信而不害羞?
>
> 15. 当你要完成一项重要工作时,你是否总是给自己足够的时间仔细

---

① 林莉,周建平.现代教育理念下的大学生创业潜质培养[J].皖西学院学报,2013(03):141-144.

完成,而绝不让时间虚度,在匆忙中草率完成?

16. 参加重要聚会时,你是否准时赴约?

17. 你是否有能力安排一个恰当的环境,使你在工作时能不受干扰,有效地专心工作?

18. 你交往的朋友中,是否有许多有成就、有智慧、有眼光、有远见、老成稳重型?

19. 你在工作或学习团体中,被认为是受欢迎的人吗?

20. 你自认是一个理财高手吗?

21. 你是否可以为了赚钱而牺牲个人娱乐?

22. 你是否总是独自挑起责任的担子,彻底了解工作目标并认真完成工作?

23. 在工作时,你是否有足够的耐心与耐力?

24. 你是否能在很短的时间内,结交许多朋友?

选择"是"得1分,选择"否"不记分。统计分数,参照以下答案:

0~5分:目前不适合自己创业,应当训练自己为别人工作,并学习技术和专业;

6~10分:需要在旁人指导下创业,才有创业成功的机会;

11~15分:非常适合自己创业,但是在"否"的答案中,必须分析出自己的问题并进行解决;

16~20分:个性中的特质,足以使你从小事业慢慢开始,并从妥善处理中获得经验;

21~24分:有无限的潜能,只要懂得掌握时机和运气,将是未来的商业巨子。

据国外媒体报道,世界上最大的创业孵化机构 Founder Institute(FI)对成功创业的人进行统计分析,发现了这些人普遍具备几大性格特征:才智、创造力、勤奋。而根据 Founder Institute(FI)的统计分析,这些特点和创业成功的概率并没有太大关系。实际上智商对于创业成败几乎没有什么影响。研究进行建模分析时,智商因素甚至都被完全抛在一边。Founder Institute 通过对 15 000 名申请着进行了一系列的测试,能够以85%的概率预测申请者创业的成败。根据他们的研究,四大性格特征和创业成功有着密切的联系,这可能与我们通常所想的有所不同。

1. 专业经历

年轻的创业者绝对不乏新点子,但专业经历是否丰富对最终能否成事影响重大。根据统计,34 岁左右并且有一些领域经历和管理能力的创业者总体来说表现最好。是否超过 28 岁并且有一些社会经验和完整的项目经历是对创业结果进行预测的重要因素。

2. 主动思考

企业家的乐观是众所周知的,因此是否有一个乐观积极的心态也是预测成败的一大因素。创造力、积极思维、好奇心三者相辅相成,能够发挥出惊人的能量。与众不同的思维方式、安于现状的心态、不断探寻新契机总是能够让企业家们找到解决手头问题的新思路。例如他们总会思考像这类的问题:"手机是不是又大又慢? 烤箱是不是不适合百吉饼? 是不是开车的时候没人喜欢用纸质地图?"

3. 流体智力

智商已经不能够决定成败,而有一类创业者特有的智慧仍然能够帮助他们在商场上如鱼得水。逻辑思维、抽象思维、探寻规律的能力都是创业者至关重要的技能。在如今竞争日益激烈、商业环境日新月异、各种工具迅猛进化的背景下,创业者必须具备这些的才智,以求生存发展。

4. 亲和力

在创业过程中那些坦率直接、考虑周到、善于合作的人总体上还是更受欢迎。如果你想开始自己创业之旅,一定会需要很多的帮助。朋友越多,能帮你的人就越多,你就能把事做得更好。广撒人际网能够大大增加成功的概率。

如果以上四个特征你都具备,那创业成功的概率就很可观了。

但哪些性格特点又会把创业扼杀在摇篮里呢? Founder Institute 对此也做出了分析,列出了创业者的五大负面特征:① 爱找借口;② 咄咄逼人;③ 欺上瞒下;④ 意气用事;⑤ 自我陶醉。

思考:具备什么性格特征的人更容易选择创业或者创业成功?

扫扫下方二维码,轻松学习在线开放课程《创新思维培养》(制造类)

四、创业者的内驱力培养

案例导入:

铁血网创始人蒋磊——典型的大学生创业者,16岁保送清华,创办铁血军事网,20岁保送硕博连读,中途退学创业。如今,铁血网稳居中国十大独立军事类网站榜首,铁血军品行也成为中国最大的军品类电子商务网站,年营收破亿,利润破千万。

2001年,16岁蒋磊初入清华园,电脑还没有在宿舍出现,他只能去机房捣鼓他的网页,他想把自己喜欢的军事小说整合到自己的网页上,他的"虚拟军事"网页一经发布,就吸引了大量用户,次日就达到了上百的浏览量。他很兴奋,他把"虚拟军事"更名为"铁血军事网"。

2004年4月,蒋磊和另一个创始人欧阳凑了十多万元,注册了铁血科技公司。其间蒋磊还被保送清华硕博连读学习了一阵。2006年1月1日,蒋磊最终顶住了家庭以及学校的压力毅然决定辍学创业,以CEO的身份正式出现在铁血科技公司。经过12年努力,目前蒋磊的公司拥有员工200余人,他创办的网站已成为能提供社区、电子商务、在线阅读、游戏等产品的综合平台。据透露,截至2012年12月,网站已有1000万注册会员,月度覆盖超3300万用户,正处于稳步且高速的增长中。

(资料来源:生意经)

思考:在案例中,是什么原因促使蒋磊决定创业?

创业动机也称创业内驱力,是直接推动人们实施一定创业目标的内部动力,是激励人们创业行动的主观因素和推动人们产生创业行为的直接原因。其表现形式有创业愿望、创业信念、创业理想等。心理学研究表明,动机是行为背后的原因,动机强弱与行为效果呈正相关关系,即良好的动机会产生积极的效果,不良的动机会产生消极的效果。

创业动机,作为一股强烈而积极的心理动力,使创业者进入一种十分关注、十分投入的动机状态之中,这对创业活动的深入具有十分积极的作用。但是,在实际社会生活中,由于动机和行为还受到多种因素的影响,动机和效果也会出现不一致的情况。

从创业的角度来看,影响创业动机的因素通常来自两个方面:一是内在条件,即需要;二是外在条件,即刺激。外在刺激是通过个体内在需要而起作用的。一定的创业动机是一定时期社会的政治、经济、文化和个体生活环境的综合反映,是内部需要和外部条件共同作用的结果。

对于当代大学生来说,创业要从实际出发,在脚踏实地的前提下,不断激发实现自身价值的成长动力,不断培养开拓创新的成长激情,树立积极远大的创业目标,通过不断奋斗实现创业理想。

在当今社会,创业活动对经济的推动作用有目共睹,从房地产的大鳄到电子商务的巨头,再到开蛋糕店的普通创业者,这些创业者不仅通过创业为自己积累了大量的财富,同时也在创新与实践之间积极搭起了一座桥梁,改变了人们的生活。那么如何把梦想转变成内在的驱动力? 这就需要我们在日常的生活中逐渐培养。

(一) 关注世界的发展与变化

从第二次世界大战结束到21世纪是世界发展变化最快的阶段,从计算机的应用到互联网时代的到来,从干细胞的研究到克隆技术的发展,世界进入了一个信息化、科技化的时代。这种发展带来了知识全球共享以及产品的全球化特点,这种巨大的改变使得商业更加活跃,创业的种类更加繁多。目前保持竞争力已经不再单单依靠有限的技术,一个好的创意往往不受地域的限制,技术、资源甚至是专家团体也变得越来越容易得到,这对于创业者来说是一个有利的环境。例如德国大众汽车公司可以将自己的生产线安排在中国,还可以将自己的销售公司建立在墨西哥,而它的总部在本国的沃尔斯。这个全球的公司,对于其管理是一项巨大的挑战,但是互联网的出现,可以使一切有效的资源得到利用,因此管理难题也可以成功地被攻克。对于一个创业者来说,这意味着在生产和商机的获取上能获有更多的创意、激励和专家意见。

(二) 技术的创新与淘汰

我们所处的世界中,充满了触手可及的全球性的知识、经验、劳动力与资本,技术在迅速更新,这对于创业者来说既充满机遇也是一种挑战。如今的技术突破已不再仅限于几所高校、科研单位,技术的更新也将全球同步,因此可以说,产品的生产周期的缩短与技术的落伍使专利技术失去了它的保护效力。而且,公司的竞争也不能再像早期一样依靠贸易保护、货币限制、某地优越的地理便利与廉价的劳动力条件了。这些都促使创业者必须不断创新以保持竞争优势。创新不仅体现在产品上,而且也体现在商业活动及运营模式上,技术的创新已经成为创业的驱动力之一。

(三) 解决顾客的迫切需求

创业的驱动力还来自针对顾客迫切需求的解决方案。当顾客在市场中发现某种不便或者某种需求未被满足时,就为创业者提供了一个创业的契机,这种顾客需求的满足方案可以催生一个好的创业项目。例如,罗红是好利来公司的创办者,如今好利来公司不仅有遍布全国的门店,而且还建立了两家大型的食品加工企业,成为蛋糕制造业的领军企业。多年前,好利来公司总裁罗红还只是一个仅仅拥有梦想与激情的年轻人。在母亲退休后的第一个生日,为了表达孝心与祝福,他希望能为母亲选购到一个式样新颖、口味鲜香的生日蛋糕,然而几乎跑遍了全城,也没有寻找到可心的蛋糕。1991年,罗红在四川雅安开办了第一家蛋糕店,开始了艺术蛋糕的事业。

(四) 创意的获取与互联网的发展

电脑上网与百度搜索引擎的自动搜索技术,带来了全球知识的共享,而比互联网通信更为重要的是不受限制地获得最好的创意、技术、研究资源和专家团队。举个例子,网络世界可以支撑一个总部在深圳,基础设施建在上海、北京、广州,生产基地在东南亚,并在北美有销售总部的生产企业。这个公司的员工组成也是全球化的,因此对其管理必将是一个挑战。对一个创业者来说,任何一项创业活动离不开互联网技术,更不用说单纯的互联网的应用。这种工具兼商机的方式,可以帮助创业者走得更远。但是需要记住的是,其他创业者也会有同样的想法。

(五) 相似案例的不同解决方案

当其他人的创意获得成功的时候,你还能不能再创业呢?可以明确的是,创业者不会对某一行业的新技术或者新创意已经被运用而产生退缩,相反,如果一个创意获得成功,将会对整个行业甚至是整个经济领域带来不同程度的变化。举例来说,零库存的销售模式,不仅带给戴尔公司巨大的财富,而且改变了整个销售行业的现状,为整个商业环境注入了新的风气。这使得创业者有更多的机会利用已经成熟的创新技术帮助自己创业。创业者需要学会思考,一旦有好的创新,需要考虑创新观念的原则还能有其他哪些方面的应用。在此阶段,创业者不需要关注太多细节,而需要注意的是,对于那些失败的创新也要进行分析,以便使新的创新不会因为同样的原因而失败。

创业动机是创业者愿意冒各种风险去创立新的企业的激励因素。这些因素中最普遍的是独立性,即不愿意为别人工作。对男性创业者而言,金钱是第二位的激励因素;对女性创业者而言,工作的满意度、成就感、抓住个人的发展机遇和金钱则依次是她们着手创立自己企业的激励因素①。这些第二层次的创业动机部分反映了创业者的工作和家庭境遇以及社会角色扮演。

> 思考:如何获得创业的驱动力?

扫扫下方二维码,轻松学习在线开放课程《创新思维培养》(制造类)

解答与分享

通过上述内容的学习,你觉得对于在校大学生或者刚刚毕业的大学生,热血沸腾、志比天高,应不应该踏上创业之路呢,以及什么样的人更容易成为创业者呢?

_____

_____

创业者需要具备什么素质和能力? 我们在平时的学习和工作中可以如何培养这些素质和能力?

_____

_____

结合实际生活,我们可以如何激发自我的创业内驱力?

_____

_____

训练与应用

案例一:

"中国创业教父"季琦

连续创业要冒巨大的风险,一个闪失,就可能倾家荡产。季琦在中国创造了一个记录:所有企业家中,他是第一个连续创立三家市值超过 10 亿美元公司的人。

在中国商界,季琦是个传奇。

三十岁至四十岁这十年间,他一连实现了"三级跳"。33 岁创办携程,36 岁创办如家,39 岁创办汉庭。三家公司,先后在美国纳斯达克上市,他也因此被称为"中国创业

---

① 杨德彬等. 基于 GEM 框架下的内江市民营企业创业环境研究[J]. 内江科技,2019,v. 40;No. 297(08):42-45.

教父"。

在商界流行一句话:创业成功不难,难的是能连续创业成功。短短十年间,季琦是如何做到连续创业成功的呢?要找到这个问题的答案,就不得不从他的学生时代说起。

1966年,季琦出生于江苏一个普通农民家庭。高考时,他考入上海交大工程力学系,四年后,又成为该校研究生。

因为不懂上海方言,季琦在学校没少遭白眼,他也因而变得很自卑。那时的他,做梦都想成为有钱人,而他的最大的梦想是"到一个远地方吃碗面,再打车回来"。

为了躲避人群,大学四年间,季琦在图书馆读了400多本书。后来,他能屡次创业成功,和那段读书岁月密不可分。

机会总是留给有准备的人。1999年,在一次饭局上,季琦与交大校友梁建章、沈南鹏等人聊天。几个人越聊越投机,直到深夜,还聊得热火朝天。

当年五月,他们一起创建了携程网。五年后,携程网在美国纳斯达克上市,一夜之间,季琦从普通人一跃成为亿万富豪。

季琦骨子里就喜欢折腾,他是天生的冒险家。成为亿万富翁后,他没有坐吃山空,而是相继创办了如家和汉庭两大酒店品牌。在这个过程中,他也曾像苹果的创始人乔布斯一样,被自己亲手创建的企业扫地出门过。不过,和乔布斯一样,季琦最终又杀了回来,而且越做越好!

梁建章说:"季琦擅长做一个很小的创业公司,同时又很擅长做一个很大的航母公司。"季琦认为,创业本身有很多不确定性,有人从危机中看到危险,而他看到的却是机会。

季琦确实有这样的慧眼。2008年,亚洲金融危机爆发。为了填补资金缺口,他卖光了他的如家股票,把全部钱都砸进汉庭。这种孤注一掷的做法,普通企业家绝对做不出!2010年,汉庭在纳斯达克成功上市,回馈给了季琦巨额的财富。那一刻,季琦笑了。

实现财富自由后,季琦仍不忘初心。为了让客户住得更舒适,直到现在,他还亲自参与旗下酒店的选址、排房、设计等工作。季琦认为,如果离一线太远,他的感知力会逐渐退化,长此以往,他就无法做出正确的判断。

今天的季琦,早已不是当初想打车去吃碗面的穷小子了。在"2019年福布斯中国富豪榜"上,季琦排名119位,身价高达195.9亿元。有记者问他是否打算退休,他说,自己未来的路还很长。创业者没有终点,只有起点。(资料来源:京华时报)

> **思考:**1. 连续创业成功的季琦具备什么样的特征?他有什么样的思维方式和能力?
> 2. 你心目中的优秀的创业者是什么样的呢?可以结合身边的故事举例说明。

案例二：

"90后大学生为淘宝提供纸箱，月入20万"

张璨是山东科技大学的学生，主修机械工程。"我没想到我会做纸箱生意。"张璨透露，大学毕业后，他从家中来到青岛，找了两三个工作，但总是不尽如人意。不经意间，在原来的公司，他发现很多淘宝商人都没有纸箱。"我当时在一家食品公司工作，负责向各个超市分销产品。因为有很多地方可以运行，我还联系了许多电子商务公司，发现他们经常寻找纸箱，所以我想尝试做纸箱供应业务。我认为它变成了一个主要的业务。"张璨说。

"我去年夏天获得了最大的订单。"张璨说，一家电子商务公司必须使用温暖的纸盒包装来送冷冻海鲜，而且需要有人来收拾它。"一个订单是10 000套，一套纸箱加保温箱加干冰是15元，我可以赚3元。"张璨说他雇了两名工人上班。一个星期后，他赚了3万元。除了付工人外，他还有26 000多元。一个月他赚了二十万元。"这是我的第一个大订单。在我拿到钱之后，我的眼泪掉了下来，我晚上吃了饺子。"张璨指出，这位客户后来看到他非常真实，可以忍受艰辛，订单交给了他。

"慢慢地，我发现自己的事业做得还不够。"张璨表示，自2017年"双11"以来，由于许多客户的出货量大，他的业务有了明显的改善，今年翻了10倍，他的纸箱业务越来越好，每天可以卖出10 000箱纸箱。

"凭借我的诚意，我赢得了大客户的信任。他也是淘宝家电的大卖家。他的需求量非常大。每日需求量大约为12 000箱。我用一箱纸赚1分钱"。"我现在有时间和精力去做市场。今年的"双11"，我已经预订了10万箱。我认为这个市场会变得越来越大。"

（资料来源：创业家）

> **思考：**结合以上案例进行分析，大学生究竟该不该创业？如果要创业，应该考虑哪些问题，做好哪些准备？

作业

请尽可能多地列举出来你所认为的企业家应该具备的素质有哪些，然后进行排序。

拓展阅读

平凡的坚持也能成功

在台湾有一家泡面店打着"情怀"的卖点，红火了近10年。这家仅有十平方米的小店，3张桌子，12张椅子，在人来人往的大街上很不起眼，但就是这么普通的小店却拥有全世界120多种泡面，而且凭借卖泡面，这家店居然火了10年。它就是"泡面达人馆"。

10平方米,红了10年

面馆的老板李新仑出生于1960年,曾是台湾大学园艺系的高才生,毕业后玩过摄影,开过花店,折腾过咖啡店,但不论哪种,都似乎和朴素、接地气的泡面不相干。

创业机缘源于二十多年前他当兵时的一次经历,有次回来饿惨了,想去吃顿好的犒劳自己,然而深夜的便利店只有泡面可吃,就这次经历竟让李新仑对泡面的味道念念不忘。后来忙于工作,没时间做饭时,他会选择给自己煮一碗泡面,为此他还特意从世界各地网购回不同口味的泡面摆在家里,即便不吃,看着都让他觉得开心。

随着年龄越来越大,李新仑厌倦了到处奔波,忽然想起了年轻时对泡面的喜爱,于是2008年时,他在台湾大学附近的老街区开了店,专卖泡面,面积小,仅有10平方米,里面只放得下3张桌子,12把椅子。没想到开业就火了,还被台湾媒体评为"代煮面店人气王"。如今10年过去了,泡面达人馆依旧红红火火,每天排队来吃泡面的人络绎不绝,小店每月收入高达15万。

在泡面唱衰的今天,泡面达人馆屹立不倒的原因是什么?

目光精准,征服年轻人

大部分人眼中,仅凭一个品类是无法存活的,但实际上,很多店却也因一个品类而活得很好,如日本专卖罐头的店Mr.Kanso,不过,开泡面店确实让人惊讶。开店之前,李新仑的想法就遭到了家人的反对,但是他坚持要做。

他的初心是为了给喜欢吃泡面的人提供方便,那么什么人会吃泡面呢?学生、加班一族、夜猫一族,他们用于吃饭的时间通常都不会太多,并且大部分处于独身状态。而对于学生党来说,在靠父母给的零用钱过日子的时间里,泡面是最好的搭档。

另外喜欢吃泡面的,大概就是和李新仑一样热爱吃泡面的人,所以当初开店时,李新仑就将自己的目标人群放在了这部分年轻人身上。他选择了在台湾大学附近开了店,所以店一开就有很多学生结伴前往店里吃泡面,不过李新仑也没有料想到自己的店会这么火爆,后来印象深刻的就有来自深圳的几个学生,在店里吃火鸡面,被辣得直流眼泪。

事实上李新仑定位在年轻人身上,还有一个原因则是新消费群体的崛起,在他们的眼里,泡面并不是"垃圾食品",而是儿时的味道。

"卖回忆"就成了泡面品类的一个爆点,尤其是对年轻人来说,很多时候他们并不在意性价比,更多的是在意"吃得开心""我喜欢"。泡面达人馆打破了他们心中对泡面的固有印象,把握了他们的心理,因此也就不愁没客上门了。

种类繁多,如同博物馆

确定定位和选址之后,李新仑迫不及待地开了店,为了对得起店名,他全世界搜刮泡面种类摆在店里,几乎成了一个世界泡面博物馆。进入店内,目之所及都是泡面,这里有来自全世界的120多种泡面,堆满了两大柜子。很多来这里的人,第一件事就是与泡面墙合影。

这些泡面根据辣度将泡面分门别类地进行摆放,不辣、微辣、特辣,宽面、细面、硬面、软面,齐全的种类绝对可以满足各种口味的食客。李新仑还制作了各国泡面热销排行榜,对于选择困难症顾客来说,简直不要太贴心。

虽然经过加工之后的泡面价格翻一倍是很正常的事情,但翻一倍也不会很贵。为了节省成本,李新仓没有请服务员,不过他发现其实也不需要请服务员。泡面本身就属于即食食品,很多人自己在家都能做,所以如此操作简单的单品,再请服务员就有点浪费了。

泡面吃出花来

泡面店因产品简单,容易被模仿,所以李新仓和后来的店长 Joyce 想尽办法将泡面做出花来。

经过多次试验,自己做调味包。比如黑款辛拉面的粉包+康师傅牛油酱包,鸡蛋+火腿+青菜是基础款;如果吃腻了这种口味可以尝尝店家特意熬制的猪骨汤,再加上特质的炸酱,另外配菜多多,猪血、豆腐、肉丸……

不过,配菜也不是你想点多少就点多少的,店长 Joyce 或许会温柔地提醒你:"当一锅方便面里面有 80% 其他东西的时候,方便面就是个噱头。"除了这些口味,他们还与时俱进,研发了年轻人爱吃的口味——芝士焗烤拌面。Joyce 也因此成为台湾餐饮界的"一姐"。经常收到报章杂志、电视台的邀约,还出过一本书,介绍 50 种方便面做法。

泡面达人馆从开业到现在已经 10 年时间,却依旧火爆,很多人慕名前往这家神奇的泡面店尝试,不过,李新仓却并没有因此而暴富。很多人都劝他将价格往上加,但都被拒绝了,正如他所说:"我完全可以把餐馆装修得很上档次,用各种高大上的烹饪手法来做一碗泡面,加上鱼翅、海参之类的高档配料,法餐的摆盘,然后卖出很高的价钱。"

但这完全违背了他的初心,他开店是为了给泡面爱好者们提供尽可能多的选择,并为他们省去亲自动手的麻烦。

(资料来源:投融界。)

模块四　组建创业团队

【学习目标】

育人目标:树立合作共赢的职业理念。

知识目标:理性了解创业团队,理解组建创业团队的原则、方法以及创业团队不同发展时期的管理策略。

能力目标:能够识别组建创业团队中的问题并组建自己的创业团队;有效进行创业团队的管理;根据情况合理利用非物质激励。

思政目标:培养学生的团队精神;培养学生各方面的责任与担当意识。

【教学重难点】

重点:创业团队的 5P 要素;组建创业团队的原则与方法;创业团队的管理

难点:创业团队的 5P 要素;创业团队的管理

困惑与迷思

　　张昊是应届毕业生,昨天有个小伙伴找到张昊,说想和他一起创业,但因自己是第一次创业不知道如何组建团队,希望他能给点建议。这确实是个难题,包括张昊身边也有因为这类创业问题而烦恼的朋友。"一个人创业能力有限,但团队创业会遇到各种问题""蛋糕就那么大,团队创业后每个人能分到的利益有限""什么样的团队才是优秀的团队?""怎样对团队进行管理呢"此类问题很多⋯⋯在创业之前,创业者一定要想好:和谁一起创业? 你们都干些什么? 目标是什么样的? 下面让我们来学习一下什么是创业团队,创业团队的要素有哪些,组建创业团队的原则和方法以及创业团队的管理,希望大家通过这个章节的学习,同学们可以结合自己的实际情况做出选择。

知识引领

思维导图

```
                            组建创业团队
       ┌──────────────┬──────────────┬────────────────────┬──────────────┐
  什么是创业团队      创业团队的5P要素   组建创业团队的原则与方法    创业团队的管理

  创业团队内涵        创业目标明确      组建创业团队的重要性      创业团队不同发展
                                                             时期的管理策略
  团队与群体的区别    创业成员结构合理    好的创业团队应具备的条件
                                                             非物质激励
  创业团队的类型      创业团队分工定位准确  组建创业团队的原则

  一般团队与创业团队的区别  创业团队要善于权变   寻找创业团队伙伴的渠道

                     创业要制订行动计划   组建创业团队的方法
```

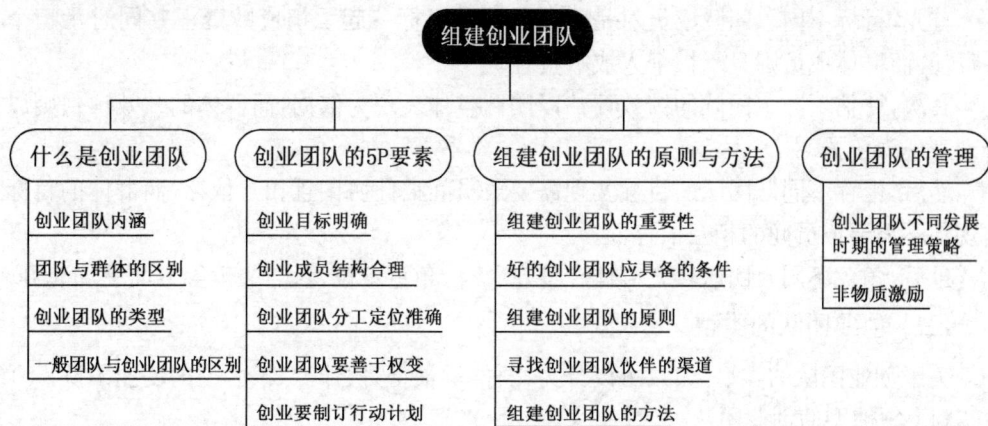

一、什么是创业团队？

问题导入：

古斯塔夫·勒庞(法)1895 年在《乌合之众：大众心理研究》中提出："孤立的个人很清楚，在孤身一人时，他不能焚烧宫殿或洗劫商店，即使受到这样的诱惑，他很容易抵制这种诱惑。但是在成为群体的一员时，他就会意识到人数赋予他的力量，这足以让他生出杀人劫掠的念头，并且会立刻屈从于这种诱惑。出乎意料的障碍会被狂暴地摧毁。人类的机体的确能够产生大量狂热的激情。"由此，我们知道"群体"给予人无穷力量，那么什么是"群体"？什么是团队？什么是创业团队呢？下面让我们来共同学习这部分内容。

（一）创业团队的内涵

斯蒂芬·P. 罗宾斯(Stephen P. Robbins)在《组织行为学》一书中定义了团队的概念，"团队就是由两个或两个以上的，相互作用、相互依赖的个体，为了特定目标而按照一定规则结合在一起的组织"。[①] 创业团队是指有两个或者两个以上的技能互补、贡献互补的创业者组成的特殊群体。这个群体是在一个共同认同的，能够彼此承担责任的程序规范下，为达成一个高品质的创业结果而共同去努力。他们相互协作、相互依赖，同时共同来担当风险和压力。

通常狭义的创业团队是指有着共同的目标、共享创业收益、共担创业风险的一群创建新企业的人；而广义的创业团队则不仅包括狭义的创业团队，还包括与创业过程有关的各种利益相关者，如风险投资家、专家顾问等团队优势。

---

① 　高振，沈馨怡，吴松强.适应于协同创新发展模式的科研团队绩效考核机制研究[J].工业技术经济，2013，000(012)：78－89.

（二）团队与群体的区别

团队不等同于群体，团队中成员所做的贡献是互补的；而群体中成员之间的工作在很大程度上是互换的。① 从以下四个方面对两者进行对比：

首先，目标不同。团队成员对是否完成团队目标一起承担成败责任并同时承担个人责任，而群体成员则只承担个人成败责任。

其次，评估不同。团队的绩效评估以团队整体表现为依据，而群体的绩效评估则以个人表现为依据。

然后，依存不同。团队的目标实现需要成员间彼此协调且相互依存，而群体的目标实现却不需要成员间的相互依存性。

最后，角色不同。团队较之群体在信息共享、角色定位、参与决策等方面更加充分。

（三）创业团队的类型

关于创业团队的类型，大致可以分为三种：领袖型、伙伴型、核心型的创业团队。

（1）领袖型的创业团队

创业团队中有一个核心人物去充当主导的角色，通常是先由某一个人想到了一个商业点子，或者是发现了商机，然后再去组建以自己为核心的创业团队，那么它的特点是结构紧密向心力强，主导人物在组织中的行为，对于其他个体的影响非常的大。在决策程序方面，它是相对简单的；组织效率也比较高。主导人物的权威容易导致过度集权而提高决策的风险。

（2）伙伴型的创业团队

创业团队成员主要来自因为经验友谊和共同兴趣而结缘的伙伴，那么它的特点是没有一个明确的核心。组织结构比较松散，它们通常采用的是集体决策的方式。相比较而言，效率会比较低。并且团队成员的相似地位容易形成多头领导的局面，但是成员们之间相对平等的地位，更有利于团队的沟通和交流，②可以充分地发挥合作的优势，成员也比较稳定。

（3）核心型的创业团队

这种创业团队是由伙伴型的创业团队演化而来的，基本上是前面两种创业团队的中间形态。那么在团队中有一个核心成员，但是核心成员的地位的确立是由团队成员共同协商的结果，因此，这个核心人物，从某种意义上来说是整个团队的代言人，但并不是主导人物。③ 在一个创业团队当中，他是需要有灵魂人物的，在古今中外的创业实战中都会得到充分的证实，这个灵魂人物就是团队的核心。在伙伴型创业团队中，伴随着创业活动的开展，也必将逐步转化为核心型的创业团队，或者是领袖型的创业团队。

（四）一般团队与创业团队的区别

从目的来看，一般团队解决某类或者某个具体问题，创业团队开创新企业或者拓展

---

①　贺毅. 高职院校专业教学团队建设研究［D］. 广西大学

②　郭姗. "三段式培养法"在创业教育中的尝试［J］. 山东纺织经济,2013(05):111 - 114.

③　杨忠东. 创业经之"如何组建创业团队"［J］. 四川教育学院学报,2012,28(005):43 - 47.

新事业。

从职位层级来看,一般团队成员并不局限于高层管理者职位,创业团队成员处于高层管理者职位。

从权益分享来看,一般团队成员并不必然拥有股份,创业团队成员一般情况下在企业中拥有股份。

从组织依据来看,一般团队是基于解决特定问题而临时组建在一起,创业团队基于工作原因而经常性地一起共事。

从影响范围来看,一般团队只是影响局部性的、任务性问题,创业团队影响组织决策的各个层面,涉及范围较宽。

从关注视角来看,一般团队关注战术性的、执行性的问题,创业团队关注战略性的决策问题。

从领导方式来看,一般团队受公司最高层的直接领导和指挥,成员对团队的组织承诺较低;创业团队以高管层的自主管理为主,成员对团队的组织承诺较高。

从成员与团队间的心理契约来看,一般团队心理契约关系不正式,且影响力小;创业团队心理契约关系特别重要,直接影响到公司决策。

综上所述,创业团队并不是人的简单组合。在弄清楚群体、一般团队和创业团队的区别之后,我们对于创业团队的界定着重强调三个方面的内容:第一,创业团队成员是在企业创立的较早阶段就加入企业当中来的;第二,创业团队的成员拥有企业的股份。第三,创业团队成员在企业内部承担创业中的具体工作。只有满足了这三个方面的人员组成的团队,才是我们所说的创业的团队。

> **思考:**古斯塔夫·勒庞(法)1895年在《乌合之众:大众心理研究》中指出的"群体"是指真正意义上的"群体"还是"团队"或者"创业团队"?为什么?

扫扫下方二维码,轻松学习在线开放课程《创新思维培养》(制造类)

二、创业团队的 5P 要素

案例导入:

"西游记"的创业团队号称史上的"黄金团队",历经九九八十一难终于到西天取得真经。想想这个团队优秀在哪里?每个人都很优秀吗?创业团队最重要的是什么?哪些要素是必不可少的?下面我们来进行这部分内容的学习。

创业团队需具备五个重要的团队组成要素,称为5P要素。创业团队在进行创业活动过程中需要明确的目标、人员合理分工、准确定位、划分权限和制订实施计划。而总结为 5P 要素就是目标、人员、定位、职权、计划。[①]

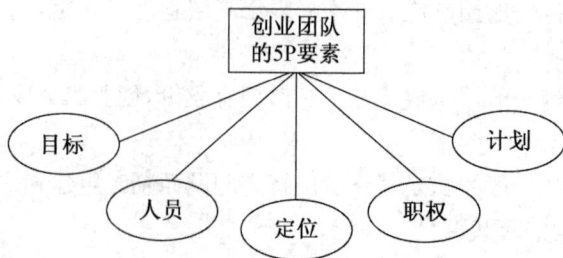

```
                    ┌──────────┐
                    │ 创业团队  │
                    │ 的5P要素 │
                    └──────────┘
          ╱        ╱    │    ╲        ╲
     ╭──────╮              ╱      ╭──────╮
     │ 目标 │                     │ 计划 │
     ╰──────╯                     ╰──────╯
        ╭──────╮  ╭──────╮  ╭──────╮
        │ 人员 │  │ 定位 │  │ 职权 │
        ╰──────╯  ╰──────╯  ╰──────╯
```

1. 创业目标明确

团队共同目标引导着团队的发展,是团队凝聚力和持续发展的基础。

作为创业团队,团队成员需要团队领导指明目标或方向;团队领导需要团队成员朝着目标前进。一个成功的团队,必须要有共同目标,只有具有共同目标的团队才有凝聚力、战斗力。没有目标,团队就没有存在的价值。团队的目标还可以把大目标分成小目标具体分到各个成员身上,大家合力实现这个共同的大目标。[②]

作为创业团队,应将目标分为长期与短期,长期目标即公司的愿景,短期目标则是长期目标的分解。目标的完成应是团队成员共同努力的过程。

2. 创业成员结构合理

团队是由人组成的。人是构成团队最核心的力量。确定团队目标、定位、职权和计划,都只是为团队取得成功奠定基础,最终能否获得成功取决于人。

团队目标是通过团队成员分工协作共同完成的,优势互补的创业团队是创业成功的关键,创业者应充分考虑团队成员的能力、性格等方面的因素。人是构成创业团队最核心的力量,三个或者三个以上的人就可以构成团队。目标是通过人员具体实现的,所以人员的选择是创业团队中非常重要的一个部分。在一个团队中可能需要有人出主意,有人订计划,有人实施,有人组织协调,还有人监督团队工作的进展,评价团队最终的贡献。不同的人通过分工来共同完成团队的目标,因此在人员选择方面要考虑到人员的知识、能力和经验如何,技能是否互补。

3. 创业团队分工定位准确

创业团队的定位包含两层意思:第一个层次是创业团队的定位,确定团队在企业中处于什么位置,由谁选择和决定团队的成员,团队最终应对谁负责等。第二个层次是个体的定位,对团队成员进行明确分工,确定各自承担的责任。[③] 在创业活动中责任要清晰,也要搞清楚为什么要让责任清晰,那是因为事儿实在太多,不清晰就可能出现工作的空白,工作就容易混乱,团队无法形成战斗力,进而影响创业效率。

4. 创业团队要善于权变

在创业团队当中,一是团队领导人的权力。团队领导人的权力大小与创业团队的

① 闵光英. 行政机关中公务员团队建设研究[D]. 安徽大学,2010.
② 管金宝. 中小企业核心团队有效性研究[D]. 长春理工大学,2010.
③ 何振华. 高职生创业团队的培育机制研究[J]. 齐齐哈尔师范高等专科学校学报,2017(5).

发展阶段相关。一般来说,在创业团队发展的初期,领导权相对比较集中,团队越成熟,领导者拥有的权利相应越小。二是团队权力。要确定整个团队在组织中拥有什么决定权? 比方说财务决定权,人事决定权、信息决定权、临时处置权等。有了定位、有了权限,才能使团队中的每个成员的能力得以发挥,才能推动创业活动的进程。

5. 创业要制订行动计划

计划有两层面的含义:① 目标最终的实现,需要一系列具体的行动方案,可以把计划理解成程序之一。② 按计划进行可以保证团队的进度。只有按计划操作,团队才会有步骤地接近目标,从而最终实现目标。

计划是对达到目标所做出的安排,是未来行动的方案,可以把计划理解成目标实施的具体工作程序。制定核心价值,有助于避免在创业过程中的"探险"迷失方向。创业计划是创业者叩响投资者大门的"敲门砖",是创业者计划创立的业务的书面摘要,一份优秀的创业计划书往往会使创业者达到事半功倍的效果。创业计划书用以描述与拟创办企业相关的内外部环境条件和要素特点,为业务的发展提供指示图和衡量业务进展情况的标准。通常创业计划是市场营销、财务、生产、人力资源等职能计划的综合。

利用 5P 要素进行团队分析,能够让我们对自己的团队以及未来的发展有更清晰的认识。任何团队的构建都包括这五个要素,这五个要素是组成团队和团队的运作中是必不可少的。

> **思考:**创业团队 5P 要素中,最为核心的要素是什么? 西游记的创业团队能够创业成功的主要原因是什么?

扫扫下方二维码,轻松学习在线开放课程《创新思维培养》(制造类)

三、组建创业团队的原则与方法

案例导入:

学计算机数字媒体专业毕业的小张,想成立一家传媒公司。因为资金、资源和技术的局限性,他不想单打独斗,想找人组建团队一起创业。问题来了,他应该找谁呢? 什么样的团队才是优秀的团队? 怎样组建团队? 组建团队有哪些方法? 下面我们来进行这部分内容的学习。

(一) 组建创业团队的重要性

根据美国风险投资界对于创业项目投资的统计:其中有 60% 的创业活动都是以创业团队的形式来开展,70% 是有多名创始人,17% 的企业创始人是在四位以上,9% 的企业创始人在五位以上。这样的一组数据说明了什么问题呢? 除了在创业项目的创意之外,风险投资人最为看重的就是创业团队,已经充分地体现出了团队为王的时代内涵。

那么,风险投资人为什么会更愿意去选择有创业团队的项目去投资,而不是给独立创业者进行投资呢? 其实最简单的一个理由就是人无完人。一个一流的创业团队能够带来出色的知识、经验、技能和对公司的承诺,团队成员之间紧密和有效的工作关系,对任何一个新创企业来讲,都是一笔非常宝贵的财富。

团队创业与个人创业相比,其优势具体表现在以下几个方面。

第一,团队创业会具有更多的才能,比如说有擅长组织协调的,有擅长投资的,有擅长产品设计和开发的等。就像马云在创建阿里巴巴时候团队的 18 罗汉一样,罗马非一日建成,也更不可能是一个人完成的。再成功的企业,人才都是企业发展过程中的必要因素。当然,这个团队未必能在最初的时候就如同铜墙铁壁,坚不可摧,但因为多人多能,各尽所需的配比与互补,使得哪怕每个人仅仅在所在领域驾驭一点点的经验,也可以让团队整体的力量很强大。所以团队于创业者,就如同水之于鱼,确实是必不可少的因素。[①]

第二,团队创业具有更多的创意,有更多的想法,可以进行头脑风暴。

第三,团队创业具有更多的专业性。

第四,团队创业具有更多的资源。谈到资本除了实物资本,除了货币资金,还有最重要的一项就是人才,而由人才构成的企业创业之初的团队,正是这众多最优质的资本的总和。所以,作为一位好的创业者,虽然你在量力而行,在力所能及的情况下招募人才,但请记住,哪怕是这样,你也是可以找到出色的人才的。没有不能干事的人,只有放错位置的人才。所以,为了自己的团队这个大的资本池,浇灌好每一个创业初期的人才吧。

第五,团队创业具有彼此的心理支持。正所谓,德不孤,必有邻。一个创业的企业家,应该比谁都清楚,人与人在一起叫聚会,心与心在一起叫团队的道理。所以,他一定会尽自己所能让这批不同的人,不同追求的心,最终可以围绕着自己,团结在一起,共同发光发热。

总之,团队是一个企业发展的必要因素。正如卡内基说的:"把我的厂房拿走,把我的人才留下,一年后,我将建起新的厂房。"由人才构成的团队,正是如此重要。

(二) 好的创业团队应具备的条件

创业团队是一个由创业者构成的特殊群体,创业者的人数应当是两个或者两个以上,他们技能互补、贡献互补。组建创业团队的必要性就在于,它能够通过有效的组合,使团队成员充分发挥自身的优势,以达到长善救失的效果。[②] 一个好的创业团队需要具备以下五个条件。

1. 要有好的团队带头人

团队成员之间要有合理的职权划分。我们做任何事,方向比努力更重要,如果方向不对,越努力只能南辕北辙,离目标越来越远。俗话说,火车跑得快,全靠车头带。一个

---

① 张红. 如何建设创业团队[J]. 新商务周刊,2019,000(015):p. 286 - 286.
② 王莲芳. 大学生创业团队的构建研究[J]. 湖北科技学院学报,2015,35(011):28 - 30.

好的企业,一个好的团队需要一个扛旗带队的先锋队长,需要一个知识面宽广、技能水平高的指导员和教练,更加需要一个敢想敢为的开拓者,为企业的发展把握好前进的方向。这个带头人必须为团队的贡献做出自己的最大力量。要有眼光,要有胸怀,要有知识,要有实力,此外,为了保证团队的成员顺利地执行创业计划和开展各项工作,必须预先在团队内部进行职权划分。创业团队的职权划分,就是要根据执行创业计划的需要,具体确定每一个成员所需要负担的职责以及相应所享有的权限。团队成员间的职权的划分必须明确,既要避免职权的重叠和交叉,也要避免无人承担造成工作上的疏漏。

2. 要有共同的价值观和目标

我们中国有句古话叫"道不同不相为谋",意思是走着不同道路的人就不能在一起谋划,比喻意见或志趣不同的人就无法共事。而现在对这句话更多地使用它的是引申的含义。特别是在创业团队成员的选择中道不同,我们这里可以特指价值观和目标的不同。共同的价值观,统一的目标是组建创业团队的前提。团队成员如果不认可团队目标,就不可能全心全意实现这一目标而与其他的团队成员相互合作共同奋斗。没有一致的目标和共同的价值观,创业团队即使组建起来,也无法发挥协同作用,缺乏战斗力。此外,团队的目标要明确,要合理。这里从两个方面来看,首先是目标要明确,这样才能使团队的成员清楚地认识到共同的奋斗方向是什么,才能够对所有成员产生明确的指引。与此同时,目标也必须是合理的切实可行的,这样才能真正达到集体的目的。

3. 要有荣辱与共的思想和信念

创业团队是一个整体。团队在成长过程中要秉持风雨同舟,甘苦与共、有难同当,有福同享的心态。要有互换思维、互换立场的考虑问题,相互帮助,共同成长。团队成员要有把蛋糕做大的这种理念,而不仅仅只是惦记着分蛋糕。不能只是想着自己的利益,特别是当企业发展面临困难和挑战的时候,团队成员要具备良好的心理素质。客观分析问题,积极配合,团结一心,共同面对。

4. 要有明确公正的制度和原则

创业团队首先要制定大家都认可的游戏规则,这个认可的游戏规则就是创业团队在一起合作的这种标准规范和制度的约束。一旦确定后,需要团队成员们100%地去努力执行。没有任何的借口,创业团队的制度体系要体现对成员的控制和激励任务,主要包括团队的各种约束制度和激励制度。[①] 一方面通过制定各种约束制度,实现对成员行为的有效约束,保证团队的稳定秩序;另一方面,创业团队要实现高效运转需要制定有效的激励机制、分配方案、奖惩制度、考核标准、激励措施等。这些制度使团队成员能够看到,随着企业目标的实现,他们自身利益将会得到怎样的改变,从而达到充分调动成员的积极性,最大限度地发挥团队成员的作用的目的。需要注意的是,我们建议这些制度体系应该以规范化的书面的形式确定下来,而不是以口头的形式,以避免带来不必要的混乱。在执行过程中,要以团队的利益高于一切,遵照对事不对人的原则,比如

---

① 尚雪梅.独立学院大学生创业团队的建设和管理[J].科技创业月刊,2015,028(016):16 - 17.

说我们某个成员在生活中可能是很好的朋友,甚至是亲属关系,在工作中可能也是很好的搭档,但是如果他们不遵守规则,即使可能得罪他们,我们也要按规则办事。因为谁违反了大家共同的规则,谁就应该受到惩罚。

5. 团队成员构成精简、高效,并保持动态开放

通常在创业初期,企业会面临各种成本的支出。经济状况会受到各种限制。因此,为了减少创业期的运作成本,创业团队成员的构成应该在保证企业能高效运作的前提下,尽量精简。① 这里要提醒大家的是,我们进行人员精简的一个重要的前提是要保证企业能够高效运作,不能因为一味降低人力成本而影响企业的运行效率,这样可能会得不偿失。

那么哪种合作结构是比较好的呢? 其实没有一个确定的答案,我们觉得三个人的组合可能会好过两个人。对于一个科技公司来讲,一个人不可能同时懂产品、懂技术和运营。一个公司如果有三个创始人的话,最佳的组合应该是三个人,分别管产品、技术和运营。因为最终一个公司的成败,更多取决于产品有多优秀。因此,管产品的人比较适合做团队领袖。此外,三个人的组合还有一个好处,其中两个人矛盾很大的时候,有一个人能够起到调节的作用,公司管理就不容易陷入僵局,投票表决的时候也会相对容易。另一个方面,创业过程是一个充满不确定性的过程。团队成员中可能不断会有人因为能力、观念等各种原因离开,同时也会有新成员加入,因此在组建创业团队时,应注意保持团队的动态性和开放性。使团队成员结构不断优化,将真正完美匹配团队需求的成员吸纳到团队成员中来。

(三)组建创业团队的原则

我们在选择创业团队成员时,需要遵循以下三个原则。

1. 尽量去找那些适应力强的团队成员

在当今飞速发展的知识经济时代,创业团队的成员如果没有很强的适应能力,就势必会拖累整个团队的发展,一般而言,适应能力强的团队成员至少需要具备以下几个优点。一是具有可塑性,也就是需要根据团队的需要,及时调整自己的角色和职责。需要具备多面手的能力和素质。二是情绪稳定,创业是一场持久战,需要我们团队成员不管是在顺境还是在逆境中都要保持稳定的心态。三是创造力,在当前这个时代,创业已经不再是一招鲜吃遍天下的时代,各行各业的市场竞争都越来越强,大家都是虎视眈眈,无时无刻不在想着如何提供更好的产品和服务,从而占据更高的市场份额,打败竞争对手,因此创业者需要具备较强的创新意识和创造力。

2. 尽量选择有创业经验的成员

创业是一项实践性非常强的工作,对于创业团队而言,不仅要做好熟悉项目运作、产品研发、市场分析、产品营销等务实的工作,还需要完善团队内部的人际关系,做好凝聚团队精神,提高团队协作力和战斗力等务虚的工作。这时如果团队中刚好有一个或

---

① 范忠伟,张健光. 国内 ERP 实施绩效评价研究简评[J]. 商场现代化,2008,000(009):64-65.

几个有着丰富创业经验的成员,那就可以在很大程度上减少不必要的阻力和麻烦,让整个创业团队少走弯路,促进团队的快速成熟。

3. 要确定你和你的团队成员在同一条船上

要确定你和团队成员在同一条船上,也就是说能够和团队成员风雨同舟,假如创业顺利,你们共享收益;创业失败的话,你们也要共同承担后果。在创业团队中,假如有人的报酬根据利润来定,有人领着固定的薪水,假如有人更注重短期能得到的利益,有人目光更加长远。整个创业团队的方向就不可能一致。这些都是我们在选择创业团队成员的时候要尽量避免的。

(四) 寻找创业团队伙伴的渠道

寻找创业团队伙伴是一件很复杂且煎熬的过程,因为找人本身就不是件容易的事,更何况是找和你志同道合的人呢? 寻找创业团队伙伴通常有下列三个渠道。

1. 第一个是亲戚、同学和朋友

创业团队成员之间最好是知根知底的,大家性格能够磨合到一块,这样成功的概率就会更大一些。比如说他们原来是在成熟的大公司里面共事,相互熟悉,很多人过去是同学,曾经长期相处。我们经常说的新东方的三驾马车,腾讯的五虎将,百度的七剑客,小米的八大金刚,阿里的十八罗汉,这些团队的成员很多都有过长期共事,或者相处的这种经历。所以他们在创业过程中的配合非常默契。之前国内有一个比较火的电影叫《中国合伙人》,讲述的就是几个大学生和大学的同学在一起创业,并且取得成功的故事,可见,同学是我们在寻找创业伙伴时,可以考虑的一个重要的途径。

2. 第二个是通过社会网络

这种方式同样是从我们自身所拥有的社会资源开始,利用我们自身的人脉关系寻找创业合伙人,这样找到的合伙人要么是朋友的朋友,要么是亲戚的亲戚,彼此不一定特别了解,但身边有人了解他,有联系的纽带,这样相处起来也会比较容易,潜在风险比较小。

3. 第三个是通过公开招聘

通常一个人的亲戚、同学和朋友等,这些人脉关系都是有限的,就算你的交际圈比较广,也还是有一个小圈子。近年来,互联网上诞生了不少寻找创业合伙人的平台,吸引了不少想寻找创业合伙人的创业者,大家可以在平台上登记个人的简历或者发布创业项目,看到满意的可以直接联系。但这样招聘来的创业团队伙伴一定要先了解再一起创业。

(五) 组建创业团队的方法

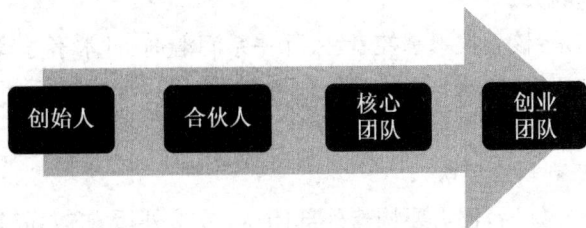

创始人 → 合伙人 → 核心团队 → 创业团队

1. 从创始人到合伙人

第一步：优势互补、经历形同

优势是指能力和素养方面的差异性，如锤子科技的 CEO 罗永浩，本人是新东方英语教师出生，后创办网站，创办英语培训学校，打算做锤子手机时，首先想到的就是组建技术团队，其技术团队由前摩托罗拉资深工程经理钱晨，现任锤子科技 CTO，以及 200 位工程师组成，并且拥有 Smartisan T1 是前苹果工业设计总监，ammunition 设计公司创始人 Robert Brunner 和他的团队设计。

共同经历：之前是同学或者同事，更容易志同道合，彼此信任，如新东方三驾马车、饿了么张旭豪和室友、切糕王子阿迪力和同学等。

第二步：那么到哪里找这些人呢？可以有下列渠道：

➢ 在网络上对外表达自己的需求
➢ 参加创业大赛
➢ 结识投资人并寻求其引荐
➢ 参加私董会创业者俱乐部
➢ 主动联系周围的人脉
➢ 其他

如某创业团队合伙人的微信"朋友圈"招聘启事：招一些创业疯子，精英不要；会写 PPT 但是不会写错别字的营销策划经理；对自己要求很高，对其他一切要求不低的产品经理；热爱生活（必须有强迫症）的设计师；能把公众号玩出花的运营经理；为了做好事情不惜一切代价的 COO；深深体会人和价值观的核心生产力的人力资源合伙人。请直接联系我。

第三步，如何才能听到"我愿意"？

犹如恋爱的表白一样，想听到对方的一句"我愿意"是一件非常难的事情。合伙人不仅仅包含利益关系，更多的是要走心，聊人生规划，问是否需要帮忙？激发潜在合伙人的痛点。乔布斯看重前百事可乐的总裁斯卡利的管理能力，诚邀他加入苹果，对于这位不缺钱、不缺地位，唯独缺乏激情和梦想的合伙人，斯卡利对乔布斯试探性地说：或许可以只做朋友，提些建议。乔布斯最后抛出一个问题：你想一辈子卖糖水，还是想抓住机会改变世界？斯卡利感觉就像有人往他的肚子上狠狠揍了一拳，后来斯卡利回忆说：四个月来，我第一次意识到自己无法说"不"。

2. 从合伙人到核心团队

一个团队最好有三个人，有一个素质全面的灵魂人物，有一个懂技术的人才，还有一个懂财务和管理的人。

这三个人应该是：核心技术掌控者、人际关系润滑剂、日常事务管理者、创新创意设计师、核心目标把控者。在核心人员分配任务时，你可以考虑以下问题：优势、短板、目标、方式、需求、结果。

3. 从核心团队到创业团队

当内部团队建立好后，还需要构建外部团队，寻求外援，扩大资源，如专家团队、顾问团队等。

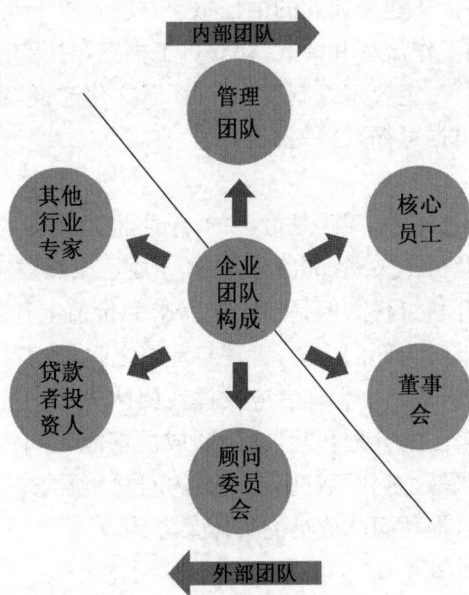

扫扫下方二维码，轻松学习在线开放课程《创新思维培养》（制造类）

四、创业团队的管理

案例导入：

小明是一个创业团队的美工设计，对工作心神不定，缺乏心气儿。有一次闲聊时，老板问他为什么总打不起精神，看上去不太开心？他说：怎么干都没用，长沙现在一套房子少说要一百万，我和我女朋友都是外地人，家庭条件一般，照这样我啥时能买上房啊！一想到这儿，就觉得前途看不见亮儿。如果你是老板，会怎么做？

（一）创业团队不同发展时期的管理策略

通常创业团队的发展可以简单概括为四个时期：形成期、发展期、高效期、裂变期。那么，在不同时期的创业团队如何开展有效管理？

1. 形成期

形成期是创业团队刚开始组建，隔三岔五再加入几个人，每个人都来自不同的地区，有着不同的经历、背景、学历、想法、能力，等等。每个人都是陌生的，每个人都有各自的心思。这个时候,团队缺乏共同的愿景目标,需要着重消除彼此的隔阂,不断通过游戏、培训、聚会等方式快速建立彼此的信任感。管理者对于业务计划以及工作决策要清晰、迅速,建立正确的工作流程和模式,建立员工档案,对所有成员的信息要做到心中有数。团队的建立初期,一定要定好制度,做好团队文化建设,狠抓执行,让每个人都知道规则,做到有法可依可据可循,公平公正公开。

2. 发展期

创业团队在发展的过程中,问题是最多的,矛盾也是最多的。创业团队的目标,管理的风格,人员管理以及员工关系都会有冲突和矛盾。虽然建立了初步的信任和默契,树立了共同的价值观和团队目标,但是在个人需求和价值上还需要很多磨合。此时应注重团队的有效沟通,部门与部门之间,管理与基层之间,员工与员工之间等,都需要建立公开有效且顺畅的沟通机制。管理者应发挥在团队管理中的主动性,不断尝试不同的工作方式,充分运用自己的管理智慧,让团队成员都能认同。在团队会议时,要不断总结问题,多组织头脑风暴,充分了解所有成员的问题和需求。群策群力做好优秀的经验分享。树立集体观念,提高团队成员的集体荣誉感。

3. 高效期

进入高效期,创业团队所有成员都在为共同的目标努力,沟通顺畅,相互信任,部分成员甚至能够分担管理的工作,帮助管理者处理日常事务,遇到很多问题能够主动做出调整,并迅速给出解决方案,各项工作都能有序高效的安排。对于成熟团队管理者,更多的是重结果轻过程。在做团队管理的过程中,对于过程可适当做好把控和监督,对于结果要想尽一切办法,利用好所有能用的资源去达成。激发所有成员的狼性,制订好有效的工作计划。让所有成员为了共同的目标,不断的努力奋斗。管理者需要在高度认可每个人的价值的同时,让每个人都能得到锻炼和拥有实现。自我价值的机会。在团队高效发展期,主管需要做好两件事:带领团队不断超额完成业务指标和为公司不断培养优秀人才。

4. 裂变期

有的创业团队是为了某一个项目组合而成的。当项目结束之后,这个团队也就随之解散,当然也有很多公司因为业务发展的需求。需要扩大团队规模,很多会选择由现有的团队进行裂变。此时,在团队高效期开展的人才培养工作就派上用场了。你培养的人才越多,证明了你的能力越强,你的职业发展也会越有利。同时我们也应该注意团队进入这个时期的时候,团队成员的积极性会有懈怠,主动性会不如从前。作为管理者还要学会如何重新激活团队能量,改变管理理念,用创新的管理思维重新让团队再次焕发活力。在团队组建的整个过程中,管理者需要清楚各个阶段的特点,培养和维持团队成员共同的愿景和目标,与团队成员共同努力,完成所有发展中遇到的问题和障碍,在高效的沟通和有效的授权下,让团队成员互相信任、互相帮助、互相尊重。

(二) 非物质激励

1. 非物质激励的重要性

在现实中,很多领导更加关注企业的物质激励,而忽视了非物质激励。事实上物质激励不是万能的,因为花钱买不来长期的积极性,根据马斯洛的需求层次理论,人的需求会随着时间的变化而不断提高。因此,对企业来说,物质激励除了要花掉"真金白银"对企业的财力提出较大的挑战,也存在着边际效用递减的弊端。在一项的调查中表明,中国员工按激励对自身影响重要度排序前三项是:事业吸引人、工作中的成就;同事间人际关系的和谐;心情舒畅。美国的行为科学家弗雷德里克·赫茨伯格提出"双因素理论",认为激励要素排序前三项依次为:成就、认可和挑战性,这与对中国员工的调查是不谋而合的。因此,企业应给予非物质激励以高度的关注,在企业内部构建系统的多元化非物质激励体系。

2. 非物质激励的方法

(1)守信誉

《行为领导力》一书在研究了全球数十个国家的杰出领导者的特质之后得出结论:领导力的核心是——信誉。信誉是领导者赢得其追随者信任的一种个人品质。领导者有信誉是追随者愿意向其贡献自己的情感、才智、体力和精神的先决条件。守信誉的老板可以为员工带来:安全感、归属感、受尊重感,因此员工都愿意追求讲信誉的老板。

(2)愿景激励

企业愿景是组织在未来所能达到的一种状态的蓝图,阐述的是企业存在的最终目的,回答的是"去哪里"的问题。企业愿景是关于理想的一幅独特的画面,它面向未来,可以为众人带来共同利益,对员工具有激励与凝聚作用。愿景激励就是让员工知道自己要"创造什么",与他们自己有什么关系,将人们紧密联结在一起,推动他们顺利完成任务、达成目标、拓展事业,并在此过程中体现出自身的价值。

(3)以身作则

领导是企业法定的带头人,是善于鼓动人心和恪守职责的典范。子曰:"其身正,不令而行;其身不正,虽令不从。"就是说,当管理者自身端正,做出表率时,不用下命令,被管理者也就会跟着行动起来;相反,如果管理者自身不端正,而要求被管理者端正,那么,纵然三令五申,被管理者也不会服从。所以管理者做好表率很重要,只有以身作则,作好榜样才能令行禁止。

(4)情感激励

情感关心至关重要,任何一个员工,如果你只和他谈工作,他就只会用工作关系来和你沟通,而实际上,创业靠的是"兄弟"。管理者的能力不在于自己能做多少事,也不在于比部下强多少,而在于找到他需要的人,激励他做事。创业企业在最初的时候,由于各方面条件的限制,激励的方式比较简单,感情激励应该比较有效的激励机制。主要原因有这样几点:一是创业成员大多是亲戚、同学、朋友,跟他们讲感情更有效。第二是管理机制的不正规、简单化、透明化要求"饭桌上定策略""球场上议规则"。第三是员工岗位不明确、多重职责的要求。第四通常情感激励能使上下一心、同甘共苦、聚拢人心。

(5)公平公正

公者无私之谓也,平者无偏之谓也——(清·何启)

公平公正要义:宁可少给也要公平。人们更习惯跟身边的人比较,不患寡而患不均;划清私人情感和工作界限,杜绝帮派;公平授权、晋级制度、适合个人的职业发展机会;公平应该是可预见的、可计算的。

无论创业团队的管理者怎样避免团队冲突,团队在实际运行当中都不可能完全消除内部冲突。此外,初创企业在与同类企业的竞争中,必然会遇到各种意料之外的情况。因此建立公平有效的激励制度对于创业团队处理和减少这些麻烦来说是很有必要的。创业团队的激励制度包括荣誉和报酬等。荣誉包括成员的成就感和地位,甚至包括受到尊重和承认等感觉;关于成员的报酬,合理的分配是让成员忠于团队的必要条件。有效地利用荣誉和报酬两种激励制度,是维系创业团队正常运行的有效手段。

(6)挑战现状

没有人喜欢平庸,尤其是对那些年轻有活力的人。挑战性的工作和成功的满足比实际的工资金额更加让人兴奋激动,创业团队为成员提供了提升员工工作能力和成就感的机会,让成员在这里看到自己的前景,是企业提升吸引力和吸引人才的重要途径。

只有不断地创新才能保持企业竞争优势,但是创新能力从哪里来呢?做教育培训,是提高人才团队创新能力的重要手段。因为抓好教育培训是提高队员知识水平和综合素质的重要途径,而队员的知识技能是激发创新能力的前提条件。尤其在知识经济时代,在产品科技含量高的行业企业,这一点体现得更为明显。其实创新能力也体现在企业管理的各个方面,是一个综合性概念,也只有综合性的创新能力,才是真正的有竞争优势的创新能力。人才培养不只是重视知识技能方面,还要考虑品德、情感、志趣等精神层面的东西,考虑企业文化、考虑人才队伍的凝聚力和团队精神,这是只有企业综合性的教育培训才能做到的。谁在这方面把握得好、做好,谁就能在竞争当中保持长久的整体创新优势,并最终在竞争中打败对手。

> **思考:**如果你是创业公司的老板,在企业经营初期你会如何对员工进行管理并提高员工的稳定性?

扫扫下方二维码,轻松学习在线开放课程《创新思维培养》(制造类)

解答与分享

通过上述内容的学习,你觉得张昊的问题解决了吗?

_____

_____

创业团队的5P要素具体包含哪些?

_____

_____

团队创业相对于其他类型的团队有什么优势？

_____

_____

怎样组建一支优秀的创业团队呢？

_____

_____

结合生活实际，谈谈你有哪些管理创业团队的好方法？

_____

_____

训练与应用

案例一：

四君子和他们的创业神话

沈南鹏、梁建章、季琦、范敏四人被称为"第一团队"。1999年，他们创立了携程网，2002年，这四人又创立了如家酒店集团。"第一团队"在三年内两次把自己创办的企业推上了纳斯达克。

"第一团队"是一个怎样的组合呢？这个团队中有"技术顶梁柱"梁建章，"投资银行家"沈南鹏、"永不停歇的创业者"季琦和"国营旅游业的老手"范敏。他们虽有同学之谊、朋友之情，但性格爱好迥然不同、经历各异。"携程"和"如家"虽然经历了多次高层人事变更，却从来没有发生过震荡。他们为中国企业树立了高效团队的榜样，通过合作，实现了互利共赢。

他们的创业之路并没有止步于此。如今，除了范敏继续担任携程CEO外，其他三人都开创了新事业。如季琦创办了汉庭酒店，沈南鹏执掌红杉资本。

"第一团队"能够做到这些，一定程度上是因为他们一开始就在商业契约下运作，每个人的利益都得到了保障，而且在团队演变的过程中契约的约束力很强大，他们也都选择了遵守契约。更重要的是，他们都很有远见地选择了不断向前，追求前面更大的成功。从季琦身上可以清楚地看到这一特点。他创办携程后遵照决议让出CEO职位，创办"如家"后再次让出CEO职位，而他自己如今已经进行了7次创业，而且并不止步于此。

可以想象，在创业的过程中，四君子必然会有很多分歧，但他们对此闭口不谈，约定不接受任何采访来谈论四人的合作。"成功的意愿"和"妥协的风度"是对他们合作最好的解读。

> 思考：1. 结合案例谈谈第一创业团队是如何组成的？
> 2. 在团队的管理方面，"第一团队"体现了哪些好的方法和策略？

2. 活动

活动主题：西天取经

活动规则：请从备选人员中选出 4 人组成你们的创业团队，给出选择的理由

活动名称：西天取经

活动时间：讨论 20 分钟

活动要求：选出 3 个团队分享

分享时间不超过 10 分钟，其他团队补充或提问

人员：林黛玉、武则天、瓦特、李逵、爱迪生、郑和、诸葛亮、李时珍

作 业

以小组讨论形式分析一个你所熟知的创业团队，在这个创业团队中各成员的基本特点以及对完成团队目标所起的作用。

拓展阅读

毕业季成"分手季"，创业合伙人为何难过"毕业分手关"

回想起来，杨书有些不敢想象，自己曾经最核心也是最信任的合伙人林珊离开公司差不多都快一年了。去年 5 月 20 日，就在杨书毕业前夕，两人彻底闹翻并分道扬镳。散伙的导火线是之前的寒假赚到的那笔钱的使用问题。二人合伙创办的一家"校园大学创业联盟"，近两年处于亏损状态，寒假期间，林珊通过招聘学生兼职收取人力资源佣金，让公司短时间内获得了 15 万元的利润。作为第一股东，杨书想将钱都用在公司办公室的建设上。在会议室，第二股东林珊公开质疑杨书的做法。他认为挣了钱就应该犒劳兄弟，而不是花在"无用"的地方，况且钱是他挣的，他有权利支配。但杨书觉得，公司成立时的钱都是自己掏的，公司百分百应该是他一个人说了算。两个人在争吵中提出了"分家"。从大学起跟着杨书干了 5 年的林珊，带走了部分客户资源，9 月底公司清账时又拿走了一部分公司资产。

高校大学生创业如火如荼，但在华中师范大学大学生创业者杨万里观察中，自己认识的 30 多个大学生创业团队，在毕业季或者刚进入社会一年内，"90％以上的团队就合作不下去了"。校园毕业季俨然成为不少创业大学生团队的"分手季"，合伙人从同舟共济到同室操戈，甚至因利益之争对簿公堂。站在毕业的十字路口，留给创业大学生们的命题远不止公司的生存发展，还有利益纠葛与信任危机。

"校园型"项目难入社会战场

回首一年多前离开创业团队的经历，兰州大学研二学生李美觉得有些"太遥远了"——她已经记不清具体离开的时间、公司营收状况，甚至是"公司名字的全称"。在哈尔滨上大三时，李美加入一个做人像一类印章的创业团队。起初，来自不同学校的 4 个合伙人在其中一人家里空出的商铺办公。从获取原材料、设计制图、推广运营到联系客户，都靠 4 个人一起摸索。

起步阶段形势喜人，一连小半个月，每天的订单有 20 多个。他们与哈尔滨的一家企业谈成合作，签下了 1000 个人像印章的订单，在对方提供的展区定期售卖；与 4 所哈

尔滨高校的创业大学生联手,在周边校园里开起了加盟店。

赚到了钱,除了聚餐也没人想要工资。开会的时候,大家憧憬着有一天公司做大了,不能只做印章,要开发周边产品,还要找投资人,把加盟店开到哈尔滨之外去。

在李美印象里,一周5天的工作日里,至少要开3次会议,每次耗费3个小时以上讨论公司发展的蓝图。"就像互相画大饼,想得太多,但根本不可能实现,很多时间都给浪费了"。

临近毕业季时,项目本身的短板也日益凸显。公司想要开发新的产品:制作戴学士帽的人像印章。安排人员打印传单,联系了兼职学生等,在校园里推广两个月后,收到的订单数寥寥无几。

李美发现,有资金和基本技术,谁都可以复制这个项目。而在市场上,饰品类生意本就"狼多肉少",越往后做反而上升空间越小。

"临近毕业,每个人都得为自己打算。如果毕业后项目垮了再离开,校招、实习机会都错过了,再去找工作就难了。"李美选择了保研,另两个合伙人离校实习。团队散伙半年后,最后一个合伙人卖掉了公司,回到企业上班。

有的公司商业模式存在缺陷,加速了团队分离。还有些项目本身存在"天花板",创业团队只能在校园"温室"之中生存,一旦离开学校,失去了在校生创业特殊政策的支持,便迅速凋零。

2015年,武汉地区一所211大学的学生闻跃拉上两个朋友合伙成立了一家文化传媒公司,帮助企业在校园进行品牌推广,通过地推发传单、策划活动,扩大品牌影响力。一年之间,他们在武汉40所高校中建立起商业链,与周黑鸭、雪花等大型企业合作,年营收一度达到100多万元。

闻跃渐渐发现,自己的成功受益于校园环境太多。他所在学校规定,若有社会企业前来宣传,需要层层审批,而企业找学生代理则省去了不少麻烦。与此同时,社会企业的目标消费人群是学生,他们自己就在这个群体之中,对学生的需求、兴趣都很了解。"但一旦毕业,不再拥有学生'特权',也离开了目标群体,这种商业模式很难在社会上生存发展"。

3人毕业后商量奔赴外地,各谋出路,将公司留给了在校的学弟打理。

决策权之争让合伙人各奔东西

"不要和朋友合作做生意",这句话现在成了李宇的一句口头禅。大四那年,他与大学里两个好哥们儿打算成立户外旅游公司。起初,为说服父母,3人曾轮流住到对方家里去游说,磨了小半年,团队才得以成立。公司股权按照1:1:1划分,3人均等分红。2013年,携程等旅游公司的业务还未拓展到武汉,而他们在武汉的公司一年营收已达370多万元,年底分红每个人拿到30多万元。随着公司发展,3人对于公司规划出现分歧。一人想将公司转型为体育竞技类企业,一个人打算依照常规路线进行企业家经营,另一人则只想赚点钱。当初平分股权时,谁也没有考虑到,"都是创始人,将来谁能来拍板公司的发展路线"。

问题逐渐出现。有一次一个区里企业来谈合作,希望与公司一起推广该区旅游项目。这对公司是个扩大业务范围的好机会。但要不要拿下这个大项目,公司业务究竟如何展开,3人意见不一,开会来回几次吵架,李宇觉得有一天好兄弟都要变成仇人了。矛盾在一次例会讨论员工招聘方式时集中爆发。李宇提议让出部分股权来吸引高端人才,留住人心,扩大团队规模。但合伙人张明认为自己给员工发着工资,不可能还将年营收百万的公司股份无偿割让出去。

拍桌子、骂脏话,吵了一个多小时,3人都憋着一肚子气。这也成了他们散伙前的最后一次会议。原负责带队的刘艾直接撂挑子,不再管公司事务,只等收年底分红。毕业后两年内,一人离开去往深圳开起餐饮店,另一个人则在武汉办起咖啡馆。

合伙人走后,公司部分业务出现断层。刘艾所负责的户外旅游项目路线规划方案,因接手人对业务不熟,线路规划出现问题,客户资源流失,旅游体验的满意度迅速下降。有老员工私下找到李宇,希望公司能继续走下去。当初这些人放弃了读书深造的机会,跑来免费打工。如果团队就这么散了,李宇觉得"挺对不起他们的"。

李宇曾想高价回购两人手里股份,一个人将公司做大。多次面谈之后,两人要求必须一次性付清270多万元。一时之间拿不出,他找到两人当面协商,希望能给他一定时间来支付,耗费了小半年,当初的兄弟没一个同意分期支付。第一批老员工接连离开,李宇觉得团队没法继续做下去了,随即也离开了公司,招聘社会人士来接管公司事务。"心走不到一块,都散了"。

大学生创业如何选择合伙人

休学4年,创业8年,杨书身边的合伙人换了3拨儿。最开始,杨书带着小时候一起长大的哥们儿创业,做汽车用品,"一起吃大锅饭"。做了半年,公司亏了十几万元,好多兄弟看不到公司的前景,一个个都离开了。

2014年是杨书所在的"校园大学生创业联盟"最辉煌的时刻。公司靠大批量进货来争取折扣,寻找各学校代理人卖货,通过联系各高校学生会外联部部长或创业协会会长,在广西区内27所高校发展了自己的线下团队,团队累计成员近4000人,成为广西最大的大学生创业团队之一。

"社会上很多企业老总都来谈合作,希望在校园推广矿泉水、方便面等产品。"短时间内,获得了社会上多项荣誉,各种新闻宣传报道接连刊登,杨书反思,"当时整个人都膨胀了"。

短短半年时间,因公司对校园业务管理松懈,大批校园代理人离开,线下销售开始出现混乱,营收暴跌。与此同时,线上购物平台也出现"难产"。他们与南宁高新区工作的设计团队方科(化名)合作制作App,付款两万元,却只得到基本的模板;找来研发团队,承诺转让25%的股权,没想到才几个月,开发人员玩起了"失踪"。

两年时间,杨书已负债50多万元,"以卡养卡,支撑不住了就找家里借钱"。合伙人看不到公司的出路,大量主创成员集体出走。

"8年来,合伙人换了一批又一批,说到底,跟着兄弟我赚不到钱,就不想一起干了。"杨书觉得,自己起初创业只想着扩大业务范围,却忽略了管理上的跟进。他觉得,大学生遇事抗压能力低可能是另一个原因。

　　在华中师范大学创业导师丁玉斌看来,创业应是一个破釜沉舟、全力以赴的事业,但对于大学生而言,临近毕业,他们可以读研、找工作,有很多退路可以走。所以在毕业时,如果对项目认可度不够的话,这种创业激情很容易流失。

　　曾在研二休学创业一年的杨万里便是一个典型的案例。2016年,杨万里拉上来自华师计算机、美术学院还有外校的同学,组成了7个人的小团队,搭建网络社区平台,为校园内学生提供互帮互助、沟通交友的平台,并取名为"桃花源"。成员投入了两万多元成本,预计4个月后上线使用。

　　负责技术开发的合伙人还兼顾在校企工作,时间精力逐渐跟不上。其他人也各自有实习和课程,项目拖了半年后,软件才勉强上线。这个年轻的学生团队早已没钱来推广运营,融资更是希望渺茫。

　　"创业合伙人在商场上是命运共同体。"武汉理工大学创业学院院长赵北平认为,选择合伙人时,除了有共同的志向,还需具备互补性,除了个性互补、资源互补,也包括知识能力结构的互补。

　　"要充分发挥大学生的知识优势,而不只是眼前的大学校园优势。"赵北平表示,大学生合伙人不能只凭着一股热情去做事,应理性地看待创业项目,如在选择创业领域时,应对市场进行充分调研,判断其项目的广度、深度、频度、效度,找准自身的竞争力,才能在创业战场上立足,"真正成就'中国合伙人'"。

　　(资料来源:杨洁,刘振兴,《毕业季成"分手季"创业合伙人为何难过"毕业分手关"》,载自《中国青年报》,2019年5月24日)

模块五　把握创业机会

育人目标:培养学生自主、探究、合作的学习习惯,帮助学生把握身边的机会。

知识目标:掌握创业机会的定义;了解创业机会的来源;区分创业机会类型;了解创业机会识别的影响因素。

能力目标:学会使用"痛点"分析法等 4 种方法识别创业机会;学会使用定量分析法和定性分析法评估创业机会。

思政目标:激发学生的探索精神,引导学生发现社会发展中存在的问题,激发当代青年的使命担当。

【教学重难点】

重点:创业机会的来源;影响创业机会识别的因素

难点:使用"痛点分析法"等 4 种方法识别创业机会;学会使用定量分析法和定性分析法评估创业机会

困惑与迷思

张飞飞是一名大二学生,他的成绩在班级排名中等靠后,也没参加太多社团活动和实践。

他觉得自己就算努力,也不会有什么机会。他的成绩不好也不坏,性格也不是特别活泼,就算有什么机会,也不会轮到自己。其次,他也看了一些学长、学姐取得创业成功的例子,但是他觉得学长学姐们之所以能抓住机会,很多都是运气,他也不觉得自己会是那种百里挑一的"幸运儿"。再次,有时候他也观察到身边有一些"痛点",萌生过创业的点子,但是他觉得这些问题肯定别人会解决,就算没解决,他也没有信心自己能解决这些问题。有时候她也有一些独特的创业点子,但是也不知道自己的想法有没有价值,不知道怎么评估。

你是否也和张飞飞一样,日常生活中不能识别创业的机会,更不知道如何评估机会,希望通过本模块的学习,同学们能够厘清思路,理解创业机会的内涵,能敏锐地识别身边的创业机会,并能对创业机会进行评估。

知识引领

思维导图

```
              ┌─────────────────┐
              │   把握创业机会   │
              └────────┬────────┘
       ┌───────────────┼────────────────┐
┌──────────────┐ ┌──────────────┐ ┌──────────────┐
│ 创业机会的内涵│ │ 创业机会的识别│ │ 创业机会的评价│
└──────────────┘ └──────────────┘ └──────────────┘
  创业机会的定义   创业机会识别的影响因素  定性评价方法

  创业机会的来源   创业机会识别的方法    定量评价方法

  创业机会的类型
```

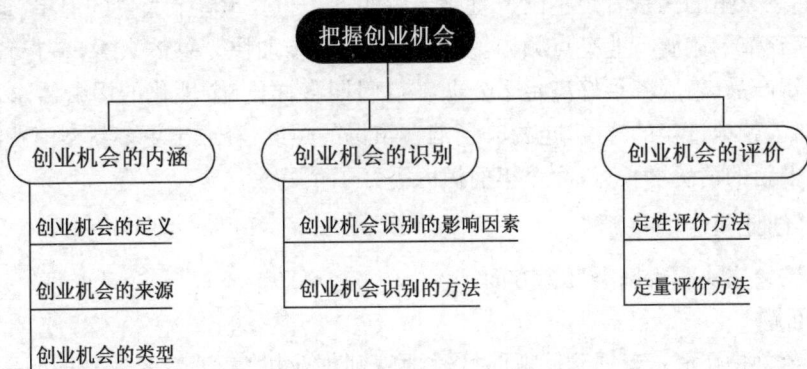

一、创业机会的内涵

问题导入：

刘新新想创业，她想寻找一个创业的项目，但是她不知从何处着手，有人说她应当多关注新闻，有人说她应当多关注新涌现的技术，刘新新有些迷惑了，创业机会的来源是什么呢？创业机会有哪些类型呢？

（一）创业机会的定义

在创业的过程中，一个好的创意，价值是不可估量的。西门子公司董事长海恩·皮埃尔说："对未来企业而言，创意具有绝对的重要性。"三 M 公司执行董事里昂·罗伊尔说："你若不学会争取并培养创意精英，就会被生吞活剥。"创意是具有新颖性和创造性的想法，但创意并不等同于创业机会，创业机会是适用于创业的创意。目前，对于创业机会的定义，学界并没有统一的认识，较有代表性的是 1982 年英国经济学家卡森提出的，他认为创业机会是种新的"目的——手段"关系，它为经济活动引入新产品、新服务、新原材料和新组织方式，并以高于成本价出售。总的来说，创业机会可以为消费者创造有价值的产品和服务。创业机会在时间上有一定的持续性，不包括转瞬即逝的商机。例如，春节假期是传统的消费旺季，也是实现经济良好开局的关键时段。2020 年情况有些特殊，配合新冠肺炎疫情防控措施的落实，不少公众选择就地过年，为此，商家及时推出新产品、新服务，迎合就地过年公众的新消费需求，市场一片红火。商场、超市春节期间照常营业或延长时间，农贸市场不休市不歇业，百万商家加入"外卖不打烊"活动，"网上年货节"便利置办年货，多部优质电影上映，本地游等旅游产品充分供应……丰富多彩的消费市场让就地过年过得快乐、过得精彩，过出了浓浓的年味儿。这年味儿也是商家需要的，以餐饮行业为例，疫情期间一度损失较重，就地过年则给市场带来了一个意料之外的"回血期"。人在哪里，消费就在哪里，加上春节期间公众餐饮消费意愿更加强烈，消费承受力也更强，这为餐饮商家拉抬业绩创造了好机会。不少商家根据就地过年公众消费特点,针对性推出"小份制年夜饭套餐""年菜半成品"等产品,受到消费者青睐和好评。有经验的旅游企业也适时推出滑雪越野、温泉养生、亲子乐园等"微旅游"产品,以满足公众春节期间本地游、周边游、城市游等短途旅游消费需求,同时推出云旅游产品,让宅在家里的消费者足不出户就能云游四方。与去年春节大量的退单、退团冲击相比,今年春节的旅游行业亮点频出,复苏脚步进一步加快。总体来看,各行各业花心思提供的新产品、新服务很好满足了公众春节假期多样化、个性化的消费需求,供销两旺,既增加了就地过年的温度,也提升了消费市场的热度,释放出更多新型消费潜力,培育形成更多新的消费增长点,为今年的扩内需开了个好头。

(二)创业机会的来源

创业机会主要源于以下五个方面。

(1)问题

创业者总是在消费者遇到问题时敏锐地嗅到创业机会,消费者遇到的问题即消费者隐藏的需求,如果创业者能帮助消费者有效解决遇到的问题,满足消费者的需求,就可能抓住难得的创业机会。例如,消费者觉得有线鼠标使用起来不够方便,于是索尼率先将蓝牙技术运用到鼠标中,无线鼠标应运而生。不少消费能力较强的顾客觉得逛超市时,品种过多,选择起来非常困难,想要选到好的产品需要大量的时间对产品信息进行了解,于是沃尔玛推出了山姆高级会员商店,品类少且产品质量好,大大提高了消费者购物的效率。善于观察消费者遇到的问题,就能更好地发现创业机会。

(2)变化

大多数创业机会的出现和消逝都伴随着市场环境的变化,影响市场环境变化的因素有很多,国际形势的变化,政治制度的改变,社会结构的变化,人口结构的变化,消费水平的提升,消费观念的变化等都可能对消费者的消费需求产生影响。例如,中美贸易战使中国政府加大了对国内芯片行业的重视,出台了大量的扶持政策,给国内的芯片企业的发展带来了机遇。人口老龄化的不断加剧带来"银发经济",联合国开发计划署预测,中国65岁及以上人口将从2015年的1.35亿增至2040年的3.4亿,占总人口的21%。根据全国老龄工作委员会发布的《中国老龄产业发展报告》,2014—2050年,中国老年人口消费规模将从4万亿元人民币增长到106万亿元左右,GDP占比例从8%增至33%,对服务老年人的企业而言,中国未来将成为最大市场,如老龄用品(比如康复设备)、老龄服务(比如家庭护理)、老龄房地产(比如养老社区)和老龄金融的需求将进一步加大。

(3)创造发明

创造发明同样是创业机会的来源,一般来说,一个新的创造发明若能和消费者的需求结合起来,为顾客创造价值,就可能催生一种或者多种产品。例如电脑的发明带来了大量的创业机会,计算机制造,软件研发,网络服务等。要鼓励创业,就要加强创造发明专利保护,这种观念已经成为一种共识,这也正说明了创造发明和创业机会之间的联系。1989年在日本名古屋大学工作的赤崎勇和天野浩首次研发成功蓝光LED,该技术困扰了人类30多年,这种二极管可以将电能转化为光能,具有单向导电性。这种灯能耗更低,寿命更长,而且可实现智能化操控,是节能环保的"绿色照明",这种发明给LED灯行业带来了大量的创业机会。

(4) 弥补对手的缺陷

竞争对手的缺点,可能就是消费者的"痛点",如果能够弥补竞争对手的不足,补齐竞争对手的短板,同样能创造创业机会,做到"人无我有,人有我优"。例如,海底捞在竞争激烈的餐饮市场杀出重围,凭借的是极致的服务。当年,餐饮行业整体的服务质量堪忧,海底捞反其道而行,弥补了行业的短板,推出美甲、擦鞋、围兜、扎头绳、手机套袋等免费服务,还有真心微笑、不满意免单等服务,很快海底捞在消费者心目中就占据了一席之地。

(5) 新知识、新技术的产生

新知识、新技术的产生同样催生大量的创业机会。例如,随着电池技术的日益成熟,电动汽车的销量上涨,电动汽车市场相关的创业机会增加。语音识别技术的不断改进,也催生了很多语音识别智能设备的销售,如小爱音箱、小度等。因此,随着技术的发展,相关行业创业机会可能会增多或者消逝。

当然,关于创业机会的来源,学术界的认知并不一致,德鲁克认为创业机会有7种来源,即意外之事、不协调系列、程序需要、产业和市场结构、人口变化、认知和情绪上的变化、新知识。美国创业学教授肖恩认为创业机会主要源于技术变革、政治和制度变革、社会和人口结构变革与产业结构变革,本书不做详尽阐述。

(三) 创业机会的类型

根源创业机会来源不同,一般把创业机会分成问题型机会、趋势型机会、组合型机会。

(1) 问题型机会

问题型机会是指现实中未被解决的问题所带来的这一类机会。这一类型的机会大量存在,有的已经显现出来,有的需要有心的创业者挖掘。例如,台湾已故首富王永庆在创业初期,做的是卖米的小本生意。16 岁时,王永庆从老家来到嘉义开了一家米店。那时,小小的嘉义已有米店近 30 家,竞争非常激烈。当时仅有 200 元资金的王永庆,只能在一条偏僻的巷子里租一个很小的铺面。他的米店开办最晚,规模最小,更谈不上知名度,没有任何优势。好长日子里,生意冷清。刚开始,王永庆曾背着米挨家挨户去推销,一天下来,人累得够呛,效果却不太好。怎样才能打开销路呢?王永庆决定从每一粒米上打开突破口。那时候的台湾,农民还处在手工作业状态,由于稻谷收割与加工技术落后,很多小石子之类的杂物很容易掺杂在米里。人们在做饭之前,都要淘好几次米,很不方便。王永庆却从这司空见惯中找到了切入点。他和两个弟弟一齐动手,一点一点地将夹杂在米里的秕糠、砂石之类的杂物拣出来,然后再卖。一时间,小镇上的主妇们都说,王永庆卖的米质量好,省去了淘米的麻烦。这样,一传十,十传百,米店的生意日渐红火起来。王永庆并没有就此满足。他还要在米上下大功夫。那时候,顾客都是上门买米,自己运送回家。这对年轻人来说不算什么,但对一些上了年纪的人,就是一个大大的不便了。而年轻人又无暇顾及家务,买米的顾客以老年人居多。王永庆注意到这一细节,于是主动送米上门。这一方便顾客的服务措施同样大受欢迎。当时还没有"送货上门"一说,增加这一服务项目等于是一项创举。王永庆送米,并非送到顾客家门口了事,还要将米倒进米缸里。如果米缸里还有陈米,他就将旧米倒出来,把米缸擦干净,再把新米倒进去,然后将旧米放回上层,这样,陈米就不至于因存放过久而变质。王永庆这一精细的服务令顾客深受感动,赢得了很多的顾客。如果给新顾客送米,王永庆就细心记下这户人家米缸的容量,并且问明家里有多少人吃饭,几个大人、几个小孩,每人饭量如何,据此估计该户人家下次买米的大概时间,记在本子上。到时候,不等顾客上门,他就主动将相应数量的米送到客户家里。王永庆从小小的米店生意开始了他后来问鼎台湾首富的事业。

(2)趋势型机会

趋势型机会是指顺应未来的发展方向,通过预测分析未来的发展趋势,并从中发现的创业机会。例如,物联网,其被视为继互联网之后的又一次信息技术革命浪潮。物联网所带来的产业价值将比互联网大30倍,物联网将成为下一个万亿元级别的信息产业业务。以计算机为代表的第一次产业浪潮,以互联网、移动通讯网为代表的第二次产业浪潮已经过去,现在正面临着以物联网为背景下的第三次产业浪潮。各种智能化设备应用,人物感应,都逐步普及到社会各个方面。物联网即将取代互联网,互联网即将消失,这种变化趋势中同样蕴含着大量的商业机会。再比如,单身人口的不断增多拉动了"单身经济"的发展,根据2011—2019年《中国人口和就业统计年鉴》,中国的单人户从2010年的14.53%增加到2018年的16.69%,2018年单人户数量达到了7556万人。"小而精"和"一人份"的产品与服务销量不断上涨,单身生活对空间和份量的要求都不高,如小而精致的住房、小型的私家车、小巧便利的家电、一人食的外卖等,寻求便利、悦己、精神寄托和自我提升是单身人群的主要消费方向,"单身经济"的商机值得重视。

(3)组合型机会

组合型机会是指将技术、产品、服务组合起来,实现新用途、新价值而获得创业机会。例如,疫情来袭,无人机成战"疫"利器。无人机在医院和疾控中心间穿梭,实施疫情防控急救药品和标本的自动化转运;无人机在公路上盘旋,代替人工进行空中指挥的工作;"庄稼卫士"变身"消防能手",无人机成为全国各地广大农村乃至城区防疫消杀工作的"超级神器";隔空中喊话宣传劝导,无人机成为宣传小能手……这次疫情集中地展现了无人机的应用优势,让大家看到了无人机的价值。中国无人机前景如何?无人机是利用无线电遥控设备和自备的程序控制装置操纵的不载人飞机,目前,无人机广泛应用于航拍、农业、植保、微型自拍等领域。当前,我国无人机产业发展成绩显著,从技术研发、产品生产、企业布局到市场规模、领域应用和产业细分,都取得了长足发展。预计未来三年,随着民用无人机的耐久性和使用成本等问题得到根本性的解决,无人机在民用市场的应用将更具多样化。同时,需求的增长和管理措施的不断完善将促使无人机继续成为世界航空航天工业最具增长活力的市场之一。2018年中国无人机市场规模达到88.0亿元,同比增长55.8%。到2021年,无人机市场规模已超过300亿元。

思考:1. 结合自身体验谈谈,疫情期间的就地过年政策还带来了哪些创业机会?

2. 举例说明什么是趋势型机会? 什么是问题型机会? 什么是组合型机会?

扫扫下方二维码,轻松学习在线开放课程《创新思维培养》(制造类)

二、创业机会的识别

游戏导入:

"吐槽大会"游戏

以小组为单位(5～7人),寻找生活中的"痛点"进行吐槽,并讨论哪些"痛点"蕴含着创业机会,分组进行汇报。

(一) 创业机会识别的影响因素

当创业机会出现时,并非所有人都能识别。那是什么导致部分人能更善于发现创业机会呢,这部分人有何特殊之处。我们认为,对创业机会更敏感的人群通常有如下几点共同的特征。

(1) 先前经验

有过先前经验的创业者更容易发现创业机会,这被称为"走廊原理",是指创业者一旦创建企业,他就开始了一段旅程,在这段旅程中,通向创业机会的"走廊"将变得清晰可见。1989 年,对美国公司 500 强企业的调查发现,43%的人表示是在同一行业内企业工作过程中,产生创办新企业的创意的。马化腾在创办腾讯之前在润迅公司做软件工程师,专注于寻呼软件的开发,并一直晋升到开发部主管。李彦宏在创办搜索引擎公司百度之前曾在硅谷著名搜索引擎公司 Infoseek(搜信)工作。不同的创业者面临同样的信息时,先前的经验会影响判断。

(2) 创业者的认知

创业者若在该领域比别人拥有更多的知识,他比别人就更容易发现创业机会。很难想象一个目不识丁的人能发现高科技行业的某种创业机会。良好的认知能力能够帮助创业者对该行业的信息更为敏感,能更准确地判断行业发展的现状即趋势。一个医生,比一个农民可能更能识别医疗行业的创业机会。一个律师,可能会比一名运动员更能识别该领域的创业机会。

(3) 创业者的"人脉"

创业者的"人脉"即创业者的社会关系网络。一般来说,人脉广的人容易得到更多的创意和机会。人脉有强关系和弱关系。强关系即互动频繁的关系,如父母、配偶、亲戚等;弱关系互动不频繁,如同事、同学、一般朋友等。创业者的创业创意更多形成于弱关系,因为强关系中的人个人意识较为相近,而弱关系中的人个体意识差异较大,不同的思想进行碰撞,更容易产生创新观念。成功的人,人脉一般都较广。克林顿的自传《我的生活》中描写他有一个很特殊的团队,叫"Bill 之友",由那些克林顿的朋友们组成,他们版主克林顿和希拉里竞选。"Bill 之友"中有克林顿各个时期的朋友,幼儿园、小学、大学,克林顿对他的朋友们特别好,懂得照顾别人,知道回报。新东方的俞敏洪曾在演讲中透露,他在大学给室友打了几年的开水,看似"吃了亏",实际上他的踏实、善良为他后期创立新东方能够吸引北大同学加盟打下了基础。

(4)创业警觉

创业警觉是指创业者对隐藏的创业机会的警惕性和洞察力,具有同样专业背景的人识别创业机会的能力不同,对创业机会的敏感性也有较大差异。不难发现,有的人更具创业警觉,同一个场景展现在不同的人面前,有的人能发现商机,有的人可能难以发现。例如,有一天,日本索尼公司董事长盛田昭夫看见池田先生提了一架笨重的录音机走来,盛田觉得奇怪,问他是怎么回事,池田说:我爱听音乐,又不愿吵到别人,只好戴耳机,同时也不愿总待在房间里,只好提着录音机,到处跑啦。"开发一种体积小便于携带的收录机不是很好吗?"盛田顿时灵机一动,一个大胆的设想冒了出来。在他的坚持下,索尼随身听很快生产出来了。1979 年一上市就引起轰动,原先预计一年最多销售一万部,结果一下子就卖出 400 万部。随身听随即风靡全球,成为多年畅销不衰的产品。看到池田拿着录音机走来走去的人可能很多,但并不是所有人都能有效识别潜在的创业机会。

(二)创业机会识别的方法

虽然不同的人识别创业机会的能力有差异,但我们还是可以通过学习,使自己更敏锐地发现创业机会,识别创业机会的方法常用的有以下五种。

(1)新眼光调查方法

新眼光调查方法即通过多种方式调查尽量全面的信息,形成"新眼光",从而发现创业机会。获取信息的方式有很多种,可以通过阅读已出版的著作,可以用互联网搜索信息,阅读报纸、文章等,也可以直接与供应商、销售商对谈直接获得一手信息。获得的新信息越多,认识事物的角度变得多样,从而产生新想法,识别潜在的创业机会。

(2)系统分析方法

获得的信息太多,若不借助一定的科学的分析工具进行处理,完全凭直觉来识别创业机会,仍不可靠。我们可以借助科学分析工具来进行分析,如 PEST 分析法,SWOT 分析法,波特五力模型等,通过科学的分析来发现创业机会。当然,要使用这些工具,必须用前期调研的数据作为基础。

(3)"痛点"分析法

财富都隐藏在问题背后,有抱怨、有投诉、有争吵的地方可能蕴含着创业机会。创业者要发现创业机会,应更关注自己遇到的问题,别人遇到的问题,并思考是否可以创造产品或者服务来解决这些问题,即创造了价值,这种价值会带来利润。有些问题是显性的,有的是隐性的,优秀的创业者更关注隐性的问题,这种"痛点"未被其他人关注,解决这类问题更容易获得商业上的成功。

(4)顾客建议方法

如果创业者想要发现商机,有一种较为便捷的方式就是聆听顾客的建议。顾客的建议可能为你的创新指明方向。顾客可能会说"如果鼠标要是没有线该多好!""如果听音乐的设备能小些该多好!""如果干洗的衣服有人上门来取送该多好!""如果过期的团购券可以退该多好!"消费者的建议有的听上去不切实际,甚至很贪婪,但有心的创业者会认真聆听这些建议并发现创业的机会。

拓展阅读

小米在创立之初就十分重视与粉丝的互动,专门为"米粉"建立小米论坛,并提出另类的宣传口号:为发烧而生。通过公司提供的小米论坛,米粉可以通过线上论坛进行自由的沟通,为公司未面世的新产品提出一些用户意见,并参与到公司营销方式设计中来,这样使公司更能了解用户需求,加强公司新产品与用户之间的联系。另外,小米在一系列社交媒体上的运作维护吸引了大量手机用户关注点赞。此外,线下渠道方面,小米公司还在各大城市成立小米之家,举办同城会、爆米花节、粉丝年会等一系列线下活动,以增进企业内部人员与用户之间的情感联系和沟通频度,以培养用户的认同感、依赖感和参与感。这种与用户之间建立直接进行沟通和联系的方式为小米赢得了极高的社会关注度和流量,事实表明,这种关注度既能转化成相当丰厚的经济收益和社会效益,又为小米公司的多元化多层次的战略式发展提供了便捷通道。

(5)需求创造方法

这种方法最能体现创业者的开拓性和主动性,创业者不再苦苦寻找机会,而是化被动为主动,创造需求,培育市场。这是方式风险极高,回报也极高。

> **思考:**怎样才能更敏锐地识别身边的"痛点"?

扫扫下方二维码,轻松学习在线开放课程《创新思维培养》(制造类)

三、创业机会的评价

问题导入:

刘新新找到一些创业机会,其中包括开一家以红色旅游为主题的餐饮店,创立一家私人化定制的服装公司,和朋友合伙实施有机番茄种植项目,这时候她又陷入了迷茫,到底应该选择哪个项目呢?如何科学地评估这些项目的可行性呢?

（一）定性评价方法

创业机会的时效性和模糊性使创业者很难准确评估,如果每个机会都进行绝对周密的市场调研,可能会错失机会。因此,在实际创业活动中,大量创业者对创业机会进行评价都是采取定性评价方法。定性评价方法一般从以下几个方面进行评价。

（1）团队。判断项目是否适合创业者和创业团队,评估创业团队是否有能力驾驭此项目。

（2）市场。评估产品或者服务是否能满足市场需求。评估该产品是否已经在市场上存在。

（3）前景。评价产品是否具有较广阔的发展前景。

（4）生产能力。评估创业公司是否能具备产品的生产能力。

（5）融资能力。评价产品是否能获得初始资金,是否有融资渠道。

（6）抗风险能力。评估企业是否能对抗初创及发展中可能存在的风险。

（二）定量评价方法

定性分析仅是创业者对创业机会的初始判断,进一步的判断还需依靠调查研究,对创业机会进行定量评价。本书介绍两种运用较为广泛的定量评价方法。

（1）标准矩阵打分法

标准矩阵打分法是每个企业根据自身情况,选取对创业机会产生影响的因素,有专家组对每一个因素进行极好、好、一般三个等级的打分,最后求出每个指标的加权平均分,对创业机会进行评价,该方法简单高效,但需注意指标的选取一定要符合企业自身的情况。

标准矩阵打分法				
标准	专家评分			
	极好（3）	好（2）	一般（1）	加权平均分
技术水平				
产品质量				
产品安全性				
生产规模				
产品性价比				
市场潜力				
市场可接受性				
投资收益				
融资能力				
竞争状况				
广告潜力				
创业团队情况				

（2）巴迪（Baty）选择因素方法

巴迪（Baty）选择因素方法设定了 11 个问题来评估创业机会，如果该创业机会只符合这 11 个因素中的 6 个及以下，就应该放弃。满足的因素越多，该创业机会成功的可能性越大。

巴迪（Baty）选择因素方法	
选择因素	是否符合
1. 这个创业机会在现阶段是否只有你一个人发现	
2. 初始产品生产成本是否可以承受	
3. 初始市场开发成本是否可以承受	
4. 产品是否具有高利润回报的潜力	
5. 是否可以预期产品投放市场和达到盈亏平衡点的时间	
6. 市场潜力是否巨大	
7. 产品是否是一个高速成长的产品家族的第一个成员	
8. 你是否拥有些现成的初始用户	
9. 是否可以预期产品的开发成本和开发周期	
10. 是否处于一个成长中的行业	
11. 金融界是否能够理解你的产品和顾客对它的要求	

思考：简述"定性分析法"和"定量分析法"评估创业机会的优缺点。

扫扫下方二维码，轻松学习在线开放课程《创新思维培养》（制造类）

解答与分享

通过上述内容的学习，你觉得张飞飞的问题应该怎么解决？

_____

_____

张飞飞应该如何识别并抓住身边的创业机会呢？

_____

_____

你觉得你身边有什么是你可以抓住的创业机会吗？

_____

_____

通过本模块的学习你解决了困惑吗?

训练与应用

案例分析

宠物消费迎来热潮

在 2020 年"双十一"期间,宠物版块再次展现出惊人消费力,根据某消费网站方面的数据显示,宠物食品、用品在"双十一"期间销量增长超过 100％,人均花费超过5000 元。

宠物市场火热的背后,其原因是人们对宠物饲养的观念发生了变化。过去饲养宠物犬的主要作用是看家护院,采用较为简单的饲养方式,只需提供食物、住所就能满足宠物犬一天的生活所需。

而现在年轻人将宠物犬视为家庭成员,对宠物犬的饲养方式会更加用心,也更愿意为宠物犬投入更多的成本,宠物消费也变得拟人化,围绕宠物衣食住行方面的消费开始成为全新的消费领域。除了常见的宠物食品和宠物医疗外,宠物清洁、美容、家电等领域逐渐受到人们的关注。

根据统计,目前与宠物相关的产品种类已经超过 100 种,并且以每年 10％的速度递增。宠物产业正在引起全新的市场热潮,目前全球宠物产业链细分为上游、中游、下游三个部分。上游部分是宠物领养和买卖等,中游部分包括宠物食品、用品等,下游部分包括宠物美容、寄养、医疗、保险等。在越来越完善的宠物产业链上,很多人自己省吃俭用,对宠物却可以"一掷千金",由宠物消费带来的"它经济"持续发酵。

宠物食品是宠物经济中最为活跃的部分,企业间竞争最为激烈,并细分为肠胃健康、亮毛美毛、强健骨骼和减肥减脂各种功效。近年来,宠物食品已无限接近人类的需求,有些公司甚至需要研究人员亲自试吃以确认口感。

个性化定制鲜食是宠物食品市场新的增长点,一些宠物鲜食公司在录入宠物的年龄、品种、饮食习惯等数据后,计算出最适合它的卡路里摄入量,让宠物告别膨化干粮,跟人一样每天吃到新鲜定制的食材。某研究公司的报告显示,61％的美国宠物主愿意为定制化宠物鲜食支付更高的价格。

宠物医疗是宠物食品以外的第二大核心产业,针对宠物健康的医疗越来越细致,国内外一些宠物医院甚至拥有肿瘤科、CT 甚至核磁共振这些在三甲医院才能见到的高端科室和医疗设备。

宠物医疗的高额费用也催生出了宠物保险,从医疗险到责任险,宠物保险行业逐步兴起。瑞典是宠物保险覆盖率最高的国家,投保率接近 40％,宠物犬的保险率高达90％,保险费用因宠物的品种、年龄和体型而异。瑞典人普遍喜爱的拉布拉多犬,每年的保险费用约为 4400 瑞典克朗,约合 3200 元人民币。美国宠物公司的保险费用与瑞典相当。美国宠物医生称,之前诊所来了1头年龄很小的波士顿犬,它有一些呕吐症状,庆幸的是它的主人1周前给它办了保险,最终治疗费用是10 000美元,而保险公司支付了90%,也就是9000美元。尽管宠物保险在大多数国家才刚刚起步,但未来市场潜力巨大。据了解,美国宠物保险的覆盖率仅为1%左右,据CNBC统计,美国宠物保险市场将在2024年达到20亿美元。

宠物服务不断向着高端化、精细化发展,宠物沙龙里,修护指甲、精油按摩SPA,逐渐成为萌宠的专享服务。在寄养方式上,还出现了"宠物酒店",在美国纽约一家高端宠物酒店中,人们可以为宠物选择不同房型,每晚住宿费用为100~200美元不等,宠物们可享受单独的宠物房间、电影放映、健身训练,每天早晚外出散步,每住宿7天可获得1次免费的皮毛养护。美好未来需要持续深化和其他消费不同,宠物消费是一种情感消费,因此在全球市场范围内具有抗衰能力和稳定性。随着人与宠物的感情深入,未来宠物数量还将不断增加,也将在未来成就更多创业者和投资者。

(资料来源:朱淑婷,《宠物消费迎来热潮》,中国工作犬业,2021-01)

思考与讨论

1. 阅读材料,谈谈宠物经济中蕴含着哪些创业机会?
2. 结合自身经验,谈谈你认为哪些人更能识别宠物行业的创业机会,为什么?

作 业

创业机会的来源是什么?包含哪些类型?如何识别创业机会?

拓展阅读

英国大学生"卖脸"还贷款

近年来,英国深陷金融紧缩危机之中,失业问题严重,导致不少名牌大学毕业生不仅找不到工作,还欠下一大笔助学贷款。牛津大学毕业生艾德·莫伊斯和罗斯·哈珀就是其中两位,他俩大学毕业后将近一年没能找到工作。

然而,为了能及时偿还助学贷款,他们别出心裁地想出了"卖脸"挣钱的主意:出租面部打广告,并根据广告面积和时间收费。没想到,"卖脸"生意兴隆,小赚了一大笔——自去年10月1日以来,从最初一天收费1英镑,到现在一天数百英镑,最后他们成功还清了助学贷款。

今年都是22岁的莫伊斯和哈珀一共欠下5万英镑的助学贷款,但他们不像其他同学一样通过打工等赚钱,而是想出了用自己的脸来打广告的绝妙创意。两人在网上设计一个名为"买我的脸"的网站,想与他们合作的企业可以通过网站订购服务。他们给自己的网站打出的广告是"贴脸上,真明智!"

原来,"刚一毕业就失业"的他们,不仅无力偿还高额助学贷款,连日常生活开销也成了问题。为了还贷和找工作,他们绞尽脑汁。去年10月,两人突发奇想,成立了"我有脸"工作室,四处揽活在脸上打广告。哈珀说,在脸上做广告是最不需要成本的广告方式,"只要你有一张愿意涂涂画画的脸就行"。

莫伊斯和哈珀在他们自己的脸上印上合作公司的商标和标语,每个广告维持一天,这样每个经过他们的人都会看到广告。自创业以来,他们每天都能把"脸"顺利卖出,其客户甚至包括爱尔兰博彩公司帕迪·鲍尔等。

据了解,通过"买我的脸"网站与他们建立合作关系的企业还有:吹笛者油炸马铃薯片食品公司、飞机模型制造商爱尔菲克斯公司和网上融资机构马什博公司等。到目前为止,莫伊斯和哈珀接到了不少大公司的订单,有网购网址、公司产品名称、婚恋交友公告等,甚至还成功拿下一个官方赞助商——安永会计师事务所赞助了他们 15 天。

刚开始时,一个广告一天的要价仅为 1 英镑,但现在因为他们非常抢手,1 天广告的单价已经飙升到 400 英镑,而且目前价格仍在上涨。莫埃斯和哈珀表示,"我们想通过这种不同寻常的方式来还清助学贷款"。

"我们看到了很多求职不顺的案例,那些学生最后只能干些他们根本不喜欢的工作。我们的方式是有一些不同,但就目前的形势来说还不错。"

莫伊斯和哈珀揽到的第一个活是为一家滑冰场打广告,几十平方厘米的脸上根据客户要求涂了满满的颜色,行走在大街上引人围观,广告效果出奇得好。第一次尝试就大获成功,两人的网站也很快积攒了人气,不少人表示愿意出钱买他们面部的使用权。两人随即在网站上更改经营范围,不仅接受来自公司的广告业务,个人业务也可受理。

来自多塞特郡普尔市的经济系毕业生莫伊斯说:"我们已经欠了 5 万英镑的债,所以不想再注入一大笔钱来创业。"他们只花了 100 英镑来购买脸彩。他们不时在脸部画上各种广告标语和图案,按客户的要求去从事各项引人注目的活动,例如高空跳伞,以及跳入冰河。

来自南伦敦地区格林威治市的神经科学专业毕业生哈珀则表示,用自己的脸做广告牌出租的创意产生于去年夏天。当时,他和莫伊斯正在备战期末考试,中间吃点零食稍做休息,突发灵感想到了这个主意。他们认为,这不但新鲜好玩,最主要的是前期投资少,而且运作起来并不费事。

莫伊斯和哈珀打算将这一计划持续 366 天,但仅在 155 天内,他们就赚得了 3.1 万英镑(约合人民币 31 万元)。他们还计划在今年 5 月扩大业务,进军国际市场。哈珀说:"我们已接到来自加拿大、澳大利亚、美国和欧洲各地企业的询问,他们表示对我们的服务非常感兴趣。"

近年来,英国大学的学费不断上升。据估计,今年开始在英格兰大学修读学士课程的大学生,学费高达 7000 到 9000 英镑,毕业时平均将负债 5.91 万英镑。莫伊斯和哈珀两人奇特的成功创业故事,或许能为这群即将面对庞大债务的大学生带来启发。但走他们已经走了的路子来创业,恐怕不再是明智的选择。

哈珀说:"'买我的脸'是我们用来偿还助学贷款的非传统方式。毕业生就业市场非常严峻,因此我们想绕开这个问题。"

莫伊斯则表示,"刚入学的大学生必须支付的学费已经增加了,他们毕业时的债务会比我们多三倍。希望我们的故事能给他们一些启发"。

　　"这种新奇的广告方式能让人们在哈哈大笑的同时记得更为深刻,我和哈珀尔筹备在两个月后注册成立自己的公司,招收更多有志于面部广告的毕业生。"

　　尝到了甜头,莫伊斯和哈珀两人正打算大干一场。

　　(资料来源:胡乐乐,《英国大学生"卖脸"还贷款》,中国教育报,2012 - 02 - 27,第007 版)

模块六　整合创业资源

【学习目标】

育人目标:帮助学生在创业初期树立坚定的创业信念,培养诚实坚韧的个人品质。

知识目标:通过本章的学习,了解创业资源的内涵,掌握识别、评价、获取和整合创业资源的方法。了解创业融资的内容,掌握基本创业资金的估算方法。

能力目标:培养资源识别和评估的能力,资源获取和整合的能力。

思政目标:激发学生的创业梦想;帮助学生树立务实求真的创业精神。

【教学重难点】

重点:创业资源内涵;创业资源整合

难点:创业资源的整合;创业融资

困惑与迷思

李思是商贸学院的一名大三的学生,在校期间,她对创业就十分感兴趣,参加了校团委大学生创新创业协会,积极参与了学校组织的各项相关活动,也利用课余时间进行了社会实践。毕业时,李思想自主创业,她相中了微胖女装这一新兴行业,想在学校周边开办一个实体体验店和同步的线上网店,但却苦于没有启动资金。李思的父母是普通的工薪阶层,对其创业表示出模棱两可的态度,虽然没有直接反对,但也没有在经济和策略上给予支持。临近毕业,很多同学都找到了心仪的工作岗位,父母也劝她,直接找工作就业不好吗,毕竟创业是有风险的。策划了好久的商业计划终究是一场青春的梦吗? 李思陷入了苦恼和困惑之中。

古人云"穷且益坚,不坠青云之志",青年学子有创业理想很正常,但梦想与现实之间总有差距,计划终究要落地才能不算空谈,而有着和李思同样困境的创业者,不算罕见。希望通过本模块的学习,同学们能对如何整合创业资源有大致的规划,并能结合自身优势,制订切实可行的计划,最终让梦想落地,让理想成为现实。

知识引领

思维导图

```
                        整合创业资源
        ┌───────────────────┼───────────────────┐
   创业资源的内涵        创业资源的整合          创业融资
   ┌──────────┐        ┌──────────┐        ┌──────────┐
   创业资源的定义        创业资源整合的内涵        创人募资

   创业资源的种类        创业资源整合的方法        合伙经营

   创业资源的分析        创业资源整合的推进        寻求投资

                                            银行贷款
```

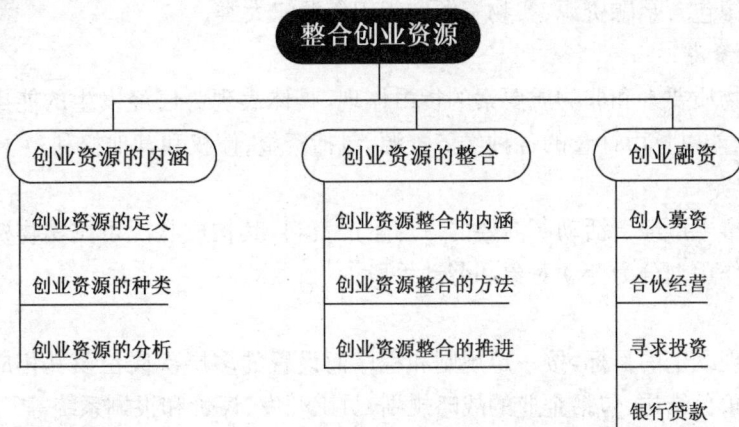

一、创业资源的内涵

问题导入：

赵景明是一名大三毕业生,他的父母是做服装生意的,耳濡目染之下,他也有了成立一家自己的男装专卖店的想法,为此,他也没少利用寒暑假的时间跟着父母跑广州、杭州等服装集散地。但是,接受过高等教育的他,不想延续父母传统的营销方式,而是想利用线上线下结合的方式,拓宽市场,打造一家具有一定规模的服装销售公司。那么,问题来了,在创业初期,他需要计划投入哪些资源呢?

(一) 创业资源的定义

创业的前提条件之一就是创业者拥有或者能够支配一定的资源。所谓资源,依照目前战略管理中很有影响的资源基础理论(resource-based theory,RBT)的观点,企业是一组异质性资源的组合,而资源是企业在向社会提供产品或服务的过程中,所拥有的或者所能够支配的用以实现自己目标的各种要素以及要素组合。

简单来说,资源是组织之中的各种投入,包括人、财、物。资源不仅包括有形资产,也包括无形资产,如品牌、专利、企业声誉等,所有这些资源都属于投资,创业者的关键职能之一就是吸引这些投资,将其转化为市场需要的产品和服务,实现商业机会的价值。创业者需要组织企业内外的资源,包括资源的确定、筹集和配置。创业者创立的资源是一个投入产出的系统,即投入资源与产出产品与服务,创业的过程就是不断地投入资源以连续地提供产品与服务的过程,能否以最小的投入获得最大的产出,使得企业具有竞争力并盈利,是衡量创业活动成效的标准之一。概括说来,创业资源是新创企业创立和发展过程中需要的各种要素的集中与整合。

(二) 创业资源的种类

创业资源的类型按照其存在形态,可以分为有形资源和无形资源。有形资源是企业经营管理活动的基础,一般都可以通过会计方式来计算其价值。无形资源具有非物质性,价值难以用货币精确度量。无形资源看似无形,但它们却成为支撑企业发展的基础,能够为企业带来无可比拟的优势,是撬动有形资源的重要杠杆。

有形资源包含金融资源、实物资源和组织资源三大类。

1. 金融资源

指企业物质要素和非物质要素的货币体现,具体表现为已经发生的能用会计方式记录在账的、能以货币计量的各种经济资源,包括资金、债权和其他权利。

2. 实物资源

企业从事生产经营活动所需要的一切生产资料,其构成状况可按实物资源在生产经营过程的作用划分为劳动对象和劳动手段。

3. 组织资源

为了实现既定的目标,按一定规则和程序而设置的多层次岗位及其相应人员隶属关系的权责角色结构,包括企业的战略规划、员工开发、评价和报酬系统等。

无形资源则包含人脉资源、人力资源、信息资源、科技资源、品牌资源、行业资源、政策资源等。

(三)创业资源的分析

接下来我们就对创业过程中关键的创业资源进行一一分析和解读。

1. 人脉资源

人脉即人际关系、人际网络、体现人的人缘、社会关系,通过各种渠道所达到的领域。对于创业者来说,最先需要整合的资源便是人脉资源。很多创业者一没资金、二没产品、三无渠道,却可以凭借自己的各种人脉关系,不断获得资金、产品,借助渠道,实现自己的创业梦想。

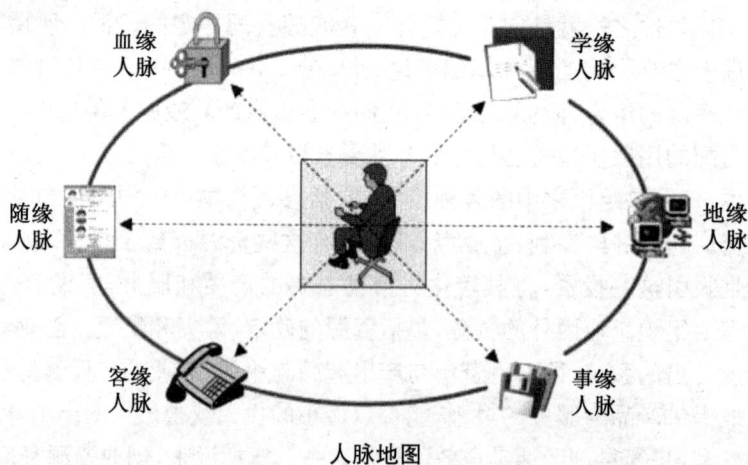

人脉地图

人脉资源具有以下特点。

(1)长期投资性

丰富的人脉资源需要长期的积累,人和人之间从认识到了解,从了解到信任,从信任到愿意助你一臂之力,需要技巧,更需要时间的积累,需要不断地投入时间、精力才能慢慢形成。

（2）可维护性和可拓展性

人脉资源是可以通过合作交流、关心、帮助、友情、亲情等进行维护的,并会不断巩固,当然如果不去维护就会变得疏远,人与人之间感情的深浅,往往取决于共同记忆的多少。所以人脉资源需要经常性地维护,同时在维护中可以不断地发展新的人脉关系。

（3）有限性和随机性

人脉资源相较于其他资源,往往具有有限性,虽然一生当中可能会认识很多朋友、会有很多同事,但数量并不会无限拓展,而且,在认识的这些人中,并不是所有的人都会帮助自己。同时,你一生中会认识谁？认识多少人？哪些人对你有帮助,这些都是难以提前预测的,所以人脉资源也具有随机性。

（4）辐射性

你的朋友帮不了你,但是你朋友的朋友可以帮你。曾经有人提出六度人脉关系理论,地球上所有的人都可以通过六层以内的熟人链和任何其他人联系起来。通俗地讲:"你和任何一个陌生人之间所间隔的人不会超过六个,也就是说,最多通过六个人,你就能够认识任何一个陌生人。"

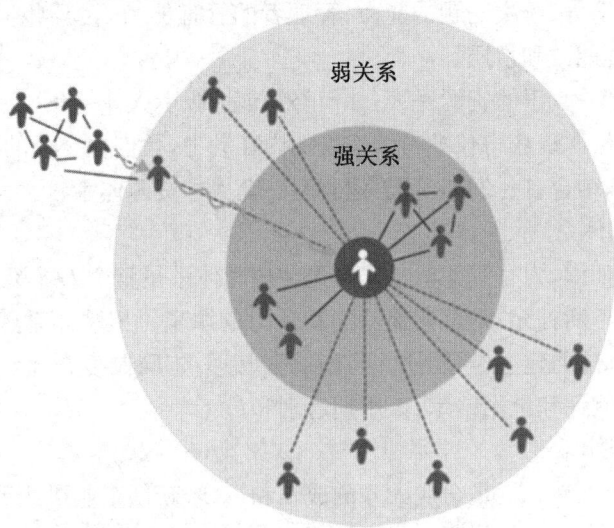

六度人脉理论概述图

那么怎么拓宽自己的人脉资源呢？

人脉资源规划主要包括以下步骤:确定职业生涯规划——评估人脉资源现状——明确人脉资源需求——设计人脉资源结构——制定人脉资源规划——制定人脉资源建立维系计划。

（1）将人脉规划融入个人发展规划

要明确自己的职场或者事业发展方向,因为人脉是为发展服务的。只有明确了发展方向,才能有的放矢地建立人脉资源。

（2）有目的，有侧重点，有针对性，有前瞻性

人脉要根据自己的实际需要，创造长期、双方都能受益的关系，有针对性地、有计划地建立扩展人脉资源，为自己的发展成长助力！

（3）设计平衡合理的人脉资源结构

人脉资源要兼顾事业和生活；人脉资源要平衡义和利两方面；人脉资源也要重视个人成长的需求。

（4）注意人脉的深度、广度和关联度

人脉的深度就是人脉资源的质量和层次级别，人脉的广度就是人脉资源覆盖的范围（区域与行业）有多广；人脉的关联度指人脉资源与个人发展的相关性、契合度。

人脉资源既要有广度和深度，又需要关联度，学会利用现有的人脉资源，去拓展更多的人脉资源。从长远考虑，不要有人脉"近视症"，需要注意长期性、动态变化、成长性和延伸空间。

2. 人才资源

人才资源指的是人力资源中素质层次较高的那一部分人，泛指杰出的、优秀的人力资源，着重强调人力资源的质量。

企业的人才资源指的是企业中所有那些体现在企业员工身上的才能，包括企业员工的专业技能、创造力、解决问题的能力、管理者的管理能力，在某些情况下，甚至还包括企业员工的心理能力和素质。

企业或事业唯一真正的资源是人，如何努力创造吸引人才的条件，为企业吸引和留住人才，整合人才资源以获得长期持续发展的内在动力，是创业企业的重要工作之一。

创业企业应该结合自身发展情况，建立起一套人才资源体系。

（1）人才招聘体系

"问渠哪得清如许，为有源头活水来"，人才招聘体系是整个人才资源积累的基础性工作，新鲜血液的不断补充，是企业保持创新活力的源泉。招聘体系建设分为六步走：招聘需求和选才标准的建立；招聘团队与面试官管理；招聘制度与流程管控；招聘渠道和策略升级；人才测评和录用跟踪；试用期管理和员工考核。

（2）人才培养体系

企业发展的最大动力就是企业人才的成长和进步，新创企业要注重人才的培养，形成适合自己企业的人才培养体系。华为就建立起了一整套完善的员工培训体系，几乎涵盖了企业培训的全部内容，包括新员工培训系统、管理培训系统、技术培训系统、营销培训系统、专业培训系统、生产培训系统六个部分。这些培训系统互相依托但又各成一体，共同为公司的各个岗位培养了合适的人才。

（3）人才激励体系

习近平总书记曾强调："发展是第一要务，人才是第一资源，创新是第一动力"。在企业中，人才是紧缺资源，具有很强的流动性，企业吸引了人才或培养了人才，如果不能合理使用，有效激发其潜能，人才便可能流失，为其他企业所用。所以，吸引人才、培养人才只是人才管理的第一步，合理地使用人才、激励人才，前期所有的人才管理工作才

有意义和价值。在激励人才方面可以考虑从以下几个角度入手。

① 合理分配工作任务。根据每个人的才能和特长的不同,安排合适的岗位。

② 设定有一定挑战压力的目标和任务,在其帮助企业解决难题的同时,让其感受到成就感。

③ 表彰奖励有重大贡献的人才,给其荣誉感,提升其自我价值的认知。

④ 给予良好的待遇,让他的付出除了有荣誉上的回报,更有物质上的回报。

对创业企业而言,人才是可遇而不可求的。社会上求职者众多,但是公司想要的,对公司价值比较大的人却不多。通过对成功公司的观察我们发现,企业能够成功,关键在企业是否有一套合理的人才管理机制,帮助企业不断吸纳人才、培养人才、留住人才。

3. 信息资源

信息资源是企业生产及管理过程中所涉及的一切文件、资料、图表和数据等信息的总称。它涉及企业生产和经营活动过程中所产生、获取、处理、存储、传输和使用的一切信息资源,贯穿于企业管理的全过程。

信息资源与人力、物力、财力以及自然资源一样,都是创业企业的重要资源,且为企业发展的战略资源。信息资源广泛存在于经济、社会各个领域和部门,是各种事物形态、内在规律和其他事物联系等各种条件和关系的反应,对国家和民族的发展,对人民工作、生活都至关重要。企业信息资源管理是企业整个管理工作的重要组成部分,也是实现企业信息化的关键,在全球经济信息化的今天,加强企业信息资源管理对企业发展具有非常重要的作用。

(1) 企业信息资源管理是增强企业竞争力的基础和手段

当今社会信息资源已成为企业的重要战略资源。加强企业信息资源的管理,使企业及时、准确地收集、掌握信息,开发、利用信息,为企业发展注入新鲜血液。这一方面为企业做出迅速灵敏的决策提供了依据;另一方面使企业在激烈的市场竞争中找准了自己的发展方向,抢先开拓市场、占有市场,及时有效地制定竞争措施,从而增强企业竞争力。

(2) 企业信息资源管理是实现企业信息化的关键

随着全球经济一体化和市场经济体制的建立以及现代信息技术的突飞猛进,企业生存和竞争的内外环境发生了根本的变化,企业信息化和企业信息管理也要和国际接轨。企业信息化是全方位的,不只是信息技术的延伸,更重要的是企业管理和组织的延伸。企业信息化的实质就是在信息技术的支持下,管理者及时利用信息资源,把握市场机会,及时进行决策。因而,企业信息化不但要重视技术研究,更要重视信息资源的集成管理,避免信息资源的重复、分散、浪费和综合效率低下,从而实现资源的共享。因而,企业信息资源的开发和利用是企业信息化建设的核心,也是企业信息化的出发点和归宿。

(3) 企业信息资源管理是提高企业经济效益的根本措地和保障

提高经济效益是企业生产经营的目的。企业之间除了在生产资料、生产技术、产品价格的竞争外,更重要的是对信息的竞争。谁抢先占有信息,谁就能把握市场动向,优先占有市场,提高企业经济效益。因而,占有和利用信息的能力已成为衡量一个企业是否具有市场能力的关键指标。美国苹果公司就是一个把市场销售、产品研究开发、生产联结在一起的信息网络。该公司根据当天遍及全球各地千万个销售商的销售情况进行汇总、分析,修订第二天的生产销售计划,然后把计划传送给全球 150 多个生产厂家。生产厂家按计划生产,各地的销售商就按时、按量收到所需要的订货,这种管理模式给公司带来了丰厚的利润。由此可见,信息资源管理对企业管理的作用。

信息资源能够给创业者带来成功的机会,因此,应该像管理整合其他资源那样管理整合信息资源。下面,我们来谈谈实现企业信息资源管理的途径。

(1) 提高企业各级管理人员对信息资源的认识

企业经营的基础在管理,重心在经营,经营的核心在决策。决策的正确与否是关系到企业生存和发展的大事,而决策的正确性是建立在准确预测的基础之上的,准确的预测又是建立在及时把握信息的基础之上。所以说"控制信息就是控制企业的命运,失去信息就失去一切"。我国企业各级人员,特别是管理人员要充分认识到信息资源在企业发展中的重要地位和作用,高层领导要从战略高度来重视信息资源的开发与运用,加大对信息资源管理的力度,提高企业的竞争力。

(2) 提高企业信息资源管理人员的素质

管理水平的高低取决于管理人员的能力和素质。企业要加强对信息资源管理的力度,首先要注重信息资源管理人才的培养、引进和任用。培养、任用具有经营头脑、良好信息素养、有较强专业技术能力、创新前能力、市场运作及应变能力的复合型高级管理人才。

(3) 加强企业信息资源管理的基础工作

首先,企业应用先进的管理理论和方法加强企业生产经营管理,规范管理手段和方法,建立完善的规章制度,构建高效益的业务流程和信息流程。

其次,要建立一套标准、规范的企业信息资源库,使企业信息资源的获取、传递、处理、储存、控制建立在全面、系统、科学的基础之上,保证信息的完整、准确和及时。

(4) 企业信息资源的集成管理

集成管理是一种全新的管理理念和方法,是企业信息资源管理的主要内容之一。实行企业信息资源集成的前提是对企业历史上形成的企业信息功能的集成,其核心是对企业内外信息流的集成,其实施的基础是各种信息手段的集成。通过集成管理实现企业信息系统各要素的优化组合,使信息系统各要素之间形成强大的协同作用,从而最大限度地放大企业信息的功能,实现企业可持续发展的目的。

4. 技术资源

对于一个组织来说,技术包括两个方面,其一是与解决实际问题有关的软件方面的知识;其二是为解决这些实际问题而使用的设备、工具等硬件方面的知识。两者的总和就构成了这个组织的特殊资源,即技术资源。

技术是自然科学知识在生产过程中的应用,是直接的生产力,是改造客观世界的方法、手段。技术对社会经济发展最直接的表现就是生产工具的改进,不同时代生产力的标尺是不同的生产工具,主要是由科学技术来决定的。在当代,科学技术对生产力发展的巨大推动作用,集中表现在邓小平的论断"科学技术是第一生产力"。

创业初期,创业技术是最关键的资源,尤其对于很多技术型的创业者,技术资源的优劣不仅影响着企业产品和服务的市场竞争力的大小,更决定着创业者所需要的创业资金,影响着创业者创业资金的吸引能力。

同时一个成功的企业必定是以成功的产品为基础,而成功的产品往往源于技术的领先,而技术资源的主要来源是人才资源。所以创业企业重视技术资源的整合,不仅要整合、积聚企业内部的技术资源,还要整合外部可利用的技术资源。整合技术资源只是起点,技术资源整合是为了技术的不断创新,自主研发并拥有自主知识产权,保持技术的领先,占领市场,壮大企业。

5. 品牌资源

品牌是一个名称、名词、符号或设计,以及它们的组合,其目的是识别某个销售者或某群销售者的产品或服务,并使之同竞争对手的产品和服务区别开来。品牌资源是所有可以用来建立巩固品牌权益与品牌形象的方法。涉及品牌与消费者的接触及消费者的品牌体验,可以影响与改变消费者的品牌认知与品牌态度。品牌资源又可细分为产品品牌、服务品牌和企业品牌三大类。

当我们提起海尔、华为、耐克、阿迪、可口可乐、宝洁等,头脑中立刻认定了它们是品牌,甚至能立马联想到与之相关的文化和故事。品牌如同一个容器,涵盖了企业的人力、文化、历史、传承和创新的综合能力,承载了消费者的"了解、信任和偏好",让消费者优先选择。

创立初期的创业公司,没有钱,没有资源,也没有优势,很难树立起自己的品牌壁垒的情况下,如何进行品牌打造呢?

首先是构建品牌的标识,让别人知道你,知道是了解的前提,了解是信任的前提,信任是偏好的前提。

新创立的品牌,自身还没有任何能量时,可以选择一些对标品牌,对自己的品牌进行赋能,做联合品牌的推广,这样可以累积自身品牌的价值。共享单车行业的摩拜和ofo,做品牌推广时就分别找了不同的公司合作,比如摩拜在上海开了一家健康饮食的品牌,很有调性。大家会感觉摩拜更接近都市白领。ofo则与小黄人进行合作,"摩拜延续了都市白领的风格,而小黄车更偏向于年轻人、学生,他们找到了不同维度的品牌进行同框"。

品牌功能经常会涉及"如何抢占价值词"。价值词,也叫作语言的钉子、视觉的锤子,就是说要把核心的关键词深深地钉到用户的脑子里面。比如王老吉的"怕上火喝王老吉",红牛的"困了饿了喝红牛",斯达舒的"胃痛、胃酸、胃胀、请用斯达舒!"这些品牌抢占了很多关键词植入人们的脑海里,而且很多功能都是用户的基本需求,如困了、饿了、累了等。

其次是构建差异化,针对精细化用户群体,抢占市场。

青岛万象城开了一家喜茶,特别火,排队的人络绎不绝。喜茶的产品设计、沟通方式、产品调性和特点，都是从年轻女生的角度切进去，整个传播维度也是围绕这个人群而搭的，通过口感＋香气两个维度打造多层次的记忆点(芋头颗粒＋波波＋泥有咀嚼感;西柚等柑橘类水果没有特殊的口感,但是香气很浓),在众多的饮品品牌中通过品质势能和大众口碑,形成差异化,迅速扩散,成为排队的网红品牌,品牌因此得到推广和传播。

最后是建立品牌的内涵,让消费者或者用户产生品牌反应和共鸣,就像巴甫洛夫的刺激反射,他更关注人在信息刺激之后的行为反射,从而发展出行为主义,落实到商业上,则是用品牌刺激以实现客户的消费行为,构建情感连接。

"A diamond is forever"是珠宝大王戴比尔斯在1939年所用的广告词,在中国以"钻石恒久远,一颗永流传"的译文被大众所熟知,其理念是"一生只爱一人"。消费者在结婚时购买钻石戒指作为信物,并不是冲着其本身产品的价值,而在于对爱情的忠贞和唯一。另一个珠宝品牌蒂芙尼。蒂芙尼创始人在创立这个品牌的时候,就把蒂芙尼的代表色注册了,这个颜色色标的组合就叫蒂芙尼蓝,禁止其他商业的应用,其他商业品牌不能用这个颜色。于是,消费者看到了这个颜色,就会自然联想到了蒂芙尼。

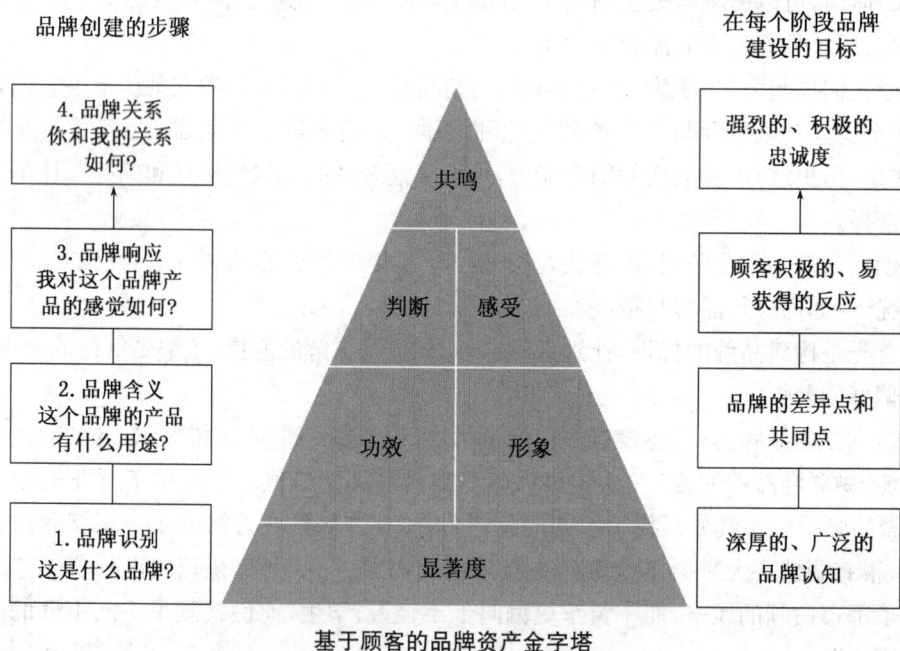

基于顾客的品牌资产金字塔

6. 行业资源

行业资源是企业组织所处的经营领域的资源,主要指创业者在创业的行业内所具有的关系网,包括竞争对手、供货商,也包括相关科研机构、行业协会、行业杂志等。这些资源直接影响创业企业在这个行业发展的速度和应对风险的能力,作为创业者,要注意关注和积累,并不断挖掘其价值,为企业服务。

行业资源主要包括5种要素,这5种要素共同作用,决定了行业竞争的性质和程度,它们是形成企业在某一竞争领域内竞争战略的基础。作为经营管理者,应充分了解这 5 种要素是怎样影响竞争资源的,并由此明确在该行业中,企业应当处于什么样的战略地位。

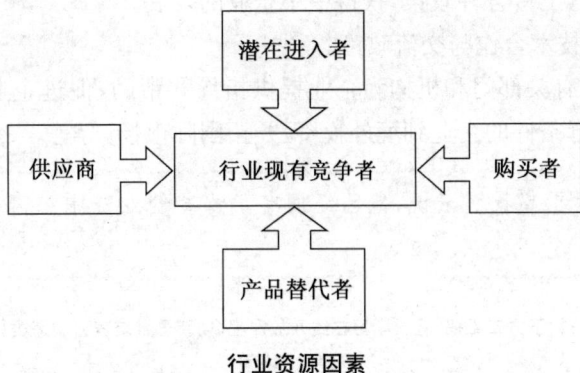

行业资源因素

创业者对行业是否了解,对行业内的竞争对手,行业内的供应链相关企业等是否熟悉,是评价创业者是否专业的重要标志,也是判断创业者在这个行业创业成功与否的一个重要参考标准。

7. 政府资源

在创业的过程中,创业者要学会顺应行业和地区经济发展的趋势,掌握和了解政府的行业政策、扶持政策,并充分利用这些政策,助推创业企业的成功,可以说政府资源对创业者而言是不可多得的成功创业的助推器。

创业的扶持政策主要包括财政政策、税收政策、科技政策、产业政策、金融政策、人才政策,等等。

政府资源亦即各项优惠扶持政策如下。

(1)财政扶持政策

中央财政预算设立中小企业科目,安排扶持中小企业发展专项资金;地方政府根据实际情况为中小企业提供财政支持。

(2)融资政策

通过信贷政策调节经济发展,是政府常用的宏观调控手段,这些信贷政策直接影响各商业银行的放贷节奏,以及创业企业的融资环境。

(3)税收政策

为了促进经济发展,调节产业结构和区域经济平衡,会对特定行业、特定地区、特定群体制定针对性的税收政策,以扶持或抑制特定行业的发展。如目前国家对准大学生创业群体制定了很多税收支持政策,创业者要合理地借助这些政策,帮助创业企业快速成长。

(4)科技政策

根据国家经济发展的需要,结合科技发展自身的规律,国家实施了一系列科技计划,如新产品计划、"863"计划、科技型中小企业技术创新基金等政策,直接影响创业企业的成长发展。

（5）创业扶持政策

如国家和地方政府，为了更好地推动"大众创业，万众创新"，有关部门为创业提供全方位的服务保障，出台各种政策，扶持中小企业的发展。

（6）对外经济技术合作与交流政策

一般包括政府有关部门和机构为企业提供指导和帮助，促进企业产品出口。国家制定政策，鼓励符合条件的企业到境外投资，开拓国际市场，等等。

> **思考：**对于赵景明来说，他已经拥有了哪些创业资源？需要再获取哪些资源呢？

扫扫下方二维码，轻松学习在线开放课程《创新思维培养》（制造类）

二、创业资源的整合

问题导入：

大量事实表面，绝大多数创业者早期所能获取和利用的资源都相当匮乏，因此……如果你是赵景明，你会如何整合创业资源，最大限度发挥自己的资源优势呢？

大量事实表明，绝大多数创业者早期所能获取和利用的资源都相当匮乏，因此，能创造性地整合、转换和利用资源，成功开发创业机会，推进创业过程，是创业者所应该具备的技能之一。如果你是赵景明，你会如何整合创业资源，最大限度发挥自己的资源优势呢？

（一）创业资源整合的内涵

创业者能否成功地开发出机会，进而推动创业活动向前发展，通常取决于他们掌握和能整合的资源，以及对资源的利用能力。想要取得创业成功，创业者就应该尽可能整合各种资源、采取各种合法手段积极务实地将各种资源整合到自己的企业。因为创业企业不可避免地存在诸多方面的不足，需要通过资源整合的方式，使人力资源、研发能力、市场渠道、客户资源等方面实现优势互补，对内相互支持，对外协同竞争。

尽管与已存在的进入成熟发展期的大公司相比，创业企业资源比较匮乏，但实际上创业者所拥有的创业精神、独特创意以及社会关系等资源却同样具有战略性。因此，对创业者而言，一方面要借助自身的创造性，用有限的资源创造尽可能大的价值；另一方面要设法获取和整合各类战略资源。

创业者能否做到资源的真正整合，是决定企业生存还是灭亡的关键。因此，创业者在整合资源时，可以参照以下资源整合原则。

1. 识别利益相关者及其利益

该原则提示创业者，整合资源一定要关注有利益关系的组织和个人，首先将这些利益相关者识别出来,把他们之间的利益关系辨析出来,甚至有时候还要学会创造共同利益。寻找利益相关者就是要寻找那些具有共同点的人,同时也需要寻找可以互补的人。

2. 管理好能够促进企业持续成长的人力资源

企业的持续型成长需要大量的人力资源作为支撑,这就对企业人力资源管理提出了更高的要求。高素质的人力资源是企业能保持竞争力的根本,管理好人力资源是企业持续发展的重要保障。

3. 构建共赢机制

共赢机制是指创业者在进行资源整合时,一定要兼顾资源提供者的利益,使资源提供与使用的双方均能获益。在与外部的资源所有者合作时,创业者还要构建一套各方利益真正实现共赢的机制,给资源提供者以一定的回报,同时尽可能替对方考虑到规避风险。

4. 维持信任长期合作

资源整合以利益为基础,需要以沟通和信任来维持。沟通是产生信任的前提,信任是社会资本的重要因素。同时,创业者要尽快从人际信任过渡到制度信任,从而建立更广泛的信任关系,以获取更大的社会资本。

(二) 创业资源整合的方法

1. 加强自身的建设

资源整合的前提是自己本身就是资源,有被其他资源整合的价值。所以创业者首先要做的就是不断加强自身建设,提升自身能力,只有自身足够优秀,才能不断吸引和整合优秀的资源。

大学生在创业前可以认真思考、反复评估、考虑成熟再行动,同时利用科学的方法进行前期调研,校正创业目标。除了要足够的资源准备外,心理状态的调适也很重要,能保障创业者有平稳的心态和理智的态度去面对可能的问题和困难。

创业者在创业之前,一定要有明确的创业方向。如果选择了某一个行业,创业前一定要积累一些该行业的经验,收集相关的资讯,如果有可能,可以先考虑进入该行业为别人打工,通过打工的经历来积累经验与资源。那么"学费"自然由别的老板给你付了,也就用不着自己创业时间交学费,行业知识、客户资源渠道,赢利模式都有了,再创业,成功就指日可待了。

创业者也需要培养自己的执行能力。在创业初期,创业者个人的能力非常重要,事无巨细,都要自己亲自动手,创业不是一件很轻松的事情。在创业者的个人能力中,业务能力,开发客户能力,综合应变能力都十分重要。创业者可以利用学校社团活动、公益劳动、社会实践等累积经验,有意识地培养自己的动手能力和执行力,以待来日。

2. 提升资源整合的能力

为了确保共同持续发展,创业者要不断加强资源的整合,借助有限的资源创造更大的价值。以下两种资源整合的思维值得创业者思考借鉴。

(1)创造性的拼凑

在原有资源的基础上,融入新的资源,并进行重新组合创新,便有可能带来意想不到的惊喜。我们发现很多高新技术企业的创业者也并不全是科班出身，可能只是出于兴趣对某个领域的技术有一定了解。发现商业机会后，便迅速整合相应的资源，实现创业。

① 概念与要素

创造性地拼凑不是凑合，而是指在资源约束条件下，创业者为了解决新问题，开发新机会，整合手边现有资源，立即行动，创造出独特的服务和价值。实现创造性拼凑需要三个关键要素：身边有可用的资源、整合资源实现新的目的和凑合使用。在不同情境下，创业拼凑的目的、过程及结果也会有显著差异。如创业早期求生存的非选择性拼凑和创业稳定后利于可持续性成长的选择性拼凑。

资源拼凑理论在自身的发展过程中形成了三个核心概念，即"凑合利用""突破资源约束"和"即兴创作"。这三个概念都与资源紧密相关，从不同角度反映了创业过程的资源拼凑特点。具体而言，"凑合利用"是指利用手头资源来实现新的目的和开发新的机会，再对资源的创新性利用；"突破资源约束"是指创业者不受资源、环境或者制度约束，积极主动地突破资源传统利用方式，利用手头资源来实现创业目标，从而凸显了创业者在资源拼凑过程中表现出来的创新意识以及创造创业价值所必需的可持续发展能力；而"即兴创作"与前面两个概念紧密相关，是指创业者在凑合利用手头资源、突破资源约束的过程中必须即兴发挥，创造性地使决策和行动同时进行。

② "手段导向型创业资源拼凑"和"基于社会关系网络的创业资源拼凑"

在创业过程中，创业者面对环境约束和资源依赖的双重挑战，要想取得创业成功就必须采用创新性资源整合方式来最大限度地发挥既有资源的价值。他们不但要通过凑合利用现有资源来突破资源约束，而且还要在凑合利用的过程中发现现有资源的新用途，在调动一切可利用资源的同时还要充分发掘它们的潜在利用价值，最终通过开发创业机会来创造价值。这些行为可分别归结为两种不同的创业资源拼凑，即所谓的"手段导向型创业资源拼凑"和"基于社会关系网络的创业资源拼凑"。

在手段导向型资源拼凑过程中，创业者要想方设法利用现有资源来实现既定目标。这种资源拼凑方式的特点在于整合利用可动员的分散资源来有效突破资源约束的制约。Garud 和 Karne(2003)在比较研究丹麦和美国的风力涡轮机技术开发过程时发现，丹麦创业者开发风力涡轮机技术的过程是典型的手段导向型资源拼凑过程。在开发风力涡轮机技术的过程中，丹麦创业者对各项目参与人分散的既有资源进行重新组合，充分发掘它们的潜在利用价值，最终形成了自己的稳健发展路径，并且实现了目标。此外，从某种意义上说，资源拼凑是一种克服资源约束的手段，可与另一种摆脱资源约束的手段资源搜寻互为补充。Baker 和 Aldrich(2000)在研究创业过程中的人力资源约束问题时发现：当创业者意识到在外部劳动力市场上难以找到自己所需的人力资源时，就会通过凑合利用现有团队成员来应对人力资源紧缺的问题。可见，通过资源拼凑，创业者在发现新机会以后就不会因为资源紧缺而观望等待，而是积极主动地调动一切可利用的资源来及时开发机会。

基于社会关系网络的资源拼凑又称"网络拼凑"(network bricolage)，是指创业者通过社会关系网络来获取和利用资源的一种战略行为,它超越了传统的关系网络利用方式,不拘泥于固定的网络资源,也没有详尽计划或者工具性的网络关系维护目标,而是通过利用现有的社会、商业或者个人关系来拓展资源获取渠道,以解决在创业过程中必然会遇到的融资、供应商、客户、办公场所和咨询建议等不同问题。Baker(2007)对一家玩具商店进行的案例研究揭示了创业者通过挖掘自己能接触到的所有社会关系,尽可能低成本地利用当地资源的过程,如通过借助各种关系网络和资源整合方式租到了低租金店铺,招揽了目标顾客,并且还能免费利用社会资源等。在网络拼凑中,现存和潜在的关系网络都是创新性地整合资源的重要渠道。

(2) 步步为营

对于创业者来说,要充分借助外部的资源,但不能过分依赖外部资源,在资源整合的过程中,大部分创业者因为受到有限资源的约束,被迫寻找创造性的方式开发机会去建立企业,并推动企业的发展。学术界用"步步为营"一词来描述,主要指在缺乏资源的情况下,创业者分多个阶段投入资源,并且在每个分段或决策点投入最小的资源,以降低资源使用的风险,让创业企业的成长更加稳健。

步步为营不仅是一种较为经济的方法,还是在有限资源的约束下获取满意收益的方法;不仅适合小企业,同样适用于高成长企业、高潜力企业。步步为营活动包括:创业者在资源受限的情况下寻找实现企业理想目的和目标的途径;最大限度地降低对外部融资的需要;最大限度地发挥创业者在企业内部资金投入的作用;实现现金流的最佳配置和使用。

步步为营法的主要策略是成本最小化,但是过分强调低成本,会影响到企业形象与产品质量,最终会限制企业的快速成长。例如,有的食品加工企业为了降低成本,使用地沟油作为食用油的生产原料,不但导致企业被依法处理,而且对全社会造成了严重危害,这种短视的降低成本行为对创业活动的影响是致命的。因此,步步为营法中的成本最小化是有前提的,就是设计企业使命,在能够实现企业使命的可行路径下,运用成本最小化原则。

兼顾企业使命情况下,新创企业运用步步为营法时仍有很大可供选择的余地。比如创业者可以通过申请地方政府创立的创业园或创业孵化基地,享受那里的免费办公室,与其他创业者一起共享办公设备等,也可以利用兼职人员、招聘实习生。总之,在实现创业目标的过程中,创业者能够独辟蹊径地找到许多降低成本的方法。

3. 发挥资源杠杆效应

创业者为了实现创业目标,不拘泥于当前自有资源的约束,善于借助外部资源,利用关键资源的杠杆效应,弥补自身资源的不足,实现创业成功。

无论多大规模的公司,如果单纯地依靠自身的资源,不懂得进行资源的互换,面对很多创业机会时,也会有力不从心的感觉,所以在积累资源的同时,要注重资源结构的更新和调整,这是创业者必备的技能。

资源的杠杆效应是指以最小的付出获取最多的收获的现象,通常有如下表现。

第一,利用一种资源换取其他资源;第二,创造性地利用别人认为无用的资源;第三,能够比别人有更长的时间占用资源;第四,借用他人或其他公司的资源来达成创业者自身的目的;第五,用一种富裕资源弥补一种稀缺资源,产生更高的附加值。杠杆效应对于推动创业活动具有重要意义,因此创业者要在创业过程中训练自己形成杠杆效应的能力。

对于创业者来说,由于初期资金缺乏,时间紧迫,最容易产生杠杆效应的资源就是体现在创业者自身的素质和能力以及社会资源等非物质资源。就创业者的素质与能力看,如果创业者拥有识别没有被完全利用的资源的能力,看到某种资源怎样被运用于特殊方面的能力,说服资源拥有者让渡使用权的能力,都能使资源发挥出杠杆效应。

就社会资源的杠杆效应来说,社会资源存在于社会结构之中,为社会网络之间的行为者进行交易、协作提供了便利的资源。在外部联系人之间,社会交往频繁的创业者所获取的相关商业信息更加丰富,从而有助于提升创业者对特定商业活动的深入认识和理解,使创业者更容易识别常规商业活动中难以被其他人发现的顾客需求,进而更容易获得财务和物质资源——这正是其杠杆作用所在。

4. 设置合理利益机制

对创业者来说,要学会充分利用身边的资源,调用一切可以调用的资源为自己服务,但并不是说创业者要无偿免费地使用资源。创业者在整合资源的过程中,要设置一套合理的利益分配方案,让所有的资源在投入后,都能得到相应的回报。借助这样的利益机制,创业者能够整合到的资源便会越来越多。如创业者之所以能够从家庭成员那里获得支持,就因为家庭成员之间不仅是利益相关者,更是利益整体。将资源整合和利益分配有机结合,是资源整合的基本前提。

所以在资源整合的过程中创业者要与相关资源拥有者建立起信任和合作的关系,并注意维护,同时寻找和设计出多方共赢的方案,让对方看到潜在的收益,利益相关者愿意为了获取收益而投入资源。

(三) 创业资源整合的推进方法

随着创业过程的开展,不同发展阶段资源利用特点不同、资源控制重点不同,创业者需要采用不同的资源推进方式、整合内外部资源以获得良好的创业绩效。创业成功的关键,就是看创业者是否能根据不同的创业过程和环节,有效地整合资源。

概括地讲,创业资源开发的推动方法可以归纳为寻找式资源整合、累积式资源整合、开拓式资源整合,这几种模式与创造性利用创业资源的方法可以交叉、相互转化。

1. 寻找式资源整合

对于初次创业者来说,其创业存在许多共性问题,比如管理经验不足,市场狭窄、创业资源匮乏。创业之初,创业所需资源主要依靠自身的努力来获取,但是仅仅依靠从自己的身边获取的创业资源很难维持企业的发展,要想使企业继续发展,那就不得不从外界寻找创业资源。

寻找式资源整合主要是结合自身创业团队的资源情况,分析资源储备存在的不足,提出整合外界资源的方案,积极地寻找和整合所能利用的创业资源。这就要求创业者具备较强的预见力和洞察力。较强的预见力可以让创业者准确地把握自己所在行业的发展热点和竞争焦点。洞察力是一种从不同类型的信息中获得知识的能力。创业者拥有较强的预见能力和洞察能力，才能在诸多的资源中获得对自己创业有所帮助的资源。

2. 累积式资源整合

进入创业过程的中期，新创企业得到了一定的发展，也积累了一些企业赖以生存发展的创业资源。这段时期，企业正处于发展关键期，创业资源需要不断累积和增加。这需创业者掌握累积式的资源整合方法。

为了使已获得的创业资源发挥其最大的效能，创业者必须在初创企业的发展过程中进一步了解创业资源的特征，以便更好地整合利用。也就是说为了有效利用已获得的创业资源，要对其进行分析、归类。只有对已有的资源进行准确的分析定位，才能在此基础上进行进一步的整合利用，才能发挥资源的最大效能，不断提高企业的核心竞争力。

3. 开拓式资源整合

企业取得初步发展之后，创业者要想使企业继续快速发展，就必须采用开拓式创业资源整合。

开拓式创业资源整合强调创新能力。创新是一个企业发展的动力和灵魂，没有创新的企业很难持续地成长和发展。开拓式创业资源整合要求创业者不断把创新式思维注入其中，从创新的视角寻找具有创新点的创业资源，特别是寻找企业新的增长点，在新的增长点上充分开拓和整合利用资源，这一点对创业基础较为薄弱的高校创业者来说尤为重要。

扫扫下方二维码，轻松学习在线开放课程《创新思维培养》(制造类)

思考：

以赵景明的服装项目为例，在整合创业资源上你有什么新奇的想法呢？

三、创业融资

问题导入：

一项调查显示，95％的在校大学生认为创业面临的最大难题是缺乏资金，90％有工作经验的 MBA 学生以及其他在职学习的学生则认为创业面临的最大难题是缺乏好的商业创意。为什么这两类人群的看法如此不同？上文中提到的李景明，已经决定成立一家规模较大的服装销售公司，而作为刚毕业大学生，资金的缺乏是必然的，那么我们该怎么解决这个问题呢？

创业者在创办企业时，需要启动资金进行前期建设，如购买设备和原料、租用办公场地、招聘工作人员等。在创业中期,为了进一步进行市场运作,创业者可能还面临着追加投资的需求,可以说在创业的过程中,时时刻刻都需要创业资金的参与,创业资金对于企业就像血液对于人体一样重要,那么如何获取创业资金呢?

通过对创业企业的分析观察,我们发现创业资金的获取方法可以分为以下几类。

(一)私人募资

私人募资最常见的方式有两种:一种是个人积蓄;一种是亲友资金。

1. 个人积蓄

个人积蓄是创业融资最根本的渠道,也是最常见、最可控的创业资金的获取方法。当然,并不是每个创业者都有足够的储蓄支撑自己创业,"先打工赚钱,再出来创业"是许多创业者的路径规划。对于年轻缺乏经验的创业者来说,通过打工积累原始资本,同时了解市场和行业特征,从而通过更多的途径和方法整合创业资源,不失为一个好的想法。

2. 亲友资金

对于新创企业来说,除了个人积蓄以外,向家人、朋友借钱,应该是很多创业者采取的方法,也是成功率最高,资金使用成本最低的一种获取创业资金的方式。但如果资金来自父母、亲戚、朋友,则他们往往有意愿干涉资金的使用,而且一旦创业失败,创业者往往有较强的负罪感。

为此,在向亲友融资时,创业者有必要用契约和法律形式来规范,保障各方利益,减少不必要的纠纷。如,明确资金性质,确立彼此的权利和义务,书面承诺借款的偿还时间和利率等。

(二)合伙经营

创业者可以用转让部分股权的方式从合伙人那里取得创业资金,创办合伙人企业。或通过公开或私募股权的方式,从更多的投资者那里获得创业资金,成立公司制企业。

将个人合伙人或个人股东纳入自己的创业团队,利用团队成员的个人积蓄是创业者最常见的筹资方式之一。合伙经营可以减轻创业出资的资金压力,降低个人的创业风险。但合伙经营也会面临自己无法掌控整个创业公司运营的危险,前期相关合作规则、利益分配规则不清晰,也常出现纠纷,导致创业失败。

(三)寻求投资

1. 加入孵化计划/赢取创业基金

创业者在获取创业资金的时候,不要忽视很多创业园区、大学创业孵化基地及政府相关机构提供的创业资金。很多孵化项目会为创业者提供免费的办公场所,甚至创业启动的初始资金来扶持创业项目。

2. 专业投资人

专业投资人包括各种天使投资、风险投资等。天使投资主要面向的是初创期和种子期的企业,投资资金数量都比较少,一般几万到几十万不等;风险投资一般投资较大,是创业企业已经运营了一段时间,市场发展前景比较明确时,投资人才会投资。

3. 众筹募资

众筹是近些年逐渐火起来的一个重要的融资渠道。创业者可以通过众筹平台,发布自己的创业项目,感兴趣的人可以支持创业资金,帮助创业者创业。对于提供创业资金的人,目前一般有三种回报方式。

一是创业项目成功后,通过创业产品的方式来回报;二是提供众筹的人,获得创业项目的部分股权,创业项目成功后,享有分红收益;三是无偿捐助。

随着互联网金融的兴起,越来越多的创业者通过众筹网站筹集资金,国内也有很多出色的众筹平台如天使汇、大家投、点名时间、追梦网等。

4. 其他渠道

典当贷款。典当贷款与银行贷款相似,但获取资金速度快于银行,费用则高于银行。对创业企业来说,不是首选,临时应对短期资金周转可以考虑。

(四) 银行贷款

银行贷款是获取创业资金比较传统的渠道,通过银行贷款获取创业资金流程规范是企业获取资金的重要渠道。主要的贷款方式有以下几点。

1. 抵押贷款

抵押贷款指借款人以其所拥有的财产作抵押作为获得银行贷款的担保。在抵押期间,借款人可以继续使用其用于抵押的财产。抵押贷款有以下几种:① 不动产抵押贷款:不动产抵押贷款是指创业者可将土地房屋等不动产作抵押获取贷款;② 动产抵押贷款。动产抵押贷款是指创业者可以用机器设备、股票、债券、定期存单等银行承认的有价证券,以及金银珠宝首饰等动产作抵押,获取贷款;③ 无形资产抵押贷款。无形资产抵押贷款是一种创新的抵押贷款形式,适用于拥有专利技术、专利产品的创业者,创业者可以用专利权、著作权等无形资产向银行作抵押或质押获取贷款。

2. 担保贷款

担保贷款指借款方向银行提供符合法定条件的第三方保证人作为还款保证的借款方式。当借款方不能履约还款时,银行有权按照约定要求保证人履行或承担清偿贷款连带责任。其中较适合创业者的担保贷款形式有:① 自然人担保贷款。自然人担保贷款是指经由自然人担保提供的贷款,可采取抵押、权利质押、抵押加保证三种方式;② 专业担保公司担保贷款。目前各地有许多由政府或民间组织的专业担保公司,可以为包括初创企业在内的中小企业提供融资担保,像北京中关村担保公司、首创担保公司等,其他省市也有很多此类性质的担保机构为中小企业提供融资担保服务。这些担保机构大多属于公共服务性非营利组织,创业者可以通过申请,由这些机构担保向银行借款。

3. 信用卡透支贷款

创业者可以采用两种方式取得信用卡透支贷款。一种方式是信用卡取现;另一种方式是透支消费。

信用卡取现是银行为持卡人提供的小额现金贷款,在创业者急需资金时可以帮助其解决临时的融资困难。创业者可以持信用卡通过银行柜台或是 ATM 提取现金灵活使用。透支取现的额度根据信用卡情况设定,不同银行的取现标准不同,最低的是不超过信用额度的 30%，最高的可以将信用额度的 100% 都取出来；另外，除取现手续费外（各银行取现手续费不一），境内外透支取现还须支付利息，不享受免息待遇。

创业者还可以利用信用卡进行透支消费，购置企业急需的财产物资。

4. 政府无偿贷款担保

根据国家及地方政府的有关规定，很多地方政府都为当地的创业人员提供无偿贷款担保。如上海、青岛、南昌、合肥等地的应届大学毕业生创业可享受无偿贷款担保的优惠政策，自主创业的大学生向银行申请开业贷款的担保额度最高可为 100 万元，并享受贷款贴息；湖南省各级财政安排一定的再就业资金，用于下岗失业人员小额贷款、担保、基金及贴息等四个方面；浙江省对持《再就业优惠证》的人员和城镇复员转业退役军人，从事个体经营自筹资金不足的，由政府提供小额担保贷款。

5. 中小企业间互助机构贷款

中小企业间的互助机构是指中小企业在向银行融通资金的过程中，根据合同约定，由依法设立的担保机构以保证的方式为债务人提供担保，在债务人不能依约履行债务时，由担保机构承担合同约定的偿还责任，从而保障银行债权实现的一种金融支持制度。信用担保可以为中小企业的创业和融资提供便利，分散金融机构的信贷风险，推进银企合作。

从 20 世纪 20 年代起，许多国家为支持中小企业发展，先后成立了为中小企业提供融资担保的信用机构。目前，全世界已有 48% 的国家和地区建立了中小企业信用担保体系。我国从 1999 年开始，已经形成了以中小企业信用担保为主体的担保业和多层次中小企业信用担保体系，各类担保机构资本金稳步增长。

6. 其他贷款

创业者可以灵活地将个人消费贷款用于创业，如因创业需要购置沿街商业房，可以用拟购置房子作抵押，向银行申请商用房贷款；若创业需要购置轿车、卡车、客车、微型车等，还可以办理汽车消费贷款。除此之外，可供创业者选择的银行贷款方式还有托管担保贷款、买方贷款、项目开发贷款、出口创汇贷款、票据贴现贷款等。

尽管银行贷款需要创业者提供相关的抵押、担保或保证，对于白手起家的创业者来说条件有些苛刻，但如果创业者能够提供银行规定的资料，能提供合适的抵押，得到贷款并不困难。

思考：

如果你是李思，你会用什么渠道来获得你的启动资金呢？

扫扫下方二维码，轻松学习在线开放课程《创新思维培养》(制造类)

训练与应用

案例一：

"无中生有"的天桥

在天津生活的人都知道国际商场。国际商场是天津市第一家上市公司,20世纪80年代初期开业,定位于引进国外最好的商品,让改革开放初期急于了解国外又无法出国的人了解国外,准确且新颖的定位使国际商场开业后很红火。国际商场邻南京路,这是一条十分繁忙的主干道,道路对面就是滨江道繁华的商业街。在国际商场刚开业时,门口并没有过街天桥,行人穿越南京路很不方便也不安全。应该修建天桥,这是很正常的事情,估计经过那里的人都会很自然地想到这一问题。但是,估计绝大多数有这样认识的人会觉得这个天桥应该由政府来修建,所以想想、发发牢骚也就过去了。

有一天,一位年轻人同样也产生了这样的想法,他没有认为这是政府该干的事情,而是立即找政府商量,提出自己出钱修建过街天桥,而且还不说是自己建的,希望政府批准,前提是在修建好的天桥上挂广告牌。不花钱还让老百姓高兴,再说天桥也不注明谁出资修建,政府觉得不错,就同意了。这个年轻人拿到政府的批文,从政府出来后立即找可口可乐这些著名的大公司,洽谈广告业务,在这么繁华的街道上立广告牌,当然是件好事情。就这样,这位年轻人从大公司那里拿到了广告的定金,用这笔钱修建了天桥还略有剩余。天桥修建好了,广告也挂上了,年轻人从大公司那里拿到余款,这就是他的第一桶金。

思考与讨论

1. 阅读故事后,对"创业资源"一词你有什么想法?
2. 谈谈看你见过的类似"无中生有"的案例。

案例二：

大疆：从无人机到无所不能

"我们的经历证明,初出茅庐的年轻人只要踏实做事,就能够取得成功。我们相信,那些回归常识、尊重奋斗的人,终将洞见时代机遇,并最终改变世界。"大疆创新(DJI)创始人、CEO汪滔介绍说,大疆用了10年时间从0到1,并站上行业之巅,开启全球飞行影像新时代,展现出改造世界的无限可能。

深圳市南山区的威新软件科技园,是一个并不起眼的科技园区。走进大疆创新的展厅,一系列型号的无人机如精灵Phantom系列、御Mavic Air、晓Spark、悟Inspire等有序摆开,令人仿佛置身未来空间。

2006年创业,12年弹指而过,大疆已经从起初的3人创业团队,发展到现在全球员工人数超过12 000人,客户遍布全球百余个国家和地区,在全球无人机市场份额中占比超过70%,成为绝对的王者。

对于取得成功的核心因素,大疆毫不讳言:技术创新和人才。

　　汪滔说，技术创新是大疆的发展命脉。以梦想为源动力，凭借精湛的技术力量和高端人才储备，大疆从商用自主飞行控制系统起步，填补国内外多项技术空白，之后又陆续推出了飞行控制系统、云台系统、多旋翼飞行器、小型多旋翼一体机等产品系列，皆已成功走向市场。大疆坚持创新和原创的理念，以与生俱来的超群创新能量带领产业革命，重新定义"中国制造"的内涵。

　　人才则是大疆发展的中枢力量。对于人才，大疆有着自己的定义标准——真知灼见。所谓真知灼见，主要就是看在做事情或者看问题时，能否做到不跟随、不跟风、不盲从，能否独立思考并透过现象看到问题的本质，并提出解决问题的办法。

　　"大疆就是个敢于说真话的孩子。这里由一群从不妥协、极富洞见、坚持梦想的人聚合而成。我们坚信实干而非投机，坚信梦想而非功利。"汪滔说。

　　让有真知灼见的人得到资源，在这一点上，大疆很是"任性"。

　　2012年，当汪滔在为如何解决"精灵"系列空中悬停、画面平稳以及360度无遮挡拍摄等问题而苦恼时，有一个叫陈逸奇的尚未毕业的大学生大胆地提出了解决方案。汪滔二话没说，让这位实习生成为一个上百人规模团队的领导，并提供了数千万元的研发资金。2年后，第一架具有360度全视角高清摄像功能的变形无人机问世。

　　为吸纳人才、培养人才，让人才顺利成长，大疆提供了扁平化的机制和平台。在这个平台上，研发资源的分配，需要每个人凭借自己的创意以及解决问题的能力去公平争取，研发预算不设上限。

　　2013年，大疆资助的大学生机器人比赛——RoboMasters开启，今年将举办第四届。仅前三届大赛，大疆就投入逾2亿元资金，并从中招收20位人才加盟。大疆创办这一赛事的初衷并不是为招揽人才，而是为人才提供施展才华、实现创意的一个空间。

　　据介绍，大疆现有1.2万名员工中，近一半是在做工程开发工作，其中从事研发的在3000人以上，公司每年的研发投入占比在15％左右。

　　正是因为将人才当作第一资源，大疆无人机系列产品的每一次迭代、每一次升级，几乎都是从0开始，技术架构方案完全不一样。比如大疆的精灵3和精灵3SE，两者虽然外观相似，但后者的架构完全推翻了前者。

　　扎根在创新创业浪潮下的深圳，大疆一直没有仅仅把自己定义在无人机领域，大疆的定位是一家科技公司。目前，大疆的模式在于，先把靠谱的人才聚在一起，然后看这些人想要做什么，再看这些人想做的技术能否互通，或者大疆已有的经验、模式能否将他们的想法实现得更牛一些。

　　由于在无人机领域的绝对领先位置，外界对大疆的认知存在一定程度上的固化，这也成为令公司困惑的一个难题。所以，大疆想要用新的产品来说话——自己不仅仅是一家无人机公司。

　　据悉，大疆要拓展的三大新方向包括：一是医疗影像AI市场，年市场规模在50亿美元以上；二是教育方面，"3岁＋科技"课程的年市场规模在100亿美元以上；三是新兴产业，包括围绕视觉、算法、影像处理、集成芯片技术为一体的人工智能及先进制造、机器人等相关市场。

以大疆官网招聘主页上显示的一家名为深研生物的公司为例,这是一家目前在开发针对生物技术研发乃至细胞治疗中可应用的自动化设备和医疗器械的公司,愿景是实现个体化癌症免疫治疗及相关的各项技术,实现高度自动化、精准质控、针对广泛癌症并显著提升治愈效果和病人生活质量的个体化癌症免疫治疗方案。

在"未来无所不能"的方向上,大疆不会抛弃制造业,从而造成空心化;大疆会软硬结合,坚定走好先进制造业的路。

思考与讨论

1. 阅读故事后,你如何理解大疆获得成功的原因?
2. 谈谈你了解到的与你专业相关的高新技术资源。

作 业

创业能力训练

企业创办之初,创业者需要合理规划和测算投资资金。投资资金包括创业企业开业之前的流动和非流动资金投入,以及开办费用所需要的资金投入,一般采取表格的形式,将投资资金的项目予以固化,是合理估算投资资金的有效方法,下表为投资资金估算常用的表格。

投资资金估算表					
统计时间:			统计人:		
序号	项目名称	数量	金额(元)	筹集方式	备注
1	房屋、建筑物				
2	设备				
3	办公家具				
4	办公用品				
5	创业者工资				
6	员工工资				
7	业务开拓费				
8	存货的购置				
9	广告费				
10	水电费				
11	电话和网络				
12	保险费				
13	设备维护费				
14	软件费				
15	…				

课堂思考与讨论

1. 分小组讨论，以一个实际案例为例，讨论一下投资资金估算表中需要罗列的项目名称。

2. 试着给你的新企业做投资资金估算。

3. 与相邻小组交流投资资金估算表，互相给对方提出不合理的项目和整改建议。

4. 各小组总结和反思。

拓展阅读

一个经典的资源整合故事

项目实施人：资源整合者

对象：农夫家的穷小子——没工作、没老婆

目标：让穷小子大富大贵——不是一般的富贵

借助的资源：美国财阀洛克菲洛，著名摩根士丹利银行总裁

成本：路费和口舌费

结果：穷小子成为洛克菲洛的女婿和摩根士丹利银行的副总裁，项目实施者得到300万美金；

步骤简介：

1. 资源整合者对农夫说：老哥，给你儿子介绍一门大好的婚事，找一个非同一般的工作，事成后给我100万如何？

农夫怒吼道：我家孩子好是好，但是你这也是开玩笑？ 不可能！

资源整合者：那如果女方是洛克菲勒的女儿呢？

农夫想了想说：那就没问题了。

2. 资源整合者找到洛克菲勒说：我给你女儿介绍一门婚事，事成之后给我100万，怎么样？洛克菲勒怒吼道：我女儿可不愁嫁，你还要100万！ 这不可能！

资源整合者：那如果男方是摩根士丹利银行的副总裁呢？

洛克菲勒想了想说：那倒是可以。

3. 资源整合者找到摩根士丹利银行总裁，说：我要你任命某某做贵行的副总裁，并且给我猎头费100万。

总裁怒吼道：滚！ 这不可能！

资源整合者：那如果这人是洛克菲勒的女婿呢？

总裁想了想说：这可以考虑。

4. 事情顺利发展，最后农夫的儿子当上了摩根士丹利的副总裁，娶到了洛克菲勒的女儿。洛克菲勒找到了一个在摩根士丹利当副总裁的女婿，摩根士丹利得到了一个身为洛克菲勒女婿的副总裁，实施者赚了300万。

弄虚作假的瑞幸咖啡是"民族之光"? 别逗了!

4月2日,在美股纳斯达克上市的瑞幸咖啡,陷入了公司成立以来最大的一场危机。当天,瑞幸咖啡公布了一项内部调查结论,调查显示:在该公司去年总计29亿元人民币的销售额中,有22亿元的销售额都是"伪造的"。

很快,这则令投资人目瞪口呆的消息,就在市场上引发了剧烈的震荡,瑞幸咖啡的股价当场暴跌,一天之内,其市值便蒸发了约75%。4月3日,中国证监会就此事做出官方表态,强烈谴责了瑞幸咖啡的财务造假行为,表示将按照国际证券监管合作的有关安排,依法对相关情况进行核查,坚决打击证券欺诈行为,切实保护投资者权益。显然,这家以超低价格、明星代言而广为人知的公司,将为其犯下的错误付出沉重的代价。

在财经专业人士眼中,这起事件的是非与损益十分清晰。规模如此庞大的"销售额注水",放在任何一个国家的证券市场,都是性质恶劣且无可辩驳的严重违规。这样的做法,不仅严重挫伤了瑞幸咖啡的商誉与信用,同时还极有可能为其招来市场监管机构的巨额罚单。倘若处理不当,这颗正处于上升期的"商业新星",很可能陷入事关存亡的危局。

然而,尽管事件发生之初,大多数人都试图以专业的视角理解这一情况,但是,一种令人大跌眼镜的谬论,却悄然在社交媒体中流行了起来。这种论调不仅对瑞幸咖啡弄虚作假的做法毫无批判,而且还将其高高捧起,表示瑞幸"一边骗美国投资人的钱,一边给国内消费者发优惠券",是"造福大众"的"民族之光"。

尽管从专业角度上看,这种荒谬的说法根本不值一驳,但在瑞幸咖啡的大力优惠和充满煽动性的网络言论"夹击"之下,不少网民都"着"了这一论调的"道",一时让荒唐的"民族之光"之说占据了不小的市场。

从结论上看,这种论调当然是错的。之所以有人误认为瑞幸咖啡是"民族之光",是因为他们把上市公司在资本市场上的所作所为,错误地理解成了如同盗匪一般"干一票就跑"的单次博弈。在这种视角之下,瑞幸咖啡作为一家由中国人创立、在中国运营的企业,骗到了美国投资者的钱,便成了一件"中国赚了,美国赔了"的好事。

然而,他们并没有意识到:资本市场从来都不是"单次博弈"的场地,上市公司也不能"干一票就跑"。对瑞幸咖啡而言,等待着它的将会是市场监管机构的调查与处罚、投资者的维权诉讼,以及现金流、融资渠道、信用评级等方面的一系列风险与挑战。

而比这更糟的是,瑞幸咖啡的所作所为,还很有可能在国际市场造成外国投资者对中国企业的歧视与偏见,从而让其他兢兢业业、诚实守信的中国企业无辜受累。事实上,绝大多数在海外上市或开展业务的中国企业,都是诚实守信、业绩扎实、商誉良好的。这些企业几十年来"走出去"的不懈努力,换来了国际市场对中国企业的信赖与认可。但是,一起恶劣的造假事件,便可能让这份来之不易的信任生出裂痕。

因此,瑞幸咖啡在这件事上,不仅不是"造福大众"的"民族之光",而且可能"害"了其他中国企业。国人应擦亮双眼,认清事实。其实,在企业界,我们早就拥有了不少真正的"民族之光"——可以说,每一家在海外积极开拓市场,遵纪守法,凭本事赚钱的中国企业,都是为中国经济贡献力量的"民族之光"。相比于个别用欺骗性的小伎俩谋取私利的企业,这些脚踏实地的企业,才更值得我们去关注与赞颂。

将瑞幸咖啡称作"民族之光",只是一个并不美丽的"误会",这不仅是对这个称号的抹黑,也是对那些更优秀的中国企业的侮辱。

(资料来源:华西都市报 A8 时评)

模块七　选择商业模式

【学习目标】

育人目标:树立个人创业的商业梦想;牢记个人创业的初心、使命和担当。

知识目标:较全面地了解和掌握商业模式的内涵、常见的商业模式类型。

能力目标:能使用商业画布来呈现、评估和优化商业模式;能为创业项目选择正确的商业模式,为客户和自身创造价值。

思政目标:激发学生为青春为梦想为社会为国家努力奋斗的精神;培养学生创业实现自我价值和服务社会相结合的职业精神。

【教学重难点】

重点:商业模式画布;常见的商业模式

难点:商业模式画布

困惑与迷思

在长沙读大学的李明和王莉几乎每周都要到长沙著名的网红奶茶店——茶颜悦色买奶茶,可是 2021 年五一节期间,他们相约到长沙市步行街去逛街,却意外发现虽然几十米就有一家茶颜悦色门店,但每家门店的销售都异常火爆,拿号、叫号、排队等候的人络绎不绝,原来是五一期间来长旅游的外地游客纷纷到店打卡,销售太过火爆,排队两小时都未必能买到。看着蜿蜒曲折的队伍,他们很迷惑:茶颜悦色到底做了什么成为茶饮界的"顶流"品牌呢?

知识引领

思维导图

```
                        选择商业模式

      ┌──────────────────┬──────────────────┐
  什么是商业模式      商业模式画布        常见的商业模式

  商业模式的概念        客分细分           长尾商业模式
  商业模式与企业战略    价值主张           多边平台商业模式
                        渠道通路           免费商业模式
                        客户关系           开放商业模式
                        关键业务
                        核心资源
                        重要合作
                        成本构成
                        收入来源
```

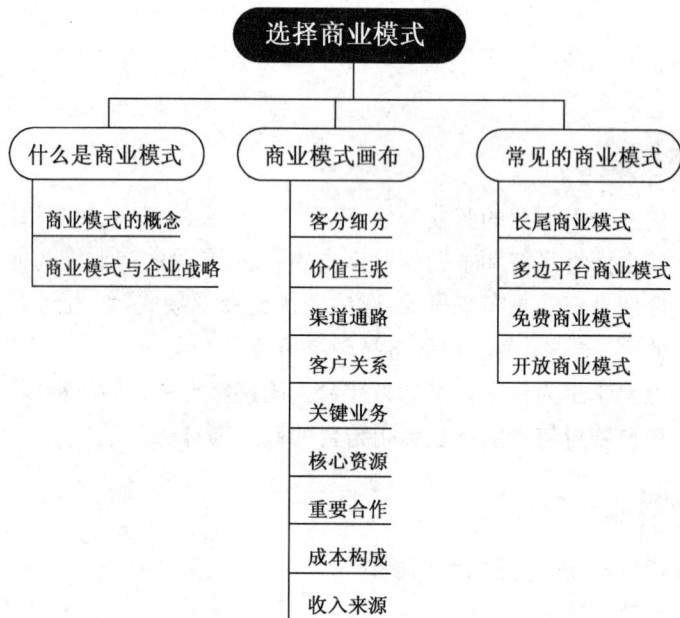

一、什么是商业模式

问题导入：

观看电视综艺节目是广大人民群众比较喜欢的娱乐方式，然而制作一期特色鲜明的综艺节目成本并不低，它是如何实现盈利的呢？

（一）商业模式的概念

尽管商业模式已经成为国内外企业界和学术界的关注热点，但迄今为止，学术界对商业模式的内涵本质并没有达成共识，其原因在于，学者们自身的研究方向、内容的侧重点不同，如从经营系统的角度来看，Paul Timmers(1998)年给出了商业模式是一个产品、服务和信息流三个要素组成的模型。从盈利模式看，商业模式可以概况为经济模式，如 Johnson(2008)认为商业模式是企业运用人力、科学技术、设备硬件、无形资产等重要资源创造并向客户传递价值的过程。从价值主张角度来研究商业模式是目前比较主流的研究方向，学术界和企业界普遍认为：不论商业模式有多少种组合，但都是以价值主张作为商业模式的核心要素。Chesbrough 和 Roselbloom(2002)从技术促进商业模式创新的角度，提出商业模式的六要素：细分市场、价值主张、价值传导、盈利潜力、成本结构以及竞争战略。

有数据表明，中国南方航空公司、中国国际航空公司等六家上市航空公司 2015 年的市值总和比不上阿里巴巴一家的市值，说明一个企业的成功是产品的成功，更是商业模式的成功。携程作为旅游行业的龙头企业,也是通过商业模式的持续创新不断达到新的高度。

因此,商业模式是一个企业为了满足消费者需求而构建的系统,即一个公司通过什么途径或方法来获得利润,本质上就是企业为客户创造并传递价值,使客户感受并享受到企业为其创造价值的系统逻辑。由此,商业模式描述了企业如何创造价值、传递价值和获取价值的基本原理。

(二)商业模式与企业战略

商业模式一般由四个部分组成:价值体现、价值创作、价值传递、企业盈利。

价值体现是指企业拟为客户创造并传递的价值。以李子柒个人品牌为例,李子柒的美食作品以其细腻如诗的风格、优美流畅的世外桃源般的风景与精致、观赏性极强的美味佳肴著称,通过视频向快节奏、高压下的现代人传递一种积极、阳光、昂扬、美感、向上的生活态度,深受大众喜爱。

价值创造是指企业构建的平台、资源和流程。李子柒早期的视频虽然创意有余,却质量一般,在拍摄内容上,取材"农村生活",话题来自俗语"四季更替,适食而食"。为了能更好地呈现作品,她请教视频制造达人;为了能更加正宗地制作食物,她花了一个月的实践前往兰州拜师学艺。随着点击量的不断突破,新浪微博总部等平台希望能与其深度合作,并成立四川子柒文化传播有限公司,拥有了专业团队和流量支持。

价值传递是指通过相关平台、渠道,将企业价值传递的过程。李子柒的视频通过微博等平台向大众宣传中国的传统文化,获得了海内外粉丝的高度关注,也获得了《人民日报》、新华社、共青团中央、中央电视台等主流媒体的评论和肯定,使其成为首个粉丝突破千万的中文创作者。专业团队和主流媒体的宣传,使得李子柒的商业价值传递所需的渠道平台、上下游链条变长,运营更精细。

企业盈利是指企业获得利润的方式。四川子柒文化传播有限公司主要收入来源有视频的广告分成,天猫店铺销售,多个企业联合推出包括食品、服装鞋帽、染料油脂、啤酒饮料、金融物管、餐饮住宿等多款产品的销售分成等。

企业战略是指确立企业的根本长期目标,并为实现目标而采取的必需行动序列和资源配置。从这个意义上来说,企业战略是导向,研究战略制定方法和形成过程,商业模式是动力,以终为始研究并制定战略措施的体系。

案例分析:

海尔集团的企业战略

海尔是众所周知的世界品牌,从 1984 年成立至今,已经走过了三十多个年头,从最开始的一家资不抵债、濒临倒闭的集体小厂,经过多年的创新创业已然成为全球白色家电第一制造商、中国最具价值品牌。海尔已经跃居成为大型跨国企业集团,在全球建立了 24 个工业园、十大研发中心、108 个制造中心、66 个营销中心,全球员工超过 6 万人,海尔集团的业务也不断拓展,从最开始的家电领域到现在的通信、IT 数码产品、家居、物流、金融、房地产、生物制药等领域,并与联想、阿里巴巴、中国国际航空等各行业领军企业共同入选海外市场最成功的中国品牌。

海尔集团将自身发展战略划分成5个阶段。第一阶段为名牌阶段（1984—1991），在这个阶段，因为中国社会对冰箱的需求旺盛，促使大量的冰箱项目匆忙上马，当时大多企业都是重产量轻质量。在这个阶段，张瑞敏集中解决强烈的社会需求与产品质量的主要矛盾，一方面引进德国先进制造技术，另一方面进行全面质量管理，著名的"砸冰箱"事件砸出来坚挺的产品质量。第二阶段是多元化战略阶段（1991—1998年），是海尔第二个重要发展战略阶段。在这个阶段主要矛盾转化为人民群众文化物质需求的不断增长与单一产品无法满足群众需求的矛盾。针对这一主要矛盾，海尔调整战略，进行多元化经营，主要聚焦为多品种、大规模、低成本。这个阶段，海尔兼并了18家企业，对员工绩效考核指标进行动态管理，完全引入竞争机制，促使企业快速成长。中国加入WTO后，海尔迎来了它第三个重要战略发展阶段，即国际化战略阶段（1998—2005年）。当时海尔面对国外众多家电巨头进入中国市场和国内企业低水平、低价格的恶性竞争双重压力，张瑞敏提出聚焦速度和创新的国际化阶段，主动进入发达国家市场，重新制定经营格局，发现并弥补与外国大型企业的差距，实现"三个零"为目标的流程再造，提高企业竞争力。随着科技的进步，家电行业竞争日趋激烈，产品供大于求的矛盾日益突出，海尔进入重要发展阶段，即全球战略阶段（2005—2012年）。张瑞敏认为信息的主动权应该由企业转向用户，来满足用户的个性化需求的品牌和服务，提出"人单合一"的海尔战略模式，这是海尔的第四个重要战略发展阶段，使海尔拥有了领先的创新速度和全球资源。海尔经历了三十多年的发展，企业惰性无可避免地产生了，为解决企业惰性与企业发展的问题，从2012年至今，海尔进入网络化战略发展的第五阶段。这个阶段的目的是将海尔从传统制造家电产品的企业转型为全社会孵化创客平台，加快推进互联网转型，通过员工创客化、企业平台化、用户个性化实现组织无边界、管理无领导、供应链无尺度的"三无"化去海尔模式。海尔通过这一系列的操作将一个传统意义的线性制造企业，发展为一个围绕智慧生活解决方案、支持万千创客创造价值的共创共赢平台。

思考：
1. 分析商业模式和企业战略的区别与联系。
2. 查阅资料分析麦当劳的商业模式和企业战略。

扫扫下方二维码，轻松学习在线开放课程《创新思维培养》（制造类）

二、商业模式画布

案例导入：

小雷毕业于某职业院校的汽车制造与维修专业，在一家4S店工作两年之后，回到家乡开办了一家属于自己的汽车修理厂。由于是第一次创业，经验不足，开办之初的前三个月，虽然每天工作很辛苦，但修理厂却总是不能盈利，有时候甚至出现亏损。他不知道问题出在哪里，非常着急，于是找到了学校的创业课老师请教，老师给了他一张商业画布，让他在这张画布上的9个格子将修理厂的真实运营情况填写清楚。小雷把这张表格填写完之后，很快就发现了问题所在，并立刻进行改进，他的修理厂终于实现了盈利。那么什么是商业模式画布呢？

Alexanderv Osterwalder 和 Yves Pigneur 在《商业模式新生代》一书中用商业画布来描述商业模式、可视化商业模式、评估商业模式以及改变商业模式。他提供了一个商业模式的框架，覆盖了商业的4个主要方面：客户、提供物（产品/服务）、基础设施和财务生存能力。商业画布共分为9个构造块，分别为客户细分、价值主张、渠道通路、客户关系、收入来源、核心资源、关键业务、成本结构、重要合作。

商业画布9个构造块

重要合作	关键业务	价值主张	客户关系	客户细分
	核心资源		渠道通路	
成本结构			收入来源	

（一）客户细分

客户构成了商业模式的核心，没有客户，企业就不可能长久存活，企业必须明白"我们正在为谁创造价值，谁是我们最重要的客户"。为此，企业必须将客户细分成不同的群体，商业画布中的客户细分板块是用来描绘一个企业想要接触和服务的不同人群或组织。为了更好地满足客户，企业可能把客户分成不同的细分区隔，每个细分区隔中的客户具有共同的需求、共同的行为和其他共同的属性。商业模式可以定义一个或者多个或大或小的客户细分群体。

典型的客户细分有以下几种：

1. 大众市场。在这个群组中，客户具有大致相同的需求和问题，如手机、电脑等消费类电子行业。这类产品是大家都需要的，而且他们通过这类产品所解决的问题大致一样。

2. 利基市场。有特殊需求的商品，如汽车的零部件厂需要依赖汽车生产工厂的采购，这些商品都是为了针对某一利基市场的特定需求定制。

3. 区隔化市场。如银行的理财客户会被分为稳健型客户、保本型客户、激进型客户，分别为他们提供不同的理财方案，虽然这些客户的需求有很多相似之处，但仍然有不同的需求和困扰。

4. 多元化市场。如淘宝通过云计算服务使其零售业务多样化，目前非常多的互联网企业都在采用这种形式吸引更多的用户群体。比如，亚马逊作为第三方卖家的重要平台，针对不同客户积极拓展了云业务、电商以及广告、健康医疗、智能助手等业务成为最被华尔街看好的公司。

5. 多边平台或多边市场。有些企业服务两个或者更多的相互依存的客户细分群体。比如，淘宝平台需要更多的商家入驻平台，同时还需要大量的用户使用这一平台，二者相互依赖。

（二）价值主张

价值主张是客户选择一家公司而非另一家公司的原因。要想获得用户的青睐，必须为用户创造价值，如解决了客户的困扰、满足客户的需求、给用户带来好的感受或体验等，这种价值的创造与传递通过公司提供的系列产品或服务来完成。若我们开发一个产品或者成立一个公司，应思考：我们该为客户创造什么样的价值？我们在帮助客户解决什么样的问题？我们满足客户哪些需求？我们能提供细分客户哪些产品或服务？为了提供对细分客户更具吸引力的产品和服务，企业的价值主张是多样化的。

1. 新颖。企业提供新颖的产品和服务能吸引消费者的青睐。很多短视频博主都用制作粗糙、品味粗俗的内容来博眼球，而李子柒的美食视频如一股清流，制作精良，让现代都市人通过观看视频感受中国式田园生活之恬静美好，蕴含着中国文化内涵，因此能在众多竞争者中脱颖而出。

2. 性能。企业提供性能卓越的产品和服务也是吸引消费者的重要方法。具有优秀性能的手机能在市场中更具竞争力。个人计算机不断推出新的机型一般也是基于性能的优化。

3. 定制化。定制化服务能满足个别客户或者客户细分群体的特定要求，以此来为用户创造价值。特斯拉曾推出消费者通过互动式数字显示屏设计他们自己的特斯拉跑车服务，掀起汽车购买和车主体验的革命。

4. 设计。好的产品设计会在同质化产品中脱颖而出。有一款蒜瓣碗，当它被挂在架子上时，犹如巨大的蒜头，当它被取下时，又仿佛成为一片片被剥下的蒜瓣，这种既有观赏性又具实用性的产品往往可以成为抢手货。

5. 品牌。企业的品牌是一个非常重要、独特的价值主张，用户在购买某种品牌时能获得某种体验，如身份认同、个性彰显、价值观传递等。如2021年河南暴雨，鸿星尔克在业绩不佳，甚至大幅亏损的情况下通过河南慈善总会、壹基金紧急捐赠5000万元物资，驰援灾区，这件事被广大网友得知后，国货品牌鸿星尔克立刻冲上热搜，一时间成为了"国货之光"。消费者在购买鸿星尔克时已经不仅仅是购买产品，同时是对有社会责任感的企业的一种肯定与支持。

6. 成本削减。帮助客户削减成本也是创造价值的重要方法，网络销售平台因为能有效地帮助客户削减各类成本而获得成功。拼多多通过与供应商、物流企业合作,通过薄利多销等方式降低了商品价格,节省了消费者的购物成本,因此获得了爆发式的增长。

7. 风险抑制。当客户购买产品和服务的时候,能帮助他们抑制风险也可以创造客户价值,如不少商家在推出"最低价"销售的时候,经常会承诺客户如有买贵的全额退款的服务。淘宝上的运费险就是帮助商家和客户降低购买到不合适产品时的运费风险。

8. 便利性。现代人越来越希望能用最简单的方式达到自己的目的,一站式服务、最后一公里、外卖服务等就是利用其便利性为用户创造价值。

(三)渠道通路

渠道通路是客户的接触点,可以帮助提升公司产品和服务在客户中的认知,帮助客户评估公司的价值主张,协助客户购买产品和服务,向客户传递价值主张,以及提供售后等,即我们可以通过哪些渠道去接触客户细分群体?哪些渠道是最有效的?哪些渠道成本效益最好?多种渠道如何有效地整合在一起?企业组织可以通过自有渠道和合作伙伴渠道来接触客户,如内部销售团队渠道或网站、分销批发、合作伙伴的网站等都是可以利用的渠道。以抖音短视频为例,抖音先通过造星系统捧红关键领袖(KOL),抖音的头部创作者主要由明星(33%)和网红(24%)构成,用户刷抖音是为了"围观"而非"创作",然后大量吸引粉丝围观或创作,培养粉丝群体,用"引起一定量级模仿的优质内容"等方式带动粉丝群体模仿优质原创内容进行创作,抖音月活用户 MAU 从一亿涨到 4 亿只用了 9 个月时间,用户需要集中在展现自我、打发时间、追逐热点的社会化娱乐需求。最后,通过流量主导和中心化运营方式变现,实现渠道整合。

(四)客户关系

客户关系是指公司与细分客户建立关系的类型。客户关系可以由如何获取客户、如何维系客户、如何提升销售额三个动机所驱动。常见的客户关系维系有以下几种方式:① 个人助理。每个客户有指定的个人服务人员,这种情况在重要客户中非常常见,客户经理多会与其保持密切的私人关系。② 社区服务。目前更多的公司会利用社区与客户建立更为深入的联系。一个小区就是一个社区,让客户在社区平台交流知识和经验,解决彼此的问题。③ 共同创作。许多公司超越了与客户之间的客户——供应商关系,而倾向于和客户共同创造价值。亚马逊书店就邀请顾客撰写书评,从而为其他图书爱好者提供价值。

(五)关键业务

任何商业模式都需要多种关键业务,这些业务是企业得以成功运营所必须实施的最重要的活动,是创造和提供价值、接触市场、维系客户关系并获得收入的基础。如电脑软件公司需要不断地进行软件开发来获得收入。关键业务可分为以下几类。

1. 制造产品。部分企业的关键业务是生产一定数量或满足一定质量的产品。如九阳生产豆浆机、格力生产空调、回力生产鞋子、比亚迪生产汽车等。我国为全球制造大国,目前,相对于美国、德国、英国等制造强国而言,由于缺乏核心技术,中国制造业还面临产业结构失衡、自主创新不足、科技成果转换渠道不畅等问题。

2. 问题解决。部分企业不制造具体的产品,其关键业务是为客户的问题提供新的解决方案,如律师事务所提供法律咨询服务,企业咨询公司提供管理咨询服务等。问题的解决需要知识管理和持续培训等,如家政公司需要对从业者进行各种培训,使其成为专业的家政工作人员。

3. 平台/网络。部分企业的核心业务是搭建平台,打造以平台为核心资源的商业模式。如阿里巴巴的核心业务是为买卖双方提供交易的平台。我国的电商总体交易规模已经接近 40 万亿人民币,且规模还在以较快的速度增长,这得益于淘宝、抖音、拼多多等电商平台的发展。

(六) 核心资源

核心资源是保证商业模式有效运转的最重要因素。核心资源可分为以下几类。

1. 实体资产。实体资产主要是不动产,主要为公司的厂房、机器、固定资产等。如蓝思科技在行业内率先建设自动化生产线,研究"机器换人",发展自动化技术,高精度的自动化设备不仅做事麻利,还能 24 小时无间断生产,在节约人力与时间成本的同时实现更高的效率与良率。医院率先引进了某些先进的医疗设备和器械,这类资源能增加医院的竞争力。

2. 知识资产。知识资产也是企业的核心资源,包括品牌、专利、版权等。如华为是全球最大的专利持有企业之一,截至 2020 年底,华为全球共持有有效授权专利超 10 万件,其中 90% 以上专利为发明专利。华为公司预计 2019—2021 三年的知识产权收入在 12~13 亿美金之间。

3. 人力资源。任何一家企业都需要人力资源,在某些知识密集型产业和创意产业中人力资源尤为重要。2019 年,华为发起"天才少年"计划,面向全球招募在数学、计算机、物理、材料、芯片、智能制造、化学等领域有特别建树,并有志成为技术领军人物的"天才少年"。

4. 金融资产。金融资产是指单位或个人所拥有的以价值形态存在的资产,是一切可以在有组织的金融市场上进行交易、具有现实价格和未来估价的金融工具的总称。金融资产最大的特征是能够在市场交易中为其所有者提供即期或远期的货币收入流量。

(七) 重要合作

重要合作是让商业模式有效运作所需的供应商与合作伙伴的网络。企业会基于很多原因打造合作关系。合作关系日益成为许多商业模式的基石,很多公司创建联盟来优化其商业模式、降低风险或获取资源。重要的合作关系有以下几种。

1. 非竞争者之间的战略同盟关系。2014 年,SAP 与中国电信合作成立中国数据中心,开拓中国市场,SAP 是全球的企业软件供应商,服务 15000 家以上中国企业,为各种行业、不同规模的企业提供全面的解决方案。

2. 竞合关系,是在竞争者之间的战略合作关系,是基于合作与竞争结合的经营战略。随着 B2C 销售模式的出现并快速发展,第三方支付市场迅速崛起,商业银行和第三方支付平台竞争不断加剧,商业银行为提升经营能力,必须与第三方支付平台合作,一边提高自身渠道功能,增强竞争实力,一边积极开展业务合作,实现互利共赢。

3. 为开发新业务而构建的合资关系。三九健康网与长城集团合作,将长城因特网电脑上的健康类上网热键设定为三九健康网,与润迅公司合作,开通全球首个双位数字域名的顶级邮箱39.net;与东芝公司合作,建立 B2B 模式的网上专营店,东芝的全线医疗器械产品将在 39 健康网上进行销售。

4. 为确保可靠供应的"购买方—供应商"关系。国内汽车市场销售量最高的上海大众汽车,它的核心供应商有 241 家之多,这些供应商固定为上海大众汽车的制造提供零配件。

(八) 成本构成

成本构成是运营一个商业模式所引发的所有成本。企业的成本一般分成生产成本、销售成本两块,生产成本包含制造费用、直接材料和直接人工,销售成本为销售该产品所发生的费用,含办公费用、工资及福利、折旧、差旅费、招待费等。创建价值和提供价值、维系客户关系以及产生收入都会引发成本。很明显,每个商业模式中成本都应该最小化,但有时公司只追求低成本会导致服务或品质的下降。因此,许多商业模式的成本结构会存在成本驱动和价值驱动两种形式。成本驱动的商业模式在于在每个地方都尽可能地降低成本。采用低价的价值主张、最大程度自动化和广泛外包,如西南航空、易捷航空就以成本驱动商业模式为主要特征。而有些公司不太关注商业模式设计对成本的影响,而更注重价值驱动,增值型的价值主张和高度个性化服务通常是这种类型。

抖音短视频商业模式画布

重要合作	关键业务	价值主张	客户关系	客户细分
粉丝 广告主 内容生产者	短视频 网络直播	记录大众生活 传递美好感受		明星 网红 普通互联网用户 (抖音粉丝)
	核心资源 互联网		渠道通路 平台	
成本结构 网络运营			收入来源 内容变现 流量变现 其他衍生变现	

(九) 收入来源

收入来源即公司如何获取现金收入。企业必须问自己,什么样的服务或产品能让顾客付费? 通常情况下会有以下几种收入方式。

1. 资产销售。客户购买公司的产品,公司获得相应的收入。这是最为人熟知的收入方式,如格力每售出一台空调,农夫山泉每售出一瓶矿泉水,韩都衣舍每售出一件衣服,都能获得相应的收入。

2. 使用付费。客户付费使用产品或服务,公司获得收入。客户使用的服务越多,付费越多,如电信运营商希望客户更多地使用通信和流量来获得收入,使用越多,收费越多。也有一些商家为了销售量,会采用使用越多,价格越低的销售模式来促进收入,如手机流量卡越大,平均费用反而越低。

3. 订阅收费。用户付费订阅产品,公司由此获得相应收入。得到APP、喜马拉雅APP、财新网等都采用订阅收费的模式。这种订阅收费跟使用付费模式相似,通常也会采用订阅时间越长,收费越低的形式来锁定客户,增加收入。

4. 租赁收费。租赁收费是指出让某个特定资产在固定时间内的暂时性、排他性使用权从而获得的收入,最常见的是租房服务、租车服务等。租赁收费中的承租方无需承担被租赁产品的全部费用,我们在租赁共享汽车时,只需要付租金,而无需承担汽车购买、维护、保险等费用。

5. 授权收费。授权方将受保护的知识产权授权给客户使用,换取费用。如专利技术的授权使用,商标的授权使用,媒体行业中的内容所有者保留版权,将使用权销售给第三方。

6. 广告收费。广告收费是经营广告业务的单位向广告刊户收取的报酬。广告收费是媒体行业和会展行业的主要收入来源之一,随着现代广告业和信息技术发展,电梯内被各种广告覆盖,这些广告都需要付费。

7. 经纪收费。经纪收费是为双方或多方之间的利益提供中介服务而收取的佣金,如房地产经纪人通过成功匹配卖家和买家来赚取佣金,信用卡提供商作为信用卡商户和顾客的中间商,在每笔交易中获得一定比例的佣金。

例:韩都衣舍的商业模式

山东韩都衣舍电商集团有限公司创立于2006年,创立之初主要依托电子商务平台进行服装销售,逐渐发展成为集设计、生产、销售于一体的综合性服装企业。韩都衣舍的客户细分群体主要为18—35岁都市时尚人群,它认为未来服装行业将是个性化的"小而美品牌"的全盛时代,单品牌会变得越来越小众,品牌数量也会越来越多。因此未来服装行业竞争将越来越激烈,导致中、小品牌的运营成本不断增加。同时,由于单个品牌服务比较单一,无法满足全案集成服务的需求。通过不断发展,韩都衣舍将自己定位为"品牌商"+"服务商",它的关键业务为一方面签约韩国的中、小品牌成为他们的代理商,另一方面则是为客户代购服装,成为以产品小组为核心的"单品全程运营体系"的服装行业管理平台或者服务平台。因此,当其他服装行业在为招采购、运营、销售等员工发愁的时候,韩都衣舍的员工都是"创业者",如产品小组的"三驾马车",分别为产品开放人员、页面制作人员、货品运营人员。作为一家互联网企业,核心资源为全链条数字化商业智能的能力,在这种服务模式的驱动下,韩都衣舍充分利用自身已经具有的集成运营能力,搭建基于各个行业的"二级生态",充分利用"一级生态"的基础数据资源,整合"二级生态"内部资源,大幅提高运营效率,实现"一级生态"+"二级生态"+"品牌集群"的电子商务新代的产业环境。不难看出,韩都衣舍的重要合作者就是小众服装品牌,体现了降低小众服装品牌销售的成本价值以及为时尚用户提供商品和购物体验的主要价值。因此,公司运营的最大成本来源于网络运营成本,如数字化商业智能的研发和运营。

韩都衣舍的商业模式画布

重要合作 小众品牌经销商	关键业务 创业品牌＋创业者	价值主张 降低小众服装品牌销售的成本价值 为时尚用户提供商品和购物体验	客户关系	客户细分 18—35 岁都市时尚人群
	核心资源 全链条数字化商业智能的能力		渠道通路 平台	
成本结构 网络运营			收入来源 服装销售	

课堂训练:

以小组为单位,以身边熟悉的企业为例,画出该企业的商业画布。

扫扫下方二维码,轻松学习在线开放课程《创新思维培养》(制造类)

三、常见的商业模式

案例导入:

北京字节跳动科技有限公司下属的抖音平台,2016 年 9 月上线,截至 2020 年 8 月,包括抖音火山版在内,抖音日活跃用户已经超过 6 亿,成为超级短视频平台,除了抓住了国家持续推动网络提速降费的红利,更得益于其独特的商业模式。

抖音商业模式画布

重要合作 内容生产者 企业 网红 MCN 公司	关键业务 APP 开发与运营 设计 留存用户数据	价值主张 记录美好生活 简单视频创作 视频特效 核心算法	客户关系 用户的视频分享 算法推荐	客户细分 手机用户 年轻用户 名人、网红、厂家
	核心资源 配乐 算法、用户		渠道通路 手机上的应用商店	
成本结构 服务器和数据维护 内容开发 广告营销			收入来源 广告 电商 星图平台	

> **思考**: 抖音与芒果 TV 的商业模式有何异同?

商业模式的类型多种多样,几乎没有哪两个公司的商业模式能完全一致,商业画布中的 9 个模块中任何一个的差异都会带来商业模式的不同。本书介绍四种常见的商业模式类型,分别是长尾商业模式、多边平台商业模式、免费商业模式、开放商业模式。

(一)长尾商业模式

长尾商业模式的典型特点是售卖的产品数量少,种类多,致力于提供相当多种类的小众产品。长尾商业模式要求库存成本低、平台大,这样才能保证小众商品能够及时被感兴趣的买家获得。亚马逊图书销售、淘宝等都是比较典型地运用了长尾商业模式的平台。如盲盒、异宠市场等客户较为小众,但类似的商品在淘宝平台上种类却非常多。

长尾商业模式画布——淘宝商业模式

重要合作	关键业务	价值主张	客户关系	客户细分
小众产品提供者 有用户创造的产品	开发维护以及小众产品的获得与生产	大范围的小众产品,这些产品可以与热销产品共存		大量小众客户 小众内容提供者
	核心资源 平台		渠道通路 互联网	
成本结构 平台管理和开发			收入来源 多种少量的销售,也可能是来自广告、产品销量或订阅费	

(二)多边平台商业模式

多边平台商业模式将两个或者更多独立但相互依存的客群链接在一起。平台通过促进不同群体间的互动而创造价值。一个多边平台的价值提升在于它所吸引的用户数量的增加。这种现象称之为网络效应。起点中文网的目标客户为文学网络爱好者,它提供的产品或服务主要是为文学爱好者和作者之间搭建一个平台,作者可以发布各种原创文学,读者则分享发布的文学作品。起点中文网就是将两个独立但是相互依存的客群链接在一起。

多边平台商业模式画布——起点中文网

重要合作	关键业务 平台管理 平台服务 平台升级	价值主张 吸引用户群体 将客户群体配对 通过平台提供交易渠道降低交易成本	客户关系	客户细分 有两个或者更多的客户细分群体
	核心资源 平台		渠道通路	
成本结构 平台管理和开发　　可能的商业补贴			收入来源 每个客群产生一个收益流,一个或多个群体可能享受免费服务,或者会享受来自另一个群体的收益所产生的折扣补贴。	

(三) 免费商业模式

免费商业模式有三种常见的形式。一是免费增收,中国第一款社交软件腾讯 QQ 就是一款免费的社交平台。其实 QQ 刚开始运营的时候,是通过优质账户号码付费来获取利润的,但是这种收入来源非常有限,无法帮助企业持续创造价值,于是公司开始借鉴其他国家的做法,推出多种虚拟个性化产品,如"衣服""帽子"等装扮,这些产品大多数为付费产品,但软件的使用是免费的。这种模式吸引了庞大的用户群体。而腾讯推出的微信支付,也成为人们生活中的一部分,腾讯公司通过免费业务吸引更多的用户,再将其一部分转化为付费用户,实现免费增收。二是免费广告多边平台,广告是免费产品或者服务上应用最广泛的收入来源。平台一边被设计成免费的内容、产品或服务来吸引客户,另一边通过销售广告位来收取企业的费用。腾讯视频 APP 上可以免费观看部分电影,用户看电影之前会看 2 分钟左右的广告,腾讯公司通过这些广告来获取利润。三是诱钓模式,指通过廉价的、有吸引力的甚至免费的初始产品或者服务,来促进相关产品或服务的未来重复购买的商业模式。这种商业模式起源于卖掉第一个可替换刀片的剃须刀架的方式,1904 年,金·吉利推出第一款可替换刀片的剃须刀,他用极低的价格销售剃须刀架,甚至作为其他产品的赠品来销售,一次创造一次性刀片的需求。这种方式在商界非常受欢迎,如惠普、爱普生等生产商通常以极低的价格销售打印机,然后通过墨盒销售产生良好的利润。

免费商业模式画布——可替换刀片的剃须刀

重要合作 制造商 零售商	关键业务 营销 研发 物流	价值主张 剃须刀架（免费或低价） 刀片（持续）	客户关系	客户细分 客户
	核心资源 平台		渠道通路 零售	
成本结构 营销、制造、物流、研发			收入来源 1×刀架购买 频繁更换刀片	

（四）开放商业模式

开放商业模式可以用于通过与外部伙伴系统性合作来创造和捕捉价值。这种模式将外部的创意引入公司内部，也可以将企业内部闲置的创意和资产提供给外部合作伙伴。这种模式的优势是可以取长补短，可以"由外而内"地由企业内部尝试来自外部的理念，也可以是"由内而外"向外部合作伙伴输出公司的理念和资产，如"加盟店"合作模式，中国台湾奶茶品牌一点点就是"由内而外"向外部合作伙伴输出公司的理念和资产的典型例子。一点点总部会帮助加盟商进行店铺选址和店面装修，会对加盟店进行合理的区域布局，防止一个区域有多个加盟商，会对加盟商进行奶茶独特制作技艺的培训，会不断开发和研制新品，让加盟商有更多的产品，赚取更多的利润，而总部通过加盟费获得收入。

由内而外的开放式商业画布——加盟店

重要合作	关键业务 将闲置资产提供给外部企业	价值主张 允许其他公司利用闲置的内部创意,企业可以轻松获得增加的额外收入来源	客户关系	客户细分 二级市场 获得使用权 创新用户
	核心资源 实用化知识、技术和智力资产		渠道通路 互联网平台	
成本结构 研发成本外部化			收入来源 销售剥离　许可费　副产品	

> **思考:** 京东物流和菜鸟物流都是物流行业的企业,通过绘制商业画布,分析两者的商业模式异同。

扫扫下方二维码,轻松学习在线开放课程《创新思维培养》(制造类)

解答与分享

通过上述内容的学习,你觉得茶颜悦色商业模式中最核心的点在哪里?

_____

_____

茶颜悦色和喜茶、益禾堂、一点点的商业模式中最大的不同点在哪里?

_____

_____

请试着从商业模式的角度来分析网红及其背后的商业价值。

_____

_____

训练与应用

案例一:

携程商业模式分析

　　无论你是爱出去旅游,还是爱宅在家里,相信大多数人都知道携程的大名。携程旅行网是中国一家大型旅游网站,1999 年 5 月由沈南鹏、梁建章和季琦创办。2003 年携程在美国纳斯达克上市;2015 年携程收购艺龙 37.6% 股份,并与去哪儿合并。到 2019 年携程已经走过二十载,它还能持续稳定的蓬勃发展,他独特的秘密武器就在其创新型的商业模式。

　　网站创立 5 个月,携程就赢得了来自 IDG 的第一笔风险投资,随之而来美国凯雷集团、日本软银、上海实业、美国兰花基金、老虎科技基金及香港晨兴集团等陆续加入对携程的投资行列。而 IDG 不断在携程的每轮融资中都继续跟进。2000 年 11 月,携程并购了当时国内最大的传统电话订房中心——现代运通,成为首家利用 800 免费电话进行酒店预订的公司,这在业内引起不小震动。并购的效应很快显现出来,一年之内,携程迅速发展了 2000 多家签约酒店,2001 年订房交易额达到 5 亿人民币,2002 年交易量再翻一番,成为国内最大的宾馆服务分销商。2002 年 4 月,携程再次出手,收购了北京最大的散客票务公司——海岸,建立起了全国统一的机票预订服务中心,并在主要城市组建了机票配送队伍。一年后,携程的机票业务增长了 6 倍。马不停蹄,携程又与首旅集团组建了新的子公司,建设经济型酒店连锁销售网络,2003 年又将华程西南旅行社收入旗下,正式进军自助游市场。至此,携程旅行网形成了"酒店预定、机票预定、旅游服务"三大主营业务的架构。2004 年 2 月,携程收购了上海翠明国际旅行社,更名为

"上海携程翠明国际旅行社有限公司",将业务拓展至海外。至此,携程已不只是一家网站,而是"高科技武装的旅行服务公司",是传统行业的整合者,实现了"让互联网和传统渠道形成无缝通路"的创业理想。

课堂思考与讨论:

1. 从携程的发展历程来看,你觉得什么是他成功的关键?

2. 你了解互联网企业的商业模式吗?请举例说明。

案例二:

美食博主李子柒的商业传奇

2021年2月2日,吉尼斯世界纪录发文宣布,李子柒以1410万的YouTube订阅量刷新了由其创下的"YouTube中文频道最多订阅量"的吉尼斯世界纪录。

2015年,李子柒开始拍摄美食短视频,2016年11月,凭借短视频《兰州牛肉面》获得广泛关注。2017年李子柒正式组建团队,并创立李子柒个人品牌;之后李子柒成为成都非遗推广大使、超级红人节最具人气博主奖、年度最具商业价值红人奖、《中国新闻周刊》"年度文化传播人物奖",并入选《中国妇女报》"2019十大女性人物"。美食博主李子柒是如何做到从不接广告,却年收入过亿的呢?

分析李子柒团队商业模式发现其收入来源的4大板块:一是打造电商个人品牌。2018年8月17日,李子柒同名的天猫旗舰店正式上线,蓄势待发的巨大粉丝流量,立刻就让网店的销量点爆。李子柒在后期的视频中,时不时会曝光自己个人品牌的产品,为自己的个人品牌做广告。到2020年,她的天猫旗舰店一共拥有超过500万的粉丝,销量最多的李子柒螺蛳粉月销量超过150万份,成为淘宝方便速食大赏的第一名;二是线下新零售门店。2019年11月,李子柒在北京前门步行街开了一家快闪实体店。开店不到1星期,营业额破千万;三是广告变现。目前李子柒拥有1170万粉丝,最高的视频观看量为6378万,平均观看量为1568万。根据平台分析数据,我们可以看到李子柒光是广告分成收入单月就可以达到65万美元到130万美元了;四是李子柒在国内的多个平台也有投入自己的影片,比如西瓜视频、B站上直播的收益。

课堂思考与讨论:

1. 请仔细研究李子柒的美食视频,说说你的观后感。

2. 如果你也想成为美食博主,可以从李子柒的成功案例中获得怎样的启示?

作 业

请设计小组创业项目的商业模式。

拓展阅读

百丽鞋业,中国零售市值之王

百丽鞋业是中国鞋业之王。在中国女鞋品牌当中,前十名中有四个属于百丽公司旗下品牌,即 Belle(百丽)、Teenmix(天美意)、Tata(他她)、Staccato(思加图)。公司代理的鞋类品牌 28 个,包括 Bata、ELLE、BCBG、Mephisto、Geox、Clarks、Merrell 等。百丽亦是中国体育用品最大零售商之一,代理运动服饰品牌产品包括:Nike、Adidas、LiNing;亦代理休闲牛仔名牌 Levis。

百丽鞋就是美人鞋。不仅女同志逃不出百丽,男同志很快也逃不出百丽了,因为百丽收购了中国著名的男鞋品牌江苏森达。百丽公司在百货商场进行控盘以后,顾客在商场里选来选去,最终选的都是百丽公司的产品。百丽公司鞋业的综合毛利达到62%。很多高科技企业家听说百丽的毛利率达到 62% 以后都非常吃惊,因为很多企业的毛利率是非常低的。

1. 百丽怎样实现突破?

为什么百丽公司能够实现这样的突破?源自它在零售终端实现了控盘。中国品牌女鞋的 71% 来自百货商场,而百丽通过四个自有品牌控制了百货商场这个零售终端。在每一个百货商场,不同品牌专柜的背后,很多都是百丽公司。很多的女性顾客讲:"我不喜欢百丽,我喜欢思加图。"其实选来选去,选的还是百丽公司的产品。百丽名字取自法语 Belle(美人),上市行动代号为"Cinderella"(灰姑娘),它借助资本的力量实现企业跨越的憧憬之情跃然而现。

2. 百丽商业模式的核心

百丽公司不是靠某个单一的产品获得利润,它靠的是商业模式,正如管理学大师彼得·德鲁克所讲的,21 世纪企业的竞争,不再是产品、价格与服务之间的竞争,而是商业模式之间的竞争。百丽就是非常经典地体现了这样一个价值观念。

3. 牢牢地控制终端

百丽的广告很少,不像奥康、红蜻蜓广告满天飞,但是这样的企业看似默默无闻,其实它却牢牢地控制了零售终端。有的公司打广告、抓生产,其实是在造坦克、大炮,而百丽公司在造核武器,造原子弹,它默默无闻,但是却牢牢地控制了终端。

很多百货商场的女鞋专柜,少则三分之一,多则三分之二,通常一半都是归属百丽公司的。它这样控制了终端,就牢牢地控制住客户,可以获得 62% 的毛利。

百丽公司的利润是传统卖鞋公司的 10 倍,它是可以持续发展 10 年的一个模式,因为它牢牢地控制了终端,这个终端不仅做鞋业的人拿不到,甚至做其他产品的公司也很难。比如保健品利润也很高,而且信用也很好,但要想进百货商场的一楼,对不起,没机会,因为百丽不会把这个位置让给你。

4. 做成"内房地产"企业

为什么风险投资看见连锁就很关注,风险投资就叫风投,即看见好项目就疯。能让风投疯的一种项目就是连锁。连锁业的本质就是房地产。当百丽把百货商场零售柜台牢牢占据之后,后来者就没机会了。不仅鞋业领域的后来者没机会,任何其他领域的后来者都没机会。当它有了房地产独特的稀缺性、控制力以后,它就有了定价权,所以它可以获得 62% 的毛利率,而且它可以 10 年甚至长期控制这个平台。

中国的房地产公司看着赚了钱,其实赚的还不算大钱,因为房地产公司很难上资本市场去发展。为什么中国房地产公司很难上资本市场发展，因为中国的房地产公司的商业模式是简单而粗暴的，中国的房地产公司的模式就是拿地、盖楼、卖楼、结束，每个项目重新来过一遍，这样的模式在资本市场是不受欢迎的。反过来说，全世界超过40％的项目最终的利润来源恰恰又是房地产，或者说它的利润来源当中的一个核心的支撑点是来自于房地产。百丽就是典型的例子，它是个内房地产企业。麦当劳公司的利润来源主要也是房地产，这两个是相辅相成的。这就是我们在设计未来商业模式的时候要思考的地方。我们的商业模式里面有没有能够把房地产当作一个支撑点的要素，而连锁业的本质就是房地产，就是内房地产，所以它已经找到了这个支撑点，而我们其他的产业领域能不能也找到这样一个支撑点，这是百丽这个案例给我们的启发。

5. 通过资本运作扩大终端优势

百丽不仅通过牢牢地控制了百货商场这个终端，同时百丽也非常善于通过资本运作来扩大它终端的优势，所以百丽在融得了摩根·斯坦利和鼎辉基金的投资以后，2007年5月23号在香港上市，上市当天募集资金100亿人民币，股票的市值达到将近800亿人民币，当天国美的市值才360个亿，它因此被称之鞋业国美。百丽在上市以后，3.8亿收购了斐乐，6亿收购了妙丽，16亿收购了江苏森达，15亿收购了香港上市公司美丽宝，而美丽宝本身具有多品牌的鞋业的零售权，这就进一步扩充了百丽的零售连锁能力。所以这家公司依然还在快速地增长，虽然它已经是一个将近200亿的公司，这样的增长就源自百丽公司牢牢地控制了百货商场。

（资料来源：改自百度文库：商业模式的三大经典案例 https://wenku.baidu.com/view/03d16fad0812a21614791711cc7931b764ce7b19.html）

模块八　撰写创业计划

【学习目标】

育人目标:帮助学生合理规划时间,更好地安排大学期间的学习、生活,提升自信心和自我价值认同感。

知识目标:了解创业计划书包含的内容;理解创业计划书和项目路演的作用;掌握创业计划书的基本结构及撰写技巧。

能力目标:学会撰写创业计划书的方法;学会如何进行项目路演。

思政目标:激发学生细致认真的职业精神;培养学生动手操作的实践精神;在项目完成过程中培养学生的合作精神。

困惑与迷思

张小莎是一所本科层次高职院校的学生,她在学习生活的过程中,发现了一些问题……

她发现老师布置一个任务,有的学生会提前规划好,一步一步地完成。但她自己总是"临时抱佛脚",比如规定每个学生一个学期跑100公里,她前半个学期总是不太想参与,到了后半个学期发现时间紧迫,也忍不住牢骚,"任务太重啦!完不成!"她有时候也很努力和上进,在图书馆自习到很晚,回到寝室之后还开着小夜灯学到深夜,但是第二天上课却精神状态不佳,瞌睡连连。最后期末考试,成绩也总是不理想。另外,她还参与了很多社团,也参加了很多比赛,还去校外报了很多培训班,总是非常忙,但是每一项工作都是敷衍了事,最终什么都做了,却什么都没做好。

张小莎询问了相关的老师,老师说她欠缺的是规划能力,建议她在项目实践中提升自己。最近有同学邀请她参加一个创业项目团队,要做一个创业计划书,她想利用这个机会好好提升自己的规划能力。但她完全不知道创业计划书是什么、包含哪些内容、应当如何撰写,这些问题困扰着她。希望通过本模块的学习,张小莎能够厘清思路,学会撰写项目计划书。

知识引领

思维导图

```
                    撰写创业计划
        ┌───────────────┼───────────────┐
   创业计划书的内涵     创业计划书的撰写    创业计划演示
   创业计划书的主要内容   创业计划书的执行摘要  创业计划演示的作用
   创业计划书的作用      创业计划书的执行正文  创业计划演示的注意事项
   创业计划书的基本结构   创业计划书的撰写技巧
   创业计划书的撰写原则
```

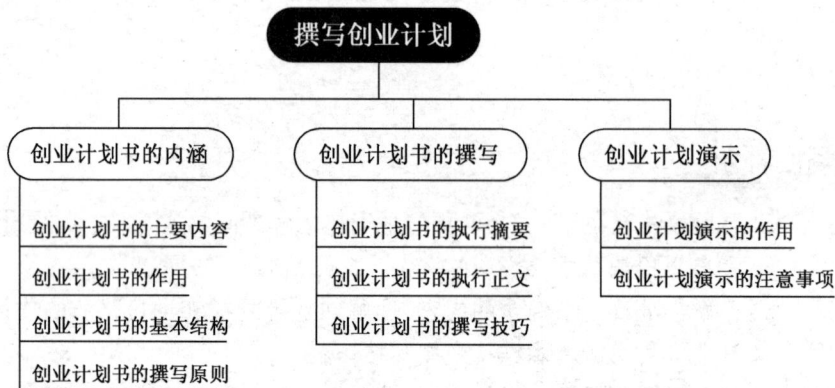

一、创业计划书的内涵

问题导入：

王文是一名临近毕业的大学生，他一直有创业的想法，也有一个很好的创业点子。但王文家庭比较贫困，他没有创业的初始资金，听人说可以找人投资，需要做一份创业计划书，但他之前从来没有接触过创业计划书，他心中有许多疑惑，什么是创业计划书呢？有什么作用呢？包含什么内容呢？

（一）创业计划书的主要内容

创业计划书又叫商业计划，是一个关于创业活动的纲领性文件，详细地描述企业的商业构想和发展计划。商业计划书主要回答以下八个问题。

1. 你是干啥的？（名字和副标题）
2. 为啥干这个？（痛点分析）
3. 怎样干才好？（商业模式）
4. 为啥只有你能干？（核心竞争力）
5. 你准备和谁干？（创业团队）
6. 现在干得怎么样？（项目进展）
7. 干好需要多少钱？（项目融资）
8. 你未来怎么干？（发展规划）

（二）创业计划书的作用

你去找投资人融资，对方如果被打动，就会问你，"把你的 BP 发一份给我好吗？"BP（Business Plan）也就是商业计划书。如果企业不需要融资，是不是就不需要写商业计划书呢？答案是否定的。一份详尽的创业计划有非常重大的意义与作用，本文将从三个维度来进行阐述。

1. 创业者角度

从创业者的角度来看,创业计划书可以帮助创业者理清思路。撰写了创业计划书,并不等于创业一定成功,有的成功的创业者早期也并未撰写创业计划书,但这并不代表这些创业者并未对创业活动进行计划,也不代表这些创业者没有认真思考企业"做什么"和"怎么做"的问题,而创业者撰写创业计划书的过程,就是对创业活动进行全面检视的过程。著名投资家克雷那(Eugene Kleiner)说:"如果你想踏踏实实地做一份工作的话,写一份创业计划,它能迫使你进行系统的思考。有些创意可能听起来很棒,但是当你把所有细节和数据写下来的时候,它自己就崩溃了。"如果你只是有一个模糊的创业想法,请不要急着欢呼雀跃,也许当你仔细研究调查并落实成书面文件时,就会发现这个点子漏洞百出,无法实施。"凡事预则立,不预则废。"因此,认真撰写商业计划书,不仅仅是为了融资,也是为了让创业者对创业活动进行系统、全面、深入的思考。创业者理清了思路,才能提高创业的成功概率。

2. 融资角度

从融资角度看,创业计划书可以帮助企业获得投资人的青睐。"知己知彼,百战百胜。"VC 即(Venture Capital),是商业计划书所要面对的最重要的对象之一,一份规范的创业计划书可以帮助投资者快速筛查、选择投资项目。没有制订商业计划融到资金的例子也有很多,但这种情况大都发生在投资人与创业者前期已经达成了较深的信任。例如,《今日头条》的创始人张一鸣获得海纳亚洲创投基金的董事总经理王琼的投资,只用了咖啡厅的一张餐巾纸,在纸上画线框图讲解了《今日头条》的大致构想,但不可忽视的是张一鸣在获得投资的 5 年前担任酷讯技术委员会主席时就已经得到了王琼的认可。虽然凭借私人交情顺利获得早期融资,但《今日头条》在发展过程中,用心做了一份26 页的商业计划书来讲述整体的商业构想和发展规划,才得到了俄罗斯投资公司 DST的垂青。"饿了么"CEO 张旭豪曾说:企业要发展,只有拥有更多的资金,才可以快速地占领更多的市场份额,特别是在互联网领域;而如果企业的成长速度不够快,或者你每天都在为钱的事情发愁,公司的发展定然无法达到预期,未来定会被市场所淘汰。

3. 团队角度

从团队的角度讲,创业计划书能起到重要的凝结作用。一份有吸引力的创业计划书,不仅可以融到"钱",还可以融到"人"。创业计划书通过阐述的企业的愿景及愿景实现的方法,可以吸引有志之士加入到团队中来。越是高层次的管理人才,越注重企业的愿景、价值。例如,乔布斯成功说服百事可乐的总裁约翰·斯卡利来苹果公司工作时,说"你是打算卖一辈子糖水,还是和我们一起改变世界?"创业计划书还能帮助团队人员了解组织目标,大多数情况下,一份商业计划书的完成,是一个团队协作的过程。讨论、制定、修改商业计划书的过程,也是团队成员分享组织目标的过程。即使未参与制作计划书的团队成员,通过对商业计划书的阅读,也能更理解公司的发展规划,这样,公司的团队成员能更好地凝结在统一的目标下,这有利于提高公司的效率。

(三) 创业计划书的基本结构

一份完整的创业计划书的基本结构如下。

1. 封面

封面应注意美观性，图案文字应该简洁大方，不应过于艳丽，给阅读者良好的第一印象。封面应明确创业项目的名称，如《××项目商业计划书》。如果企业已有徽标或商标，将其置于封面页正中间；封面下部应有一句话，提醒读者对计划书的内容保密。需要注意的是，封面上最重要的一项内容是计划书撰写者的联系方式，创业者应该让读者很容易地与自己进行联系。

2. 目录

目录包含商业计划书的每章节内容。目录是正文的索引。这里需要按照章节顺序逐一排列每章大标题、每节小标题以及章节对应的页码。目录可以自动生成，显示到二级或三级小标题为宜。

3. 概要

论文需要写"摘要"，商业计划书也需要写"概要"，概要帮助阅读者用最短的时间了解整个计划书的核心要点，概要不宜过长，通常1~2页为宜，很多读商业计划书的人经验丰富、工作繁忙，一份简洁明了的概要帮助阅读者用最短的时间了解整个项目构思并形成初步判断。概要要注意突出项目亮点，有的VC看完概要可能就会决定是否淘汰掉项目。

4. 正文

正文是创业计划书的主体部分，一般包含企业介绍、团队介绍、组织结构、产品介绍和业务范围、市场概貌、营销策略、销售计划、生产管理计划、财务计划、资金需求状况、可能需要的问题等。

5. 附录

附录中一般补充相关数据、表格、资料等。

整体来说，商业计划书不宜过长，一般不超过50页，在能清楚表述项目计划的基础上越短越好。

（四）创业计划书的撰写原则

在撰写创业计划书时，需要遵循的原则很多，本文着重从三个方面进行阐述。

1. 凸显优势

创业计划书最重要的作用是用来向VC融资，因此最重要的撰写原则就是要尽量突出自身优势。整个计划书关键要回答投资人"为什么要投资这个项目？""这个项目的价值是什么？解决了什么没有解决的问题？""为什么你们能将这个项目做成功？"因此，创业计划书必须凸显自身的优势，才能得到投资人的认可，尤其应当凸显投资家最注重的团队优势和市场机会，表明"非我不可"及"机不可失"。

2. 客观真实

在撰写创业计划书时，要尽量凸显优势，但是不可胡编乱造，必须确保计划书内容的客观真实。创业计划书包含了市场分析、竞争分析、收支计划等，这些都会涉及大量数据，切忌为了吸引投资而伪造数据，欺骗投资者。投资者一般都有丰富的经验，夸张离谱、脱离现实的数据不仅不能打动投资者，甚至丧失创业者最为宝贵的信誉。即使一时骗到了投资,但透支的商业信誉却一去不复返,对于创业者来说,数据造假是一种"鼠目寸光"的行为。例如,瑞幸咖啡数据造假,骗取投资,最终被处以巨额罚款,企业经历了生死危机。

除了资料数据应当客观真实外,计划书中涉及的估算也应符合实际,有数据支撑。例如,计划书中一般都会涉及收入的估算,若预算年营收 1000 万,则需要相应的论据来支撑该预测目标,回答投资人为什么预测是 1000 万,而不是 100 万。

3. 通俗易懂

创业计划书的另一个撰写原则是行文尽量通俗易懂。无论采用多么高精尖的技术,使用多么高大上的理论,最终创业项目的目的都是为了给顾客解决问题,创造价值。很多人撰写创业计划书,有一个认识上的误区,他们认为风险投资家都最看重技术,因此在创业计划书中花大量的篇幅来阐述技术运行的原理,导致非专业人士甚至无法读懂。而实际上,投资人的关键投资标准有两个,一是管理团队,二是市场机会。因此在撰写创业计划书时,不要写得过于晦涩难懂,应考虑受众的接受程度。

> **思考:**创业计划书是否是融资的必要条件?为什么?

扫扫下方二维码,轻松学习在线开放课程《创新思维培养》(制造类)

二、创业计划书的撰写

案例导入:

岳麓峰会嘉宾徐小平:史上最伟大的商业计划书

我的演讲主题是《史上最伟大的商业计划书》。这是昨天晚上找到的一个笑话,但我说的是一个真正的史上最伟大的商业计划书,来到湖南不得不缅怀创业的领袖。十九大之前,《人民日报》登了一篇文章,以这封信为由头,讲毛主席创立新中国,怎么艰辛,最后创下一个伟大的公司,年收入 80 多万亿。把新中国放在创业这里讲有意义,毫无疑问,革命前辈领袖是我们今天创业奋斗的动力、精神的源泉。新中国这个伟大的公司要追根溯源,它有没有一个最早的商业计划书、最早的蓝图?我为这个演讲做了一些研究,结果发现毛主席写过一封商业计划书,这可能是我为创投天使贡献之外,在文史方面、革命史研究的另一大贡献(笑)。

首先,创业计划书的要素是什么?大家肯定知道,我是谁,我学过什么,做过什么?创始人介绍、团队介绍,然后市场分析、公司愿景,我们到底要做什么?赚钱还是改变世界?是影响人类,还是什么?企业文化我打造什么样的?军事化管理还是温情化管理?我搞一个什么样的公司,做商业计划书。在毛主席年轻的时候,在长沙,大家仔细看(图),我一段段分析。

"独立寒秋,湘江北去,橘子洲头。"这是创始人介绍,我是湖南人,我在长沙。这真不是开玩笑,假如这个创始人是湖南人,联合创始人是四川人,只要有湖南人,湖南、福建、广东这一带就有个氛围,不知道为什么,我们特别喜欢,所以毛主席一下子抓住了重点。湖南怎么说的? 我说湖南人,然后这是什么?

这是市场分析,目标市场。"看万山红遍,层林尽染,漫江碧透,百舸争流。"百舸是小船,市场分散,我要整合它。然后鹰击长空……我要把市场整合。问苍茫大地,谁主沉浮? 我要做一个改变世界的东西。

这个很重要,联合创始人,有的人风华正茂,有的是书生意气,有的是挥斥方遒……所以他一下抓住了这个要素,互补,里面的每一个人有一个不同的角色。

底下,企业文化,没创业的时候一个小小的公司叫让天下没有难做的生意,今天的创业者我们要颠覆BAT,都是做到了,过去四五年许多公司真的在不断颠覆那些伟大的公司,"粪土当年万户侯",一定要有这个伟大的战略。

然后还有团队拓展,笼络感情,大家需要划划船,搞团建。

好,用真格基金投资标准看毛主席的创业书,我不是开玩笑,我觉得有很多值得学习的地方。我们在投资的时候,我把它总结为三个字,叫CTM。

C就是CEO创始人,我们的创始人要求他有个人魅力,有理想主义,有吸引力,有召唤力。你看毛主席写了《恰同学少年》,他有团队,展现了领导者的能力。T是team,毛主席的诗里面讲得清清楚楚。M是mode,商业模式。

这个诗里面没有提商业模式,到底要做什么没说。一般的人没说商业模式,我就把他赶走了,但毛主席没说,他创业是说要颠覆,解放全中国,是革命机密,当然不能说。但是我们从他"粪土当年万户侯,问苍茫大地,谁主沉浮。"创业者们什么最重要? 团队最重要,刘强东说一切的成败是团队的成败。雷军说蓄势最重要,到底什么重要? 蓄势、团队都重要,但是核心之核心还是CEO。我曾经讲过一句话,团队比模式更重要,有人反对,但大家想想,多少伟大的公司模式都是经过三番五次的转折最终找到了方向,只要一聊团队,团队需要一个伟大的CEO,所以中国革命一开始有伟大的团队,也有一群精英,直到遵义会议确定了毛主席CEO以后,中国革命才走向胜利。所以在整个创业要素的鄙视链里面,最重要的是创始人,你能不能找到一个很牛,力量强大的创始人,能不能组建一个伟大的团队? 有了这个团队然后做事,哪怕你是高科技、黑科技也面临着转型市场,也面临着种种挑战。

所以,一个强大的CEO、一个完整的团队是革命成功、创业成功最重要的要素。这个大势,我们许多公司在寒冬的时候坚守、不放弃,最终迎来了事业的腾飞,事是人创造的,而人就是创业者。你本人怎么衡量你的领导力、你的个人魅力,就看你能不能组建一个团队,设计一个伟大的目标,志存高远,改变社会。这是毛主席的词给我的启迪,它和真格基金在寻找创业者是精神上一致,从而拿来做演讲,我也找到了自己的精神依托。

我就讲这么多,希望能和湖南的创业者成为亲密的合作伙伴,最后也希望新一代的BAT能够诞生在湖南长沙,谢谢大家!

资料来源:2018 年 4 月 2 日,2018 互联网岳麓峰会在长沙梅溪湖国际文化艺术中心开幕,真格基金合伙人徐小平受邀参会并做了《史上最伟大的商业计划书》主题分享

课堂思考与讨论

1. 阅读材料,创业计划书应该包含哪些内容?

2. 结合材料思考,创业计划书的撰写应该注意什么?

(一) 创业计划书的执行摘要

如果将创业计划比作一部电影,那执行摘要就像是"电影预告片"。看完电影预告片会让观众决定是否前往购票观看电影,执行摘要的目的是为了吸引投资人进一步仔细阅读项目计划书正文内容并进行投资。因此执行概要应逐句逐字推敲,尽量包含最大的信息量,吸引投资人的目光。那如何吸引投资人的目光呢? 投资人最关心的问题有如下几个:

1. 企业提供的主要产品和服务是什么? 有什么价值?

2. 企业的顾客是谁? 市场情况如何? 竞争状况如何?

3. 企业的核心团队有何竞争力,为什么能成功?

4. 融资具体需求是怎样的? 如何进行投资? 投资多少额度? 占多少股权比例?

5. 如何退出投资? 有无退出机制?

因此,执行概要应尽量回答投资人的关切。另外,执行摘要在格式上也应尽量规范,章节顺序尽量与正文顺序一致。

(二) 创业计划书的执行正文

1. 企业简介

创业计划书的第一个要素是公司简介,公司简介无需过多阐述细节,一般包含企业简介、发展历程等公司简介应着重介绍公司的理念、目标及运营情况,帮助投资者快速了解公司的基本情况,增加信任度。例如,兴盛优选的简介如下:经过 6 年多的发展,兴盛优选依托供应链、680 万家社区便利店以及 1 亿个社区家庭消费者三方优势,构建了其独特的业务模式和物流配送模型,其业务已辐射湖南、湖北、江西、广东 4 省及 10 多个地(县)级市,月度 GMV 突破 8000 万元,正处于蓬勃发展的上升期。在阿拉丁公布的 2019 年小程序 Top100 榜单中,兴盛优选因"社区团购最大黑马,只做小程序实现年成交总额破百亿元",高居榜单第二位。2019 年 10 月,兴盛优选月成交额首次突破 10 亿元,领跑国内社区电商赛道,也成为湖南第一家估值超过 10 亿美元的独角兽企业。

2. 产品、服务

产品或服务是创业计划的重点内容,主要包含产品或服务的所有权、潜在的优势、能否快速进入并占领市场、产品或服务的有关细节,但主要应该强调产品与市场上已有产品的区别,例如,如果你的产品是手机配件,说清楚为什么顾客会选择你而不是选择别人,比如你的设计更有特色,质量更好,价格更有竞争力等。

3. 市场及竞争环境分析

市场分析是创业计划书的重点内容,这个部分是向投资者介绍公司所处的行业领

域,这部分内容必须建立在先期调查分析的基础上,一般应提供调查的数据和分析。市场环境即竞争状况分析,可以采用一些分析工具,如 PEST 分析法、波特五力模型、SWOT 分析法等。PEST 分析是指宏观环境的分析,P 是政治(politics),E 是经济(economy),S 是社会(society),T 是技术(technology)。在分析一个企业集团所处的背景的时候,通常是通过这四个因素来分析企业集团所面临的状况。波特五力模型是迈克尔·波特(Michael Porter)于 20 世纪 80 年代初提出。他认为行业中存在着决定竞争规模和程度的五种力量,这五种力量综合起来影响着产业的吸引力以及现有企业的竞争战略决策。五种力量分别为同行业内现有竞争者的竞争能力、潜在竞争者进入的能力、替代品的替代能力、供应商的讨价还价能力与购买者的议价能力。SWOT 分析,即基于内外部竞争环境和竞争条件下的态势分析,就是将与研究对象密切相关的各种主要内部优势、劣势和外部的机会和威胁等,通过调查列举出来,并依照矩阵形式排列,然后用系统分析的思想,把各种因素相互匹配起来加以分析,从中得出一系列相应的结论,而结论通常带有一定的决策性。运用这种方法,可以对研究对象所处的情景进行全面、系统、准确的研究,从而根据研究结果制定相应的发展战略、计划以及对策等。S(strength)是优势、W(weakness)是劣势、O(opportunitiy)是机会、T(threat)是威胁。

4. 创业团队及组织架构

创业团队是创业计划书中的核心内容之一。"宁愿投资一流的团队,二流的创意;不要投资一流的创意,二流的团队。"投资圈流行的这句话彰显的是投资人对于创业团队的重视,他们认为一流的团队能将二流的创意转化成一流的创业项目,而团队不行,光有好点子,也不过是纸上谈兵,容易失败。因此,在创业计划书中体现团队的竞争力,是成功获得融资的必要条件。具体来说,本部分应该包含以下信息。

(1) 高层管理团队经历。这部分内容是最重要的,投资人一般从高层团队的经历来判断团队是否能够驾驭这个项目。一般情况,需要在附录中附上高层管理团队成员的简历。

(2) 董事会成员背景。

(3) 核心顾问经历。核心顾问的能力也对初创公司成败起到重要作用。

(4) 人员发展规划。

(5) 人员组织架构及职位说明。

5. 营销及生产计划

营销及生产计划都不能凭空制定,都需要建立在市场调研和数据分析的基础上。营销过程是一个动态过程,营销计划会随着市场情况的变化而不断修改,营销是企业经营中极具挑战的内容。

在创业计划书中,营销策略包括以下内容。

(1) 市场机构和营销渠道的选择。

(2) 营销队伍和管理。

(3) 促销计划和广告策略

(4) 价格决策。

生产计划在创业计划书中也十分重要,与营销计划紧密联系、不可分割,应包括以下内容:

(1) 产品制造和技术设备现状。

(2) 新产品投产计划。

(3) 技术提升和设备更新的要求。

(4) 质量控制和质量改进计划。

6. 财务分析

商业计划的财务部分为投资者提供一份详细的规划蓝图。一份好的财务规划对评估企业所需的资金是十分关键的,它为投资者提供重要的参考依据。财务分析一般包含以下内容:

(1) 现金流量表。

(2) 利润表。

(3) 资产负债表。

如果财务分析准备不足,会给投资人留下企业管理人员缺乏经验的印象,降低企业获得资金的可能性。一位风险投资家一般会希望在 5 年内将其资金翻 6 倍,相当于每年的投资回报率(Reture On Investment,ROI)大约是 43.1%。因此,一份承诺投资回报率在 40%~50%的创业计划书对于风险投资家来说比较靠谱;如果是借款则需要有还本付息计划。

7. 风险分析

创业是一个风险极高的活动,因此,投资者希望看到创业者对企业可能存在的风险有清晰的认知,并在计划书里看到企业对此有所准备。"有备无患",创业者在撰写计划书里,不应回避企业可能存在的问题,但要着重阐述企业的应对机制。一般计划里会给出企业最好的情况和最坏的情况所对应的发展计划。

8. 退出策略

投资人将资金、资源投入到创业企业中,会认真衡量自身所面临的风险。因此投资人比较关心什么时候能收回成本,以及如果发展状况不尽如人意时的退出机制。合理的退出机制能帮助投资者发现"苗头不对"时"及时止损"。因此,为了更容易地获得融资,现在的创业计划书中一般都有设置投资人的退出机制。

(三) 创业计划书的撰写技巧

1. 形式方面

商业计划书的结构与形式并不固定,不同的行业不同的公司有较大的区别,但是创业者不能一味为了标新立异而选择浮夸的形式,还是应当遵循一定的方法,使计划更加专业。同样,创业者也不能机械套用模板,还是应当基于自身实际情况来进行编写。计划编制好后应进行检查,不要错误百出,给人不用心、不细致、粗心的形象。

2. 内容方面

在撰写创业计划书的时候,内容应当非常考究。首先,要善于获取信息,商业计划需要的信息与数据获取方式有很多,如市场调研、行业数据、专家咨询等。其次,内容要完整。一份好的商业计划要尽量要素兼备,不应遗漏任何要素。再次,项目计划书中最重要的内容是人的因素,也就是团队成员。最后,提高撰写水平最快捷的途径是阅读他人的创业计划书。什么样的商业计划书才能称为优秀的商业计划书?第一,用几句话清楚说明你发现目前市场中存在一个什么空白点,或者存在一个什么问题,以及这个问题有多严重,几句话就够了。投资人为什么要创办一个企业,一定是因为发现当下在市场里还有一个问题没有被解决或者别人解决得不够完美。很多人洋洋洒洒写了好几百页,再抄上一些报告。投资人天天看商业计划书,你不怕和别人抄重了吗?VC们都很聪明,并且对市场行情有足够的了解,不要向他们论证市场有多大,直截了当地告诉他们目前市场里到底存在什么问题。第二,你有什么?在发现问题之后你打算如何解决这一问题,优秀的投资人往往会站在客户的角度去思考问题,如果我是客户会不会选择你的产品,你解决的问题越具体,越实用,投资者越会觉得你的项目值得做一做。第三,你的产品将面对的用户群是哪些?一定要有一个用户群的划分。你的产品面向的是什么样的客户?是全国男女老少都用还是给学生用。创业之初不要好高骛远,"骐骥一跃,不能十步;驽马十驾,功在不舍"。最开始找一个哪怕很小众的用户群精准定位,让人感觉你比较务实,也不要过于夸大自己的实力。第四,说明你的竞争力。为什么这件事情只有你能做,别人做不了吗?如果别人也能做,你比别人强在哪里?如果这件事谁都可以做,投资人为什么要投资给你?BP上要凸显自己的核心竞争力,关键不在于你的项目是大还是小,而在于你能做得比别人好。第五,再论证一下这个市场有多大,你认为这个市场的未来是怎么样?创业者对自己所做的项目在未来市场有多大,可以做一个预估,让投资者知道企业准备进入一个多大的市场。第六,说明你将如何挣钱。如果真的不知道该如何挣钱,可以不说,你可以老实地说,现在我确实不知道这个该怎么挣钱,但是我这个产品中国一亿用户都会用,一亿人都会用的产品肯定有它的价值。不清楚如何挣钱没有关系,投资人比你更有经验,只要告诉他你的产品多有价值就可以了。第七,用简单的几句话告诉投资人,这个市场里有没有其他人在做,具体情况怎么样。创业者在撰写商业计划书时切记,不要说"我的想法前无古人后无来者"这样的话,投资人一听这种话就会对你产生怀疑。你的想法怎么就好到空前绝后了?要说实话、干实事,不要纸上谈兵,可以用具体的数据进行优劣分析。第八,突出自己的亮点。哪怕只在一点上你比别人干得特别好,那也是你独有的东西。是旁人没有的营销手段、推广模式,还是先进技术这个也是需要在商业计划书中表达的重点,可以花一到两页来谈一谈你的产品有什么独特之处,说明你的亮点在哪里。第九,倒数第二张纸做财务分析,可以简单一些。你准备大概从投资人这里拿多少钱,在未来一年打算用这些钱做什么事?给投资人列出几个关键点,修电脑、买盒饭这种鸡毛蒜皮的小事无须赘述。投资者通过这些事情可以看出创业者的思维能力。第十,最后,如果别人还愿意听下去,介绍一下自己的团队,团队成员的优秀之处,以及自己做过什么。无论是时下风行的移动互联网企业还是传统公司,简单而有效的商业计划书都非常具有渗透力。

> **思考:**创业计划书中的产品优势、团队优势如何凸显?

扫扫下方二维码,轻松学习在线开放课程《创新思维培养》(制造类)

三、创业计划演示

任务导入:

任务:观看3个路演视频,选出最优路演视频,谈谈路演过程的注意事项。

(一) 创业计划演示的作用

演示也被称为路演(Road Show),原指一切在马路上进行的演示活动。商业计划演示将"看"变成"看+说+听",能够更有效地传递信息,创业计划演示的过程是演示者和投资者进行交流的过程。商业计划演示一般是把静态的商业计划书内容制作成PPT等文档,通过演示者富有感情的讲解,便于投资者更准确地理解项目,尤其是技术难度较高的项目。如果仅仅是投资者阅读,可能会无法理解项目构思,正是因为商业计划演示可以在较短时间内传递信息,因此被广泛地使用,在各种创业比赛中,也成了必备的环节。例如,中央电视台的《创业英雄汇》节目就包含创业计划演示的过程,选手通过项目演示向评委展示自己的创业计划。

(二) 创业计划演示注意事项

一个好的创业计划如果没有做好路演,有可能就错失投资者的青睐。因此,创业团队必须认真、用心准备项目路演。项目路演要取得好的成效,有一些非常重要的注意事项,本文将从三个角度进行阐述。

1. 通俗

演示过程设计者一定要明白风险投资者几乎不可能都是演示项目所属领域的专家,某些专业问题说得过多对风险投资者来说基本等于嚼蜡。比如在对项目产品的介绍中,创业者希望从研究者的角度来讲解产品的研发机理、设计思维等,但是在短暂的演示过程中,风险投资者则更加关心产品的类型、功能和特点,以及如何解决消费者的"痛点"问题。

2. 利益

演示过程设计者要多考虑风险投资者的利益和风险,所阐述的每个观点和主题必须连接风险投资者的利益,否则演示者说的就都是正确的废话。例如,许多创业者非常关心在融资过后如何形成生产力、扩大营销队伍等,但是很少有人去正面回答这些投入如何获取回报,能获取多少回报,而这正是风险投资者非常关心的问题。

3. 简洁

商业计划演示时间非常短暂,如果创业者不能快速简单地说清楚创业项目的商业思路,风险投资者会认为创业者还没完全吃透该创业项目,投资这个项目会非常危险。所以,要想获得风险投资者的青睐,商业计划演示必须删繁就简,惜字如金,让听者无须过多地思考,即听即懂。

> **思考:**如果你是项目路演的评委,你觉得优秀的项目路演应具备哪些要素?

扫扫下方二维码,轻松学习在线开放课程《创新思维培养》(制造类)

解答与分享

通过上述内容的学习,你觉得张小莎的问题应该如何解决?

_____

_____

你对自己的学习生活有明确的计划吗?如果没有,是什么原因导致的?

_____

_____

你制订创业计划书时遇到的最大的困难是什么?

_____

_____

通过本模块的学习你解决了困惑吗?

_____

_____

训练与应用

活动 1. 用创客 Map 撰写商业计划书

以小组为单位(5~7 人),构思一个创业项目,使用创客 Map 为其编写一份商业计划书/路演 PPT。

创客Map

活动 2. 商业计划路演

以小组为单位(5~7 人),根据项目一的商业计划书完成一个 8~15 分钟的商业计划路演。

活动3. 模拟投资人游戏

以小组为单位(5~7人),对其他组完成的商业计划书进行评价,并选定你们组投资的项目。

活动4. 案例分析

案例

瑞幸咖啡造假的覆车之鉴

近日,有媒体报道,当地时间11月16日,美国证券交易委员会(SEC)表示,针对造假指控,瑞幸咖啡同意支付1.8亿美元(约合11.75亿元人民币)达成和解。瑞幸咖啡也在官方声明中表示,公司已经和SEC就特定前高管和员工的伪造交易行为调查达成和解,"目前公司和门店运营稳定、经营正常"。

支付了巨额资金的"和解",让瑞幸咖啡暂时可以喘口气。但是,这次造假让国际社会对中国企业诚信的质疑如何消除?对中国企业在金融市场的不利影响要如何平复和挽回?有人指出,这次事件,重创了整个中概股的信誉,未来数年全球投资者在这里投资会更加小心。更有悲观者认为,届时国内会有很多创业公司因为拿不到下一轮投资而裁员甚至破产,由此引发新的裁员潮。资本市场一位专家的话颇具警示意味:瑞幸崩盘事件中最无辜、受损最严重的不是资本主义国家的投资者,而是无法维系的国内中小加盟商,无法收到货款的中国供应商,无法收回贷款的国内银行,无法领到工资的中国员工,以及在全球范围信誉受损的全体中国人。

"信誉破产,就是品牌企业的脑死亡。"有网民一针见血指出,造假,蒙得了一时,蒙不了一世,牟取一时的暴利,却会付出因丢掉诚信而遭遇市场长久疏离、无法立足的巨大代价。企业只有始终把诚信放在第一位,才能在残酷的市场竞争中站稳脚跟,行稳致远。

曾几何时,瑞幸靠"美好的故事"获得资金热捧,靠烧钱快速扩张,低价推产品迅速抢占市场份额,但吸引眼球的同时也埋下了巨大的隐患。作为在海外上市的公司,瑞幸应该知道,严格遵守相关市场的法律和规则是最起码的要求,真实准确完整地履行信息披露义务,不仅仅是对自己、对市场、对股东负责,也是对中国企业整体形象和声誉负责。

现在,错已铸,伤已留,瑞幸能否洗心革面,抚平给众多相关者造成的创伤,还有待观察。但愿这次事件可以作为有关企业诚信的反面教材,作覆车之鉴,不断警示后来者。

(资料来源:闫冬,《瑞幸咖啡造假的覆车之鉴》,中国质量报,2020-12-21,第C08版)

课堂思考与讨论

1. 阅读案例,思考瑞幸咖啡在融资过程中,违背了什么原则?

2. 结合现实,思考如果企业在撰写商业计划书时违背了该原则,可能带来什么后果?

作 业

创业计划书应包含哪些内容,应当如何撰写? 撰写创业计划的过程中应当注意什么?

拓展阅读

把商业计划书当作健身房的私人教练

年轻的企业家在首次创业时,最常问的一个问题是:"为什么我要写商业计划书?"毕竟,商业计划书写起来费时费劲,一写就是 50 页纸,至少要花一个月才能完成。对于大多数企业家来说,这可能是一件令人厌恶至极的苦差事。原本可以出去搞销售,却要在文字处理器前一坐就是几个小时,谁会愿意?

同样地,也有人认为,创业公司本身充满变数。待完成计划书之时,企业可能已经历了几次转向,这样,商业计划书就过时了,无法反映业务的实际状况。

餐巾纸上的创业

这些论据得到了一个广受欢迎、老生常谈硅谷民间传说的支持——许多非常成功的公司在创业之初把异想天开的想法快速记在沾了咖啡污迹的餐巾纸背面,由此发迹。对此支持者认为,如果这种做法适用于西南航空、康柏、惠普和苹果,那么它就应该适用于所有公司。

此外,关于商业计划书完成之后的去向,这里还有一个小秘密。你认为投资者会怎么处理每周所得到的计划书?我做天使投资者已经有十年了,我可以告诉你我把这些计划书存放在哪里。我把它们放在一个称为"圆形文件柜"里。这在宜家有售,叫作Knodd 垃圾桶。

没错,投资者一拿到你的商业计划书,他们往往会把关于你公司未来 3~5 年预期的附录 A 撕下来,接着把剩下的——你刚花了三个月才完成的计划书,直接丢进垃圾桶。

看都不看一眼。

哐啷一声。

再次重申,商业计划书写起来费时费劲。计划书完成的时候,它们可能已经不能反映公司的业务现状。餐巾纸式的计划似乎已取得了成功。而且,投资者也不会看这些计划。

鉴于以上所述,你是否应该撰写商业计划书呢?

直 觉

新加坡的一家创业公司 Investopresto(该公司为亚洲零售投资者提供纵向社交网络、投资申请程序和工具的支持)对此的回答是响亮的:"应该!"

但这是为什么呢?

"一切都是由直觉开始的,"CEO Ashwini Anand 说,"我说的不是某种与生俱来的神奇直觉。我所指的是只有通过努力工作成为专家的过程才能获得的直觉。"

在《局外人》(Outlier)一书中,作者马尔科姆·格拉德威尔(Malcolm Gladwell)也响应这一观点。格拉德威尔称,要在任何领域取得成功的关键在于 10 000 小时的练习。"我认为,成为某一市场的专家也是如此,"Anand 接着说。"创业者需要亲临战壕,在创业之初,这意味着学习、辩论、探索、扩张、发现,当然,还要把这些都记下来。"如此尽职地写计划书有两个作用。

首先,条理分明、深思熟虑、内容完整的商业计划书能向投资者证明,该创业者对企业有足够的重视,会下真功夫。它也能证明,"该创业者精通自己的业务。成功仰赖的是勤奋努力和独一无二且考虑周全的观点,而非纯属运气。如果我可以用连我母亲都看得懂的方式把它写下来,那么我就可以对自己证明,我很在行!"Anand 说。

例 外

尽管的确有些创业者从餐巾纸上的计划而建立了成功的企业,但有人中彩票这也是事实。不过,就像中彩票的人一样,在餐巾纸上做计划的企业迄今为止只是例外,寥寥无几。你可不想把投资者的钱或自己的时间、精力和激情用来抓阄碰运气和猜测。

相反的,你应该坐下来,在投资前把问题和困难彻底解决。遗憾的是,大多数创业者却因一些状况而失败了,这些状况其实是可以通过计划轻易避免的。"在做计划时,"Anand 接着说,"我们找出几个企业的核心问题,并通过潜在顾客所组成的焦点小组解决这些问题。假如我们单凭在喝咖啡时的臆想来向前发展,不与顾客交流,我们可能会进入完全错误的方向。现在,我感觉我对顾客的感受、欲求和期望都有了切身的了解。"但是,这里还有第二个原因,也许是我们必须经历商业计划之苦的更为重要的原因。具体而言,Anand 说:"一旦你做了这些研究,你将能够在现实生活中,变得更灵活并富有想象力,因为你对自己的公司和市场工作了如指掌。这样,你在现实生活的环境中就更有能力运转自如。"投资者知道你的经营模式处于还在进展中,并未固定。所有经营模式将改变,因为市场是活的,并且不断演变。这也是为什么投资者希望创业者能不辞艰难、肯花时间做商业计划来建立对市场和自己公司的直觉。

在事业中运转自如的唯一方法就是拥有良好的直觉,而这只有从深入的了解中才能获得。"所以,把商业计划书当作你在健身房的私人教练,"Anand 说,"尽管知道这是该做的,但是,没人愿意'再做 10 个仰卧起坐!'所以我们都需要某个人或者某个过程,来逼我们这么做。"

"因此,回到你那本空白的笔记本写上 10 页纸吧!"

(资料来源:Eric Tachibana,《把商业计划书当作健身房的私人教练》,第一财经日报,2013-03-15,第 C08 版)

模块九 新企业创办与管理

【学习目标】

育人目标:树立服务社会的意识;用创办企业的精神去管理好自己的人生。

知识目标:掌握不同企业组织形式的优劣势;理解企业的法律环境和责任;了解创办新企业的流程;理解初创企业的法律风险;掌握新企业的管理策略。

能力目标:能根据现实情况选择新企业的组织形式;识别初创企业的法律风险;认识到创办企业后可能遇到的风险类型及其应对策略。

思政目标:激发学生的社会责任感;增强学生奋发向上勇于挑战的精神;培养学生遵纪守法而又不乏创新的职业精神。

【教学重难点】

重点:企业的组织形式;企业的法律环境和责任;新企业的法律风险

难点:企业的法律环境和责任;新企业的管理

困惑与迷思

王红是一名电子商务专业大三学生,随着毕业越来越近,她仔细畅想了自己的未来:不想毕业后随波逐流去找工作,成为"打工一族",而是想去创业,实现自己的人生梦想。但又不知道具体该怎么做,从哪里起步。她知道创业需要资金、资源和机会。资金方面她家里条件不错,如果找父母和亲戚朋友借一些应该不成问题;资源方面,她自己是学电子商务专业的,大学这几年一直在一家外贸公司兼职做客服,对电子商务的操作流程有一定的基础和经验,并且因为兼职的机会她也了解到一些外贸公司的进货渠道和销售模式。至于机会,她觉得现在是数字经济时代,自媒体平台蓬勃发展,她在外贸公司兼职的经验让她觉得直播带货有很大的发展空间。她想尝试开一家卖服装的网店,然后用直播的方式引流吸粉,实现自己创业的梦想。

你是否对上述同学的故事很熟悉?在大学生中,有人很清楚地知道自己想要什么,有创业的冲动和想法,也有一定的经验,那么仅有这些就可以去创业了吗?企业有哪些组织形式?创办企业可能存在哪些风险?企业有哪些责任和义务?她不是特别清楚。希望通过本模块的学习,同学们能够厘清思路,理解创办企业需要了解的一般知识。如果自己要创业知道该如何行动。

知识引领

思维导图

```
                           新企业创办与管理
    ┌──────────┬──────────────┬──────────────┬──────────────┬──────────────┐
  企业的组织形式  企业的法律环境和责任  创办新企业流程   新企业的法律风险    新企业的管理

  个体工商户      企业的法律环境    新企业申请工商注册基本条件  组织形式风险   新企业管理的特殊性
  个人独资企业    企业的法律责任    新企业工商注册基本程序    注册资本风险   新企业的管理策略
  合伙企业                                             融资风险
  公司制企业                                           人力资源风险
                                                       产权风险
                                                       合同纠纷
```

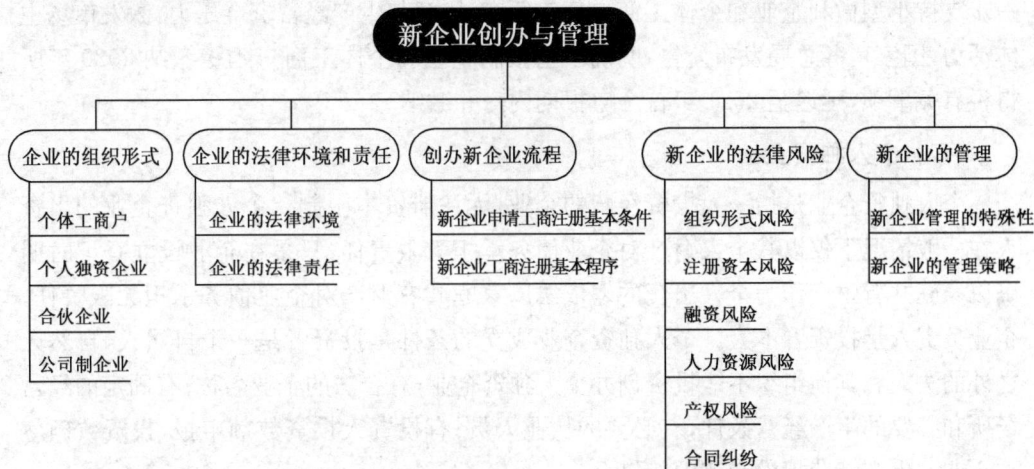

如果你要创业,如何给自己的企业选择一个合适的法律组织形式呢? 对一个初创企业来说,选择一个合适的企业法律组织形式非常重要。

一、企业的组织形式

问题导入:

李晓毅是一名刚刚毕业的大学生,想在自己家附近开一家奶茶店。他大学期间曾经在学校附近的奶茶店打工,对奶茶店的经营管理比较熟悉,并且父母愿意出钱出力支持他开店。开店之前工商注册登记是少不了,那么问题来了,他应该开办一家什么组织形式的企业呢?

新企业创立之前,创业者应考虑企业的组织形式。企业组织形式是指国家法律规定的企业存在形式,即企业在市场环境中存在的合法身份。根据我国法律规定,创业者创办小微企业可以选择的组织形式有:个体工商户、个人独资企业、合伙企业、公司制企业(有限责任公司和股份有限公司)。我国企业组织形式基本与国际接轨。不同企业组织形式,对创办企业会有不同的影响,这些影响包括:开办企业的成本、创办企业手续的难易程度、企业风险责任、筹集资金的难易程度、寻找合伙人的可能性、企业的决策程序、企业的利润分配等。

(一) 个体工商户

根据《中华人民共和国民法典》规定,自然人从事工商经营,经依法登记,为个体工商户。个体工商户业主是 1 个人或 1 个家庭,无注册资本限制。个体工商户的债务,个人经营的,以个人财产承担;家庭经营的,以家庭财产承担;无法区分的,以家庭财产承担。其经营所得属于私人所有,业主既是所有者,又是劳动者和管理者。个体工商户有纳税义务,应按照税务部门的规定正确建立账簿,准确进行核算并依法纳税。个体工商户的申请主体为:国内自然人、港澳地区的中国公民、海峡两岸农业合作试验区的台湾农民。港澳地区的中国公民是指港澳地区的居民并有中国国籍的那部分人,由于历史原因港澳居民没有中国国籍的不能申请个体工商户制企业。2020 年 5 月 29 日,为进一步支持小型微利企业和个体工商户复工复产,缓解其生产经营资金压力,激发市场主体活力,国家税务总局发布公告,明确小型微利企业和个体工商户延缓缴纳 2020 年所得税有关事项,延迟至 2021 年首个申报期内一并缴纳。

(二) 个人独资企业

个人独资企业是指一人投资经营的企业,无注册资本限制。个人独资企业的出资人在一般情况下仅以其个人财产对企业债务承担无限责任,只是在企业设立登记时明确以家庭共有财产作为个人出资的才依法以家庭共有财产对企业债务承担无限责任。企业负责人是投资者本人。个人独资企业成立的条件是投资者是一个自然人,自然人之外的法人和其他组织不能投资创办个人独资企业;有合法的企业名称;有固定的经营场所和必要的生产经营条件;有必要的从业人员;有投资人投资数额申报,投资数额应与企业的生产经营规模和范围相符合。

个体工商户与个人独资企业的区别与联系

		个体工商户	个人独资企业
相同点		建立与解散程序简单; 经营管理自由灵活,企业主可以根据个人的意志对企业进行经营管理; 业主对企业的债务负无限连带责任; 企业的规模受限,业主的工作精力和管理水平制约着企业的发展规模。	
区别	适用法律不同	《城乡个体工商户管理暂行条例》	《个人独资企业法》
	成立条件不同	无限制	具有合法的企业名称;不得使用"有限""有限责任"和"公司"字样;有固定的生产经营场所、生产经营条件及从业人员
	享有的权利不同	名称不可以转让;不可以设立分支机构;业主必须亲自进行企业事务的管理	名称可以转让;可以设立分支机构;可以委托他人进行企业事务的管理
	缴纳的税费不同	除依法纳税外,必须向工商管理机关缴纳一定比例的管理费	作为企业缴税无须缴纳管理费
	清算程序不同	歇业时无需清算,只须向原登记机关办理歇业手续	企业解散需进行清算

(三) 合伙企业

合伙企业是指由各合伙人订立合伙协议,共同出资,共同经营,共享收益,共担风险的营利性组织。也是指自然人、法人和其他组织依照《中华人民共和国合伙企业法》在中国境内设立的,由两个或两个以上的自然人通过订立合伙协议,共同出资经营、共负盈亏、共担风险的企业组织形式。合伙企业成立的条件是:有合伙协议;有两个以上的合伙人,必须有一个以上的普通合伙人(自然人);有各合伙人认缴或实际缴付的出资;有合伙企业的名称、生产经营场所和从事合伙经营的相关条件。合伙企业分为普通合伙企业(GP)和有限合伙企业(LP)。

1. 普通合伙企业(GP)

由 2 个以上普通合伙人组成,无资本限制,按照合伙协议的约定或经全体合伙人决定,可以委托一个或数个合伙人对外代表企业,执行合伙事务。合伙企业的利润分配、亏损分摊,按照合伙协议的约定办理。合伙企业不能清偿到期债务的,合伙人承担无限连带责任。

2. 有限合伙企业(LP)

由 2 个以上 5 个以下的合伙人组成,其中至少有 1 个普通合伙人。由普通合伙人执行合伙事务。有限合伙人不能执行合伙事务,不能代表合伙企业。普通合伙人对合伙企业承担无限连带责任,有限合伙人以其认缴的出资额为限对合伙企业承担责任。有限合伙人不得以劳务出资,国有企业、上市公司、公益性事业单位和社会团体因为本身的企业限制不能对一个企业的债务承担无限连带责任,因此不能做企业的普通合伙人。

普通合伙企业与有限合伙企业的区别

	普通合伙企业	有限合伙企业
承担责任	无限连带责任	有限责任
出资形式	货币、实物、知识产权、土地使用权、劳务等	不得以劳务出资
合伙人限制	对国有企业、上市公司、公益性事业单位和社会团体无限制	有限制

(四) 公司制企业

公司制企业是现代社会中最主要的企业组织形式,所有权与经营权分离是公司制的重要产权基础。按照公司法的规定,公司制企业是以盈利为目的,由股东出资形成,拥有独立的财产,享有法人财产权,独立从事生产经营活动,依法享有民事权利承担民事责任,并以其全部资产对公司的债务承担责任的企业法人。公司制企业分为有限责任公司和股份有限公司。

1. 有限责任公司

有限责任公司根据股东的多少又可以分为多人有限责任公司和一人有限责任公司。

(1) 多人有限责任公司

股东在 50 人以下,没有最低注册资本限制,注册资本由过去的实缴改为认缴,认缴金额及认缴方式由股东在公司章程中约定。股东出资达到认缴额度,共同制定公司章程。成立的条件是有公司名称、公司章程、符合要求的组织结构、有固定的生产经营场所和必要的生产经营条件。公司设立股东会、董事会(执行董事)和监事(会),由董事会聘请职业经理人管理公司义务。

（2）一人有限责任公司

一人有限责任公司是公司中比较特殊的一种，股东只有一个，可以是自然人也可以是法人。但《公司法》有规定，一个自然人只能投资设立一个一人有限责任公司，注册资本不低于 10 万元，该一人有限责任公司不能投资设立新的一人有限责任公司；在营业执照中应注明是自然人独资或法人独资；股东不能证明公司财产独立于股东自己的财产的，应当对公司债务承担连带责任。不设股东会，应当在每一会计年度终了时，编制财务会计报告，并经会计师事务所审计。一人有限责任公司可设 1 名执行董事，履行董事会职能责任。

2. 股份有限公司

股份有限公司是指由一定人数以上的股东组成，其全部资本为等额股份，股东以其认购的股份为限对公司承担责任的企业法人。公司股份可以自由转让，但不能退股。设立股份有限公司，应当有两人以上二百人以下的发起人，发起人可以是自然人，也可以是法人，但发起人中须有过半数的人在中国境内有住所。股份有限公司设立阶段的股票发行分为发起设立发行和募集设立发行两种：设立发行即所有股份都由发起人认购，不向社会公开招募；募集发行即发起人只认购股份的一部分（不少于总数的 35%），其余部分向社会公开招募。

各类企业优势与劣势表

企业类型＼优劣势	优势	劣势
个体工商户	设立手续非常简单，费用低；所有者拥有企业控制权；可以迅速对市场变化做出反应；易于在技术等方面进行保密	创业者承担无限责任；过多依赖创业者个人能力；筹资困难；创业者投资的流动性低
合伙企业	设立手续比较简单，费用低；经营比较灵活；企业拥有更多人的技术和能力；资金来源较广，信用度较高	企业绩效依赖合伙人的能力；企业规模受限；企业往往因关键合伙人的退出而解散；合伙人的投资的流动性低，产权转让困难
有限责任公司	创业股东只承担有限责任，风险小；公司具有独立寿命，易于存续；可以吸纳多个投资人，促进资本集中；多元化产权结构有利于科学决策	创立的程序比较复杂，创立费用较高；税收负担较重，存在双重纳税的问题；不能公开发行股票，筹集规模有限；产权不能充分流动，资产运作受限
股份有限公司	创业股东只承担有限责任，风险小；筹资能力强；公司具有独立寿命，易于存续；聘请职业经理人进行管理，管理水平较高；产权可以股票形式充分流动；可以上市，发展空间更大	创立的程序复杂，创立费用高；税收负担较重，存在双重纳税的问题；股份有限公司要定期报告公司的财务状况；政府限制较多，法规要求严格

思考:下列创业企业分别属于哪种组织形式? 为什么?

刘备草鞋店

凤姐大观园

西天取经队

梁山好汉帮

扫扫下方二维码,轻松学习在线开放课程《创新思维培养》(制造类)

二、企业的法律环境和责任

案例导入:

中国奶制品污染事件

2008 年中国奶制品污染事件(或称 2008 年中国奶粉污染事故、2008 年中国毒奶制品事故、2008 年中国毒奶粉事故)是中国的一起食品安全事故。事故起因是很多食用三鹿集团生产的奶粉的婴儿被发现患有肾结石,随后在其奶粉中被发现化工原料三聚氰胺。根据公布数字,截至 2008 年 9 月 21 日,因使用婴幼儿奶粉而接受门诊治疗咨询且已康复的婴幼儿累计 39,965 人。事件引起各国的高度关注和对乳制品安全的担忧。中国国家质检总局公布对国内的乳制品厂家生产的婴幼儿奶粉的三聚氰胺检验报告后,事件迅速恶化,包括伊利、蒙牛、光明、圣元及雅士利在内的多个厂家的奶粉都检出三聚氰胺。该事件亦重创中国制造商品信誉,多个国家禁止了中国乳制品进口。9 月 24 日,中国国家质检总局表示,牛奶事件已得到控制,9 月 14 日以后新生产的酸乳、巴氏杀菌乳、灭菌乳等主要品种的液态奶样本的三聚氰胺抽样检测中均未检出三聚氰胺。2010 年 9 月,中国多地政府下达最后通牒:若在 2010 年 9 月 30 日前上缴 2008 年的问题奶粉,不处罚。2011年,中国中央电视台《每周质量报告》调查发现,仍有 7 成中国民众不敢买国产奶。

(资料来源:百度词条)

思考:企业经营中会面临哪些法律问题? 企业有哪些法律责任? 你觉得企业盈利重要还是社会责任更重要?

(一) 企业的法律环境

国家法律法规是规范公民和企业经济行为的准则,具有权威性、强制性、公平性。国家法律法规既约束着公民和企业的行为,同时又保护着公民和企业的行为。在开办和经营企业的过程中,我们要自觉树立"学法、知法、懂法、守法、用法"的理念,保证自己的企业合法、有序地经营。

我国制定的法律很多,不用每一条都掌握,但与创办企业直接相关的法律和关键内容要了解。

1. 创办企业相关的法律有《企业法》《公司法》《个人独资企业法》《合伙企业法》《个体工商户条例》《中外合作经营企业法》《中外合资经营企业法》《乡镇企业法》等。

2. 与财产相关的法律有《民法通则》,如个体工商户,农村承包经营户,个人合伙,企业法人,联营,代理,财产所有权和与财产所有权有关的财产权、债权、知识产权、民事责任等。

3. 有关企业间或企业与消费者关系的法律有《合同法》,包括合同的订立、终止、履行、变更、转让、违约责任等。具体合同主要包括买卖合同、赠予合同、借款合同、租赁合同、运输合同、技术合同、建设承包合同等。

4. 关于员工权利的法律主要是《劳动法》,如工作时间、休息休假、工资、劳动安全、特殊保护、职业培训、社会保险和福利、劳动争议、监督检查等。

训练:请用头脑风暴法说出你了解的相关法律。

(二) 企业的法律责任

1. 对政府的责任——依法纳税

税收是国家的经济命脉,同时国家的建设为企业发展提供保障条件,国税法规定依法纳税是公民和企业应尽的义务和责任。与企业有关的主要税种有:增值税、企业所得税、个人所得税、城市维护建设税、教育费附加等。

社会经济活动是一个连续循环的过程,从"生产"到"流通"到"分配"再到"消费",每个环节都有税收。国家对生产流通环节征收的税种称为流转税,它是以销售收入为对象征收的一种税(又叫间接税),如增值税等;对分配环节征收的税种称为所得税,它是以企业生产经营所得和个人收益为对象征收的税(又叫直接税),如企业所得税、个人所得税。此外,还有以流转税为基础征收的附加税费,如城市建设税、教育费附加等。

(1) 增值税税率及征收率

企业应该在纳税义务发生时,及时缴纳增值税。根据纳税人的经营范围以及会计核算的范围不同,增值税纳税人可以分为小规模纳税人和一般纳税人。所谓小规模纳税人,其是指年销售额在规定标准以下,并且会计核算不健全,不能按规定报送有关税务资料的增值税纳税人。而一般纳税人则是指财务制度健全,年销售量达到一定的比例,如贸易类企业年销售量达 80 万元,服务类企业年销售量达 500 万元。小规模纳税人和一般纳税人所使用的发票也存在着差别。小规模纳税人销售只能使用普通发票,不能开具增值税专用发票,如若遇到对方要求开具增值税专用发票的情况,需到税务局代开 3% 的增值税专用发票。而一般纳税人既可以开具普通发票,也可以开具增值税专用发票,并且一般纳税人所取得的增值税专用发票可以用于抵扣进项税额。增值税税率有 17%、13%、11%、9%、6% 和零税率五种,适用于一般纳税人。

增值税的增收率适用于小规模纳税人和小规模纳税人按简易方法计税的特定项目,统一按 3% 征收。《国家税务总局关于小规模纳税人免征增值税政策有关征管问题的公告》(2019 年第 4 号)第一条明确,小规模纳税人发生增值税应税销售行为,合计月销售额未超过 10 万元(以 1 个季度为 1 个纳税期的,季度销售额未超过 30 万元)的,免征增值税;小规模纳税人发生增值税应税销售行为,合计月销售额超过 10 万元,但扣除本期发生的销售不动产的销售额后未超过 10 万元的,其销售货物、劳务、服务、无形资产取得的销售额免征增值税。第十条规定,小规模纳税人月销售额超过 10 万元的,使用增值税发票管理系统开具增值税普通发票、增值税电子普通发票。已经使用增值税发票管理系统的小规模纳税人,月销售额未超过 10 万元的,可以继续使用现有税控设备开具发票;已经自行开具增值税专用发票的,可以继续自行开具增值税专用发票,并就开具增值税专用发票的销售额计算缴纳增值税。

(2)企业所得税和个人所得税

企业所得税和个人所得税一般只收一种,企业所得税税率分为法定税率和优惠税率:法定税率为 25%;优惠税率分别为小型微利企业 20%,国家需要重点扶持的高新技术企业 15%。

国家对个体工商户、个人独资企业和合伙企业的投资者,不征收企业所得税,而按 5%～35% 的超额累进税率征收个人所得税

(3)城市维护建设税和教育附加费

城市维护建设税以流转税为基础,纳税人所在地在市区的,税率为 7%;纳税人所在地在县城、镇的,税率为 5%;纳税人所在地不在市区、县城或镇的,税率为 1%。教育费附加税率为 3%。城市维护建设税和教育附加费一般统称为附加税费。

总之,依法纳税是企业的责任和义务。有人说,企业要纳税给企业造成负担。其实不是的,换一个角度最终是消费者承担

2019最新增值税税率表

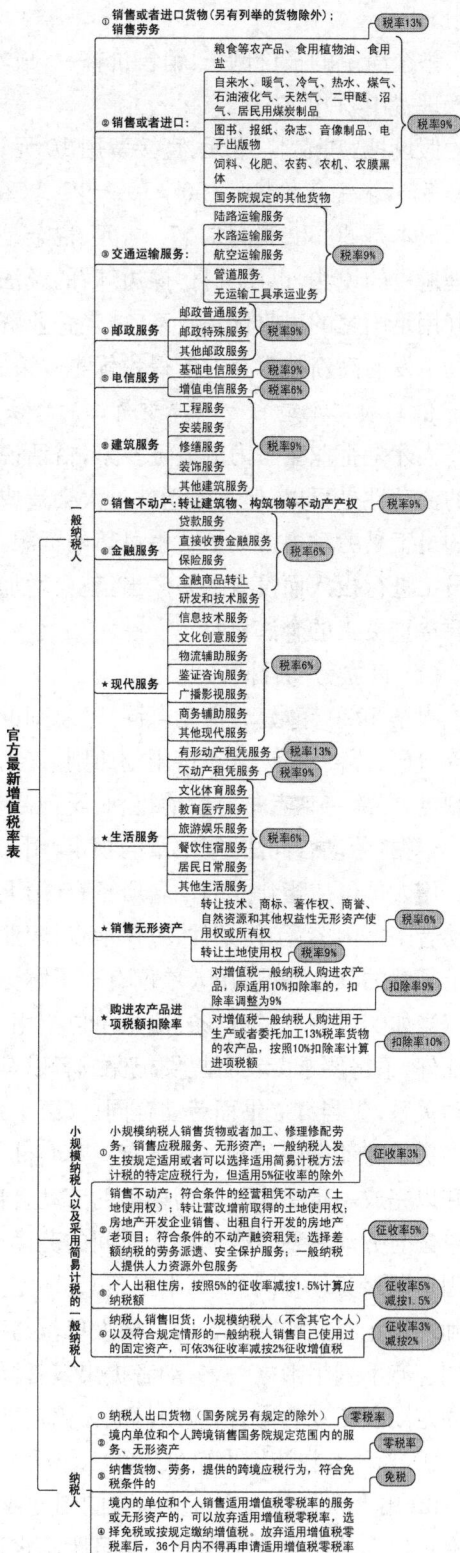

了税收。无论是增值税还是企业所得税,作为生产企业都已将之考虑到销售价格的构成中。

举个简单的报价例子:销售价格=(成本+费用)÷[1-(利润率%+税收负担率%+管理费用%)]

假设:已知成本 50 元、直接费用 10 元;目标利润率 20%、税收负担率 5%、管理费用率 5%,求销售价格=(50+10)÷[1-(20%+5%+5%)]=85.71(元)

成本是 60 元、利润是 17.14 元、税金是 4.29 元、管理费是 4.29 元。因此企业没有合理避税的说法,也没有打"擦边球"的说法,逃税是违反法律要求的,但企业可以充分用好用足国家的税收优惠政策,减轻企业资金流转压力,如 2017 年 6 月 19 日国家税务总局下发的高新技术企业所得税优惠政策。

2. 对员工的责任——尊重员工的合法权益

人才是企业竞争力的关键要素,俗话说"铁打的营盘,流水的兵",企业人才保持一定的流动性是可以,但是流动性过大会造成人才流失,影响企业的核心竞争力。因为优秀的员工是劳动力市场上炙手可热的资源,人才的培养需要一定的成本,企业只有不断对员工进行投入而没有太多产出,就会增加企业的营运负担。因此,创业者在创业之初就要尊重员工的合法权益。

(1) 订立劳动合同

根据 2020 年最新《劳动合同法》总则的规定,订立劳动合同,应当遵循合法、公平、平等自愿、协商一致、诚实信用的原则。(第三条)用人单位应当依法建立和完善劳动规章制度,保障劳动者享有劳动权利、履行劳动义务。(第四条)

根据《劳动合同法》第二章的规定,用人单位自用工之日起即与劳动者建立劳动关系。用人单位应当建立职工名册备查(第七条)用人单位招用劳动者时,应当如实告知劳动者工作内容、工作条件、工作地点、职业危害、安全生产状况、劳动报酬,以及劳动者要求了解的其他情况;用人单位有权了解劳动者与劳动合同直接相关的基本情况,劳动者应当如实说明。(第八条)用人单位招用劳动者,不得扣押劳动者的居民身份证和其他证件,不得要求劳动者提供担保或者以其他名义向劳动者收取财物。(第九条)建立劳动关系,应当订立书面劳动合同。(第十条)

关于劳动期限的相关规定有:劳动合同分为固定期限劳动合同、无固定期限劳动合同和以完成一定工作任务为期限的劳动合同。(第十二条)固定期限劳动合同,是指用人单位与劳动者约定合同终止时间的劳动合同。用人单位与劳动者协商一致,可以订立固定期限劳动合同。(第十三条)无固定期限劳动合同,是指用人单位与劳动者约定无确定终止时间的劳动合同。用人单位与劳动者协商一致,可以订立无固定期限劳动合同。有下列情形之一,劳动者提出或者同意续订、订立劳动合同的,除劳动者提出订立固定期限劳动合同外,应当订立无固定期限劳动合同:

① 劳动者在该用人单位连续工作满十年的;

② 用人单位初次实行劳动合同制度或者国有企业改制重新订立劳动合同时,劳动者在该用人单位连续工作满十年且距法定退休年龄不足十年的;

③ 连续订立二次固定期限劳动合同,且劳动者没有本法第三十九条和第四十条第一项、第二项规定的情形,续订劳动合同的。

用人单位自用工之日起满一年不与劳动者订立书面劳动合同的,视为用人单位与劳动者已订立无固定期限劳动合同。(第十四条)

以完成一定工作任务为期限的劳动合同,是指用人单位与劳动者约定以某项工作的完成为合同期限的劳动合同。

用人单位与劳动者协商一致,可以订立以完成一定工作任务为期限的劳动合同。(第十五条)

关于劳动合同具体内容的相关规定:

第十七条　劳动合同应当具备以下条款:

① 用人单位的名称、住所和法定代表人或者主要负责人;

② 劳动者的姓名、住址和居民身份证或者其他有效身份证件号码;

③ 劳动合同期限;

④ 工作内容和工作地点;

⑤ 工作时间和休息休假;

⑥ 劳动报酬;

⑦ 社会保险;

⑧ 劳动保护、劳动条件和职业危害防护;

⑨ 法律、法规规定应当纳入劳动合同的其他事项。

劳动合同除前款规定的必备条款外,用人单位与劳动者可以约定试用期、培训、保守秘密、补充保险和福利待遇等其他事项。

关于试用期的规定:

第十九条　劳动合同期限三个月以上不满一年的,试用期不得超过一个月;劳动合同期限一年以上不满三年的,试用期不得超过二个月;三年以上固定期限和无固定期限的劳动合同,试用期不得超过六个月。

同一用人单位与同一劳动者只能约定一次试用期。

以完成一定工作任务为期限的劳动合同或者劳动合同期限不满三个月的,不得约定试用期。

试用期包含在劳动合同期限内。劳动合同仅约定试用期的,试用期不成立,该期限为劳动合同期限。

合同无效或部分无效的相关规定:

第二十六条　下列劳动合同无效或者部分无效:

① 以欺诈、胁迫的手段或者乘人之危,使对方在违背真实意思的情况下订立或者变更劳动合同的;

② 用人单位免除自己的法定责任、排除劳动者权利的;

③ 违反法律、行政法规强制性规定的。

对劳动合同的无效或者部分无效有争议的,由劳动争议仲裁机构或者人民法院确认。

关于合同解除的规定：

第三十六条 用人单位与劳动者协商一致，可以解除劳动合同。

第三十七条 劳动者提前三十日以书面形式通知用人单位，可以解除劳动合同。劳动者在试用期内提前三日通知用人单位，可以解除劳动合同。

第三十八条 用人单位有下列情形之一的，劳动者可以解除劳动合同：

① 未按照劳动合同约定提供劳动保护或者劳动条件的；

② 未及时足额支付劳动报酬的；

③ 未依法为劳动者缴纳社会保险费的；

④ 用人单位的规章制度违反法律、法规的规定，损害劳动者权益的；

⑤ 因本法第二十六条第一款规定的情形致使劳动合同无效的；

⑥ 法律、行政法规规定劳动者可以解除劳动合同的其他情形。

用人单位以暴力、威胁或者非法限制人身自由的手段强迫劳动者劳动的，或者用人单位违章指挥、强令冒险作业危及劳动者人身安全的，劳动者可以立即解除劳动合同，不需事先告知用人单位。

第三十九条 劳动者有下列情形之一的，用人单位可以解除劳动合同：

① 在试用期间被证明不符合录用条件的；

② 严重违反用人单位的规章制度的；

③ 严重失职，营私舞弊，给用人单位造成重大损害的；

④ 劳动者同时与其他用人单位建立劳动关系，对完成本单位的工作任务造成严重影响，或者经用人单位提出，拒不改正的；

⑤ 因本法第二十六条第一款第一项规定的情形致使劳动合同无效的；

⑥ 被依法追究刑事责任的。

第四十条 有下列情形之一的，用人单位提前三十日以书面形式通知劳动者本人或者额外支付劳动者一个月工资后，可以解除劳动合同：

① 劳动者患病或者非因工负伤，在规定的医疗期满后不能从事原工作，也不能从事由用人单位另行安排的工作的；

② 劳动者不能胜任工作，经过培训或者调整工作岗位，仍不能胜任工作的；

③ 劳动合同订立时所依据的客观情况发生重大变化，致使劳动合同无法履行，经用人单位与劳动者协商，未能就变更劳动合同内容达成协议的。

第四十二条 劳动者有下列情形之一的，用人单位不得依照本法第四十条、第四十一条的规定解除劳动合同：

① 从事接触职业病危害作业的劳动者未进行离岗前职业健康检查，或者疑似职业病病人在诊断或者医学观察期间的；

② 在本单位患职业病或者因工负伤并被确认丧失或者部分丧失劳动能力的；

③ 患病或者非因工负伤，在规定的医疗期内的；

④ 女职工在孕期、产期、哺乳期的；

⑤ 在本单位连续工作满十五年,且距法定退休年龄不足五年的;

⑥ 法律、行政法规规定的其他情形。

关于经济补偿的相关规定:

第四十六条 有下列情形之一的,用人单位应当向劳动者支付经济补偿:

① 劳动者依照本法第三十八条规定解除劳动合同的;

② 用人单位依照本法第三十六条规定向劳动者提出解除劳动合同并与劳动者协商一致解除劳动合同的;

③ 用人单位依照本法第四十条规定解除劳动合同的;

④ 用人单位依照本法第四十一条第一款规定解除劳动合同的;

⑤ 除用人单位维持或者提高劳动合同约定条件续订劳动合同,劳动者不同意续订的情形外,依照本法第四十四条第一项规定终止固定期限劳动合同的;

⑥ 依照本法第四十四条第四项、第五项规定终止劳动合同的;

⑦ 法律、行政法规规定的其他情形。

第四十七条 经济补偿按劳动者在本单位工作的年限,每满一年支付一个月工资的标准向劳动者支付。六个月以上不满一年的,按一年计算;不满六个月的,向劳动者支付半个月工资的经济补偿。

(2)支付劳动报酬

劳动报酬是劳动者付出体力或脑力劳动所得的对价,体现的是劳动者创造的社会价值。包括:工资薪金、一次性的劳务费、稿酬所得等一切劳动所得。

用人单位在生产过程中支付给劳动者的全部报酬包括三部分:

• 货币工资,用人单位以货币形式直接支付给劳动者的各种工资、奖金、津贴、补贴等;

• 实物报酬,即用人单位以免费或低于成本价提供给劳动者的各种物品和服务等;

劳动合同中有关劳动报酬的约定要符合我国有关最低工资标准的规定,如根据人社部要求(2020.3),上海月最低工资标准最高,为2480元,湖南月最低工资标准为1220。劳动报酬必须按时以货币形式发放给劳动者本人。另外,还要了解我国法律对于加班工资报酬的规定。

• 安排劳动者延长工作时间的,应支付不低于劳动者工资150%的工资报酬。

• 休息日安排劳动者工作又不能安排补休的,应支付不低于劳动者工资200%的工资报酬。

• 法定休假日安排劳动者工作的,应支付不低于劳动者工资300%的工资报酬。

(3)购买社会保险

社会保险是指用人单位给予劳动者的几种保障性待遇的合称,包括养老保险、医疗保险、失业保险、工伤保险和生育保险,还有住房公积金。用人单位为劳动者购买社会保险是国家通过立法强制执行的,社会保险由劳动者本人、企业和国家三方共同筹资建立社会保险基金。当社会成员遇到年老、疾病、工伤、生育、残疾、事业或丧失劳动能力等情况时给予适当的补偿以保障其基本生活水平,从而防止不安定因素的出现,提高劳动者抗风险的能力。

① 养老保险

养老保险制度指国家立法强制征集社会保险费（税）形成养老基金，当劳动者退休后支付退休金，以保证离、退休人员基本生活需要为目标的一种养老保险制度。

基本缴纳比例如下：

国有、集体企业单位21%、个人8%；

私营企业单位20%、个人8%；

外来务工人员单位12%、个人8%；

② 医疗保险

医疗保险是为补偿疾病所带来的医疗费用的一种保险。职工因疾病、负伤、生育时，由社会或企业提供必要的医疗服务或物质帮助的社会保险。缴纳比例是单位8%、个人2%；

③ 失业保险

失业保险是指国家通过立法强制实行的，由社会集中建立基金，对因失业而暂时中断生活来源的劳动者提供物质帮助的制度。缴纳比例是单位2%、个人1%。根据《失业保险条例》规定，城镇企业事业单位招用的农民工应该参加失业保险，用人单位按规定为农民工缴纳社会保险费，农民工本人不缴纳失业保险费。单位招用的农民工连续工作满1年，本单位并已缴纳失业保险费，劳动合同期满未续订或者提前解除劳动合同的，由社会保险经办机构根据其工作时间长短，对其支付一次性生活补助。补助的办法和标准由省、自治区、直辖市人民政府规定。

④ 工伤保险

工伤保险，是指国家或社会为生产、工作中遭受事故伤害和患职业性疾病的劳动者及家属提供医疗救治、生活保障、经济补偿、医疗和职业康复等物质帮助的一种社会保障制度。根据不同行业的工伤风险程度，将工伤保险分类行业基准费率标准分为三类六档，即一类行业的缴费费率为职工工资总额的0.5%；二类行业一档为职工工资总额的0.8%，二类行业二档为职工工资总额的1.0%，二类行业三档为职工工资总额的1.5%；三类行业一档为职工工资总额的2.8%，三类行业二档为职工工资总额的3.3%。在初次确定用人单位工伤保险缴费费率时，按照市政府批准的工伤保险分类行业基准费率执行。

⑤ 住房公积金

住房公积金是指国家机关、国有企业、城镇集体企业、外商投资企业、城镇私营企业及其他城镇企业、事业单位及其在职职工缴存的长期住房储金。在职职工个人应当按照规定缴存住房公积金。住房公积金为"应当缴纳"项目，住房公积金缴存比例一律不得高于缴纳基数的12%。

3. 对社会的责任

企业对社会的责任包括对消费者、投资人、环境的责任等。

（1）对消费者的责任

消费者是企业实现利润最大化的利益相关者,其购买行为决定着企业的生存与发展。顾客总是希望企业能够为其提供安全可靠、性价比高、售后无忧的产品。消费者是企业生存的"衣食父母",其对企业的态度很大程度上决定了企业的产品销售和利润收入。新企业不仅要为消费者提供可以信赖、货真价实、舒适耐用和安全可靠的产品或服务,而且要履行其在产品质量和服务水平等方面对消费者的承诺,并且自觉接受社会公众和政府的监督。

(2) 对投资人的责任

企业的投资人,是企业正常运转并产生利润的。投资人将自有资本托付给企业,是对企业的信任同时希望通过投资获得丰厚的收益,企业应当满足投资人的这个基本期望。新企业必须实现投资人资产的保值与增值,及时向股东披露企业的真实经营信息,按照合同规定向投资人支付投资收益。

(3) 对环境的责任

对环境的责任包括对生态环境和社会环境两方面的责任。首先生态环境是人类赖以生存和发展的家园,是企业成长与发展的利益相关者。企业不仅应当积极履行对生态环境的社会责任,自觉维护、保护生态环境,爱护自然环境并与之和谐共处,还要增强环保理念,进行技术创新,采取措施减少其生产经营活动对生态环境的影响。企业对社会环境的责任体现在:首先,企业要采取相应措施杜绝不利于社会发展的行为;其次,企业要善于识别或创造机会有效增加公共福利,积极参与社会公益事业、慈善事业活动。最后,企业应该在政府、公众和社会团体之间树立良好形象并建立友好的关系,扮演好企业的"社会人"角色。

> **思考:** 假如你要创办一家小型企业,目前计划招聘员工数是 5 人,其中一名主管,工资是 4000 元/月,四名基层员工工资分别是 3000 元/月,请你计算一下你每个月大约需要支出多少员工工资(包括社会保险)。

扫扫下方二维码,轻松学习在线开放课程《创新思维培养》(制造类)

三、创办新企业流程

问题导入:

上文李晓毅经过了解自己开办的企业组织形式应该是个体工商户,那么自己申请企业的条件达到了吗? 成立个体工商户企业要走哪些程序呢? 到工商税务部门登记是怎样一个流程呢?

(一) 新企业申请工商注册基本条件

根据《工商企业登记管理条例实施细则》的规定,工商企业申请登记时,应符合下列基本条件:有固定的生产经营场所和必要的设施;有固定的人员;有必要的资金;常年生产经营或季节性生产经营在 3 个月以上;有明确的生产经营范围并符合国家有关政策法令。

(二)新企业工商注册基本程序

2015 年开始国家加快推进"三证合一"登记制度改革,对企业注册流程进行了简化。按照国家工商总局的通知,自 2015 年 10 月 1 日起,各类企业和农民专业合作社,实行"三证合一、一照一码"登记模式。"三证合一"登记制度是指将企业登记时依次申请的,分别由工商部门核发的营业执照、质监部门核发的组织机构代码证、税务部门核发的税务登记证,改为一次申请,由工商部门核发一个加载统一社会信用代码的营业执照,即"一照一码"营业执照。"一照一码"营业执照就好比企业的"身份证",企业凭执照可以在政府机关、金融、保险机构等部门证明其主体身份,办理刻章、纳税、开户、社保等事务,相关部门都予以认可,且全国通用。

不同类型的企业注册登记的流程不尽相同,但新企业的注册登记一般流程如下:

1. 核准公司名称。确定公司类型、名字、注册资本、股东及出资比例后,去工商局现场或线上提交核名申请。为企业取名时,注意不能重名、侵权和违规。可以事先准备几个名字,以备工商登记机关在一定范围内核查。企业名称应符合规范,一般格式如下:湖南(地区名)+某某(企业名)+贸易(行业名)+有限责任公司(类型)。企业名称核准需要递交的资料包括全体投资人签署的《企业名称预先核准申请书》、全体投资人签署的《指定代表或者共同委托代理人的证明》及指定代表或者共同委托代理人的身份证复印件(与企业名称预先核准申请书合并提交的,本项无须提交);指定代表或者共同委托代理人的权限、授权期限等。

2. 在线提交预申请。提交材料,核名通过后,确认地址信息、高管信息、经营范围,在线提交预申请。工商局会在 5 个工作日内进行审核,如果有问题工商局会通知申请者修改后再提交。在线预审通过后,按照预约时间去工商局递交申请材料。

3. 提交书面材料,并领取营业执照。按照预约的时间将书面材料交到工商局,工商局将于 7 个工作日后告知申请者去工商局领证,并公告公司成立。

书面材料包括:

① 企业设立登记申请书(内含《企业设立登记申请表》《单位控资者单位股东、发起人名录》《自然人股东、个人独资企业投资人、合伙企业合伙人名录》《投资者注册资本缴付情况》《法定代表人登记表》《董事会成员、经理、监事任职证明》《企业住所证明》等表格);

② 公司章程。公司章程,是指公司依法制定的、规定公司名称、住所、经营范围、经营管理制度等重大事项的基本文件,也是公司必备的规定公司组织及活动基本规则的书面文件。

公司章程是股东共同一致的意思表示,规定了公司组织和活动的基本准则。公司章程与《公司法》一样,共同肩负调整公司活动的责任。公司章程对公司的成立及运营具有十分重要的意义,它既是公司成立的基础,也是公司赖以生存的灵魂。

③《企业名称预先核准通知书》及《预核准名称投资人名录表》；

④ 股东资格证明；

⑤《指定(委托)书》；

⑥ 经营范围涉及前置许可项目的，应提交有关审批部门的批准文件。

4. 公章备案及刻制。

凭营业执照，到公安局指定刻章点办理：公司公章、财务章、合同章、法人代表章、发票章。

5. 开立银行账户。

开立银行账户是新企业与银行建立往来关系的基础。依照我国相关法律规定，每个独立核算的经济单位都必须在银行开户，各单位之间办理款项结算，除现金管理办法规定外，均需通过银行结算。银行账户包括基本账户、一般账户、专用账户、临时账户等，不同存款账户的功能和用途各不相同。

新企业设立之初，需要为完成现金出资和验资开设一个临时账户，该账户必须注明临时用途。企业获得营业执照后，该临时账户原则上转为基本账户，企业也可以申请注销该账户，另外开立基本账户。

> **思考：**公司的名称可以根据自己的喜好随便取吗？你觉得在企业注册的过程中都要注意哪些问题呢？

扫扫下方二维码，轻松学习在线开放课程《创新思维培养》(制造类)

四、新企业的法律风险
案例导入：

股东分红如何分

公民甲与几个朋友一起成立一家股份有限公司，甲出资 100 万元占股 20%，因为甲还有别的工作投资后就没有参与公司的经营。三年过去了，公司经营得很好，但是公民甲没有分得一分钱。于是他找到当年一起创业的大股东说："你看我这钱已经投了三年，公司也运营得很好，但是我一分钱没分到，你说我的钱怎么办？"大股东说："我们章程里说，股东要分红，必须开股东大会，股东大会怎么开？股东分红具体怎么分一直没有一个定案。所以不好意思，我暂时不能给你分红。"公民甲为什么会出现这种局面？

首先，我们先来了解下新企业可能存在的法律风险，作为创业者首先要保证创业项目本身合法性，才能进行创业。如社会上看似很多有刚需的创业项目但是违反法律的，如办假证、卖彩票、传销等。在要保证创业项目本身合法性的基础上，初创企业要注意防范下列风险。

（一）组织形式风险

企业的组织形式不同,创业者的责任和风险不同,中小企业常见的风险如下:

1. 合伙企业

合伙人之间对权利认知错位,合伙人不知道自己要对企业对外承担无限责任,也就是企业一旦欠下能力之外的债务会追索到自己的个人财产。所以合伙人在合伙之前一定都是彼此之间比较熟悉、信任的人,还要看其有无一定的法律实力。普通合伙企业的合伙人承担的是无限连带责任,一旦企业债务不能偿还时,有实力偿还的合伙人就有被强制偿还企业全部债务的风险,如果其他合伙人没有实力,应由其承担部分则很难追偿。

2. 有限责任公司

自以为设立和经营的是有限责任公司,实际上是个人独资企业。"夫妻公司""父子公司"以及新公司法实施后的"一人公司"是实践中常见的中小企业组织形式。投资人误以为"公司是我的,公司的财产也就是我的",经营中将公司财产与家庭或个人财产混为一体,结果对外发生纠纷的时候可能招致公司人格的丧失,失去"有限责任"的保护。比如一人有限责任公司的股东如果不能证明公司财产独立于股东自己财产的,应当对公司债务承担连带责任,仍旧会追索到股东的个人财产。

（二）注册资本风险

有的创业者在公司设立时,为了图"面子",往往希望放大注册资本,可因为资金不足或考虑公司业务一时不需要那么多资金,于是采用虚报注册资本或注册后抽逃出资的手段使公司实际到账资本少于申报注册资本。这种做法所面临的法律风险可能是:填补出资、公司人格否定、构成犯罪等。一旦公司发生偿还不了的债务,就需要填补注册资本,在申报注册资本范围内偿还债务。不仅会波及个人财产,还可能构成刑事犯罪。

（三）融资风险

企业经营中出现资金不足,是多数企业都会遇到的情形。常见的融资方式有银行借贷、民间借贷、股东追加投资、吸收新股东增资扩股、引进战略投资者、发行公司债券、上市融资(IPO或增发股票)等。不同的融资方式存在不同的法律风险,一次融资在不同环节有不同法律风险,比如银行借贷,可能陷入"高利转贷""违法发放贷款""贷款诈骗"及其他金融诈骗的法律风险黑洞;民间借贷,可能遭遇"非法吸收公众存款""集资诈骗""票据诈骗"或其他金融凭证诈骗等法律风险。企业要做大做强免不了各种形式的融资或资本运作,但有一点要注意,就是不做企业能力之外的事,在融资项目管理中注入法律风险管理的理念。

（四）人力资源风险

初创企业人力资源风险主要是指企业员工的流动性。核心员工的离开会给企业带来重大的影响,对企业的发展造成巨大的损失。因此,企业人力资源管理风险需要注意员工流动性的问题。

通常企业为了节约成本、缩短培养过程、迅速抢上新项目等,常常采用"挖墙脚"的方法引进高级人才,并直接利用这些人带来的各种资源,这就可能遭遇被挖企业的索赔,或遭致被挖企业的商业秘密、专利等侵权指控。反过来,辛辛苦苦或花大代价培养的人才无端流失,被挖墙脚,企业却不能得到应有的补偿,也是中小企业企业常遇到的风险。

(五) 产权风险

很多家族企业所有者有这样的观念:企业是我的,所以企业的资产就是我的资产,我的资产也随时可以作为企业的资产。这种观念是十分错误的。公司是具有法人人格的,是独立的法律主体,拥有独立的财产权,公司有限责任正是基于这样的前提。投资人乃至其家族的财产与公司的财产一旦混同,公司的独立法人人格就难以获得法律认可,公司就不再受有限责任保护,公司的风险就会蔓延到投资人乃至其家族,成为家族的风险。

(六) 合同纠纷

企业发生市场交易需要订立合同关系,严格按照合同办事,做到"先小人后君子"。需要注意的是企业交易行为管理,不仅限于合同书本身的管理,一个合同关系既包含了作为主要权利义务界定标准的合同书,还包含着从订约谈判开始,直到合约履行完毕,乃至善后的持续过程。中小企业家有一个与法律管理相矛盾的传统观念,就是习惯于熟人圈子做生意,往往依赖个人信用关系进行交易。这样就带来两大风险:一是可能"知人知面不知心",因为对人的认知错误,或者对方因情势变化而信用发生变化,导致"君子协定"和朋友关系一同被践踏;二是因为没有书面的对各自权利义务的具体约定,时间久了,双方对当初的细节问题产生误会,发生纠纷。

> **思考:**导入案例中公民甲和朋友合伙办公司,假如公司因经营不善欠下巨额债务,公司无能力偿还,公民甲需不需要承担连带责任? 为什么?

扫扫下方二维码,轻松学习在线开放课程《创新思维培养》(制造类)

五、新企业的管理

案例导入:

由五名大学生创办的"小超之家"水果购物网站宣布倒闭,距离网站创办仅9个月时间。"创办之初是在中科院周围,6月份搬到了北大南门,主要针对北大在校学生和周边人群。"小朱说,他们在附近租了房,用于货物中转和储存。从四道口的农贸市场批发水果,按照网上的订单骑自行车送货。"后来订单逐渐增多,每天的营业额达到两千多元,几个人忙不过来了,雇了四名员工送货。"尽管如此,刨去员工工资、房租等费用,每个月仍然是亏损的。如果你是"小超之家"的管理者你会怎么做?

(资料来源:改自《大学生创业的失败例子:大学生创业 50 个小案例》http://www.5izsw.com/article/detail-56841.html)

(一) 新企业管理的特殊性

新企业的运作是一个从无到有的过程,面临着极大的风险。在新企业发展的初期,企业的灵活性最强,拥有很强的创新精神和冒险精神。但企业的可控性最差,是企业生命周期中最危险、失败率最高的阶段。

1. 以生存为首要目标

新企业经营初期,社会的知名度还不高,因此企业的创业初期是一个从内部管理制度的建立到被社会外界认可的过程。企业这个阶段的目标就是怎样在激烈的市场角逐中活下来,使企业的利益相关者确信新企业是值得信赖的,消费者认可企业的产品和服务。因此,在企业的经营初期,最主要的目标是生存,一切事物都围绕着生存展开。包括创业者在内的多数人都要去寻找市场和消费者,尽可能地发觉和创造更多业务机会,尽快达到盈亏平衡,获取正的现金流,实现盈利。

2. 依靠自有资金创造现金流

在创业初创期,现金流关乎企业生产经营活动的持续发展,是企业存活的保障。企业可以承受暂时的亏损,但不能承受现金流的中断,现金流一旦出现问题,企业将发生偿债危机,甚至可能导致破产。新企业由于成立的时间不久,很难从外界获得融资,只有靠自有资金提高现金流,才能避免企业运营过程中的现金危机。因此,创业者要密切关注企业现金流进和流出的具体情况,开源节流,切忌大手大脚。

3. 所有人做所有的事

新企业成立初期,尽管有正式的人员组织结构,但很少按照正式组织方式运作。虽然有名义上的分工,但因为责权利的不明确或者人手不够,哪里需要人,团队所有人都会主动去承担。这种看上去的"混乱"状况实际上是一种高度"有序"的运行状态。初创企业员工之间的凝聚力很强,很少有人去计较个人得失或职位区别,他们有一个共同的目标就是要使企业"活下来"。

4. 创业者深入企业运作细节

创业初期创业者必须对企业经营全过程的细节了如指掌,才能更好地对企业进行管理,促使企业快速成长。"创业者深入企业运作细节"指创业者在创业初期直接向消费者推销产品、亲自与供应商洽谈业务,亲自到车间里追踪客户急需的订单、亲自对新产品进行策划、制订营销计划等。创业者也可能会遭遇被消费者拒绝、被经销商欺骗、资金不足、产品漏洞等问题,但这些问题恰好是改革创新的起点。创业者对这些情况如数家珍才能使企业突破现状,发展迅速。

(二) 新企业的管理策略

1. 建立完善的机制和制度

建立完善的机制和制度包括公司章程、员工手册和内部管理制度。公司章程是公司的"宪法",是公司设立的基本条件和重要的法律文件。公司设立时就应在公司章程中明确设计好未来公司的组织结构。我国《公司法》有明确规定,制定公司章程是成立公司的条件之一,审批机关和登记机关要对公司章程进行审查。很多中小企业往往不重视公司章程设计,不重视公司治理结构,经营中往往出现小股东权益得不到保护,或者大股东良好的公司管理意图得不到贯彻,甚至陷入公司僵局等。比如,公司股东股权转让、对外担保等重要决议无法通过股东会或董事会,导致无法实施等。建立完善的公司员工手册和内部管理制度,有利于确立员工岗位职责,加强团结协作,汇聚力量推动新企业的成长。

2. 管理好企业的人力资本

任正非说:"人才不是华为的核心竞争力,对人才进行管理的能力才是企业的核心竞争力。"由此可见,对人才进行管理,是企业至关重要的一部分。

首先是精准选人。选人最大的成本不是招聘成本,而是企业的机会成本。一位胜任重要岗位的人才能把事情做成,而另一位不胜任的人就会把同样的事情给搞砸,这就是韦尔奇说的"先人后事"——没有合适的人(尤其是领军人才),再好的战略也无法落地执行。因此,选人重在精准。美国管理者协会的数据表明,美国企业的平均人才识别率是50%,韦尔奇是我们见识过的识才率最高的CEO,他在《赢》中说自己用了30年的时间把人才识别率从50%提高到80%,而中国企业的人才识别率仅在35%左右,这就是差距。

其次是加速育才。十年树木,百年树人。一般情况下,企业成长的速度会快于人才成长的速度,尤其是在企业的变革转型期。据统计,中国企业人才培养(含培训)的投资回报率只有美国企业的10%～20%,华为等领先企业对人才的投资巨大,因此必须要充分考虑加速提升人才培养的投资效益。首先必须要做的一件事情就是关注员工的职业生涯规划。现在是人本社会,员工自我职业生涯规划得好,才能更好地对企业组织赋能,所以我们要特别关注员工发展。华为是中国第一个引入"五级双通道"任职资格体系的中国企业。

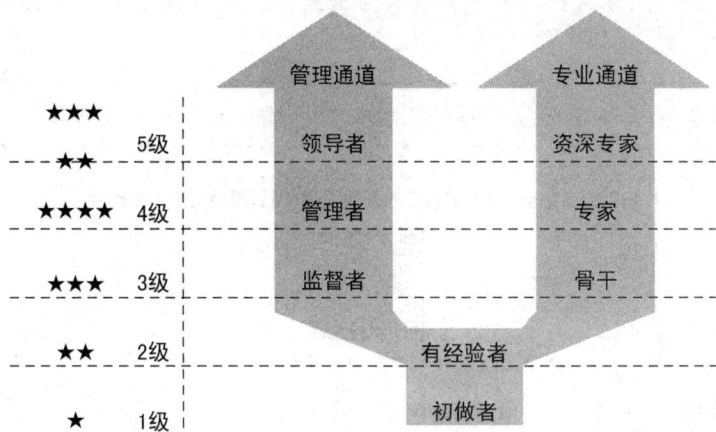

最后是建立高效的激励机制。激励的本质是期望值管理——员工不是看薪酬数额

的绝对值,而是看薪酬绝对值与个人期望值的差距。贪婪是人的一种基本欲望,例如华为在激励方面最大的贡献就是让员工的期望值回归理性。华为坚持设定具有挑战性不易达成的目标。在考核中兑现 A 占 10%/B 占 40%/C 占 45%/D 占 5%的基本比例。对 A 的要求是超越目标,而目标又具有挑战性。所以得 A 是很难的,越往高层走越得不到 A,华为有接近一半员工的考核结果 C。因为华为设立的目标挑战性很高,即使企业的目标达成率只是 70%~80%,但华为奖励却很大。一方面,得 B、得 C 的多数员工(占 85%左右)发现自己没有完成目标;另一方面,却发现自己拿的奖金还挺多。这样一来,员工拿到钱的时候就会产生"负疚感":老板对我们太好了,我们干得不怎么样,公司还给这么多的钱,惭愧啊!明年必须好好干。

(部分内容参考:吴建国. 任正非:人才不是核心竞争力,对人才的管理才是 https://www.sohu.com/a/356828053_494793)

3. 整合、利用好企业内外部资源

企业成长是一个持续利用资源和环境,不断创造财富的过程,而企业在成长期内,需要筹措更多的资源来满足自身的发展。因此,管理好企业已经开发创造出的有形、无形资产,以现有资源创造更大的价值至关重要。此外,企业不仅要创造财富,还要节约资源,保护环境。

首先,在企业内部,通过组织协调,把彼此相关而又彼此分离的部门和人员,整合成一个系统,争取更大范围的合作,发挥"1+1 大于 2"的效果。其次,根据企业的发展战略和市场要求对有关的资源进行重新配置,来增强企业的整体对外竞争实力。最后,在内部通过与员工的有效沟通,增强企业内部的凝聚力,充分利用员工资源提升企业的业绩。

为使企业在不确定的环境中持续成长,创业者还需学会整合外部资源,发挥资源的杠杆效应,促进新企业发展与壮大。企业需要尽可能多地寻找可供整合的外部资源提供者,如政府、基金会、银行等,为企业提供资源及资金支持;企业也可以找其他的潜在资源提供者,如对创业感兴趣的青年创业者及社会投资者,实现企业的快速成长。

(部分内容参考:张玉明.《新企业成长与管理》.上海理工大学学习强国网络课程. 2021,4)

> **思考:**新企业有哪些管理特殊性?如何对新企业进行管理?

扫扫下方二维码,轻松学习在线开放课程《创新思维培养》(制造类)

解答与分享

通过上述内容的学习,你觉得王红的问题应该怎么解决?

_____

她应该考虑创办哪种组织形式的企业?

_____

企业应该承担哪些社会责任?可能有哪些风险?

_____

你对创办企业还有哪些困惑?通过本模块的学习你解决了困惑吗?

_____

训练与应用

案例一:

23岁大学生创业九天宣布公司破产

开业时所摆放的鲜花依然还在绽放,但是公司却倒闭了,仅仅9天。23岁的创业小伙舒正义可谓百感交集,心中一股说不出的滋味。舒正义,2007年毕业于西安工程大学电子信息专业,毕业后辞掉原本不错的工作召集了几个同学筹资创业,开办了一家名叫"陕西正氏科技发展有限公司"的企业,公司主营域名注册、网站建设开发等项目,并且还取得了一种环保防水电陕西总代理。在公司开业仪式上,舒正义信心十足地宣读了公司的宗旨"把一件平凡的事做好就不平凡,把一件普通的事做好就不普通——这是我和我们公司的宗旨"。之后,舒正义雄心勃勃地招聘了20多名员工,大多都是在读大学生,期望不断扩展市场。

但渐渐地,舒正义发现愿望是美好的,现实是"骨感"的,经营公司和上学完全是两码事,公司开业才几天就已经压力山大了,加上当时承诺办理公司注册手续的代理公司拿了1万块钱之后就杳无音信了,公司马上就面临资金短缺的困境。

舒正义想到银行贷款,但是因为没有房子等固定资产做担保,根本无法贷到款。没有办法,舒正义只能做出宣布破产的决定。其实,由于注册一直没办下来,因此从严格意义上来讲,舒正义的公司还未成立便已夭折。

(资料来源:改编自《23岁大学生的失败创业故事公司开业九天倒闭》https://club.1688.com/threadview/46242181.html)

> **思考:**你觉得舒正义为什么会创业失败?如果你是他,你会如何做?

案例二:

张大爷的儿子张小明2019年大学毕业后,自己注册了一家个人独资公司做计算机生意,一直生意做得不错。

最近一笔近 20 万的生意因上当受骗,卖出去的全是假冒伪劣产品,按合同约定,张小强要赔偿全部损失,但他现有财产只有 6 万元,无偿还能力。

对方见其是刚毕业的学生,要求家长张大爷负连带责任,清偿债务。

思考: 张大爷要不要负连带责任?

案例三:

湖南省长沙市某传媒公司,属于按季申报的增值税小规模纳税人,2019 年 7 月份销售货物 5 万元,8 月份未销售货物,9 月份销售货物 15 万元,同时销售不动产 50 万元,相关业务均未开具专用发票。请计算该传媒公司应缴纳的税费。

作 业

新企业可以合理避税吗?为什么?怎么样可以对新企业进行有效的管理?

_____

_____

拓展阅读

有限责任公司章程范文

一、总则

第一条 依据《中华人民共和国公司法》《中华人民共和国公司登记管理条例》及有关法律、法规的规定,制定本公司章程。本公司章程对公司股东、董事、监事、经理均具有约束力。

第二条 公司经登记机关核准登记并领取法人营业执照后即告成立。

二、公司名称和住所

第三条 公司名称:_____ 有限公司。(以预先核准登记的名称为准)

第四条 公司地址:

三、公司的经营范围:

第五条 公司的经营范围:(含经营方式)。

四、公司注册资本

第六条 公司的注册资本为全体股东实缴的出资总额,人民币_____万元。

第七条 公司注册资本的增加或减少必须经股东会代表 2/3 以上表决权股东一致通过,增加或减少的比例、幅度必须符合国家有关法律、法规的规定,而且不应影响公司的存在。

五、公司股东名称

第八条 凡持有本公司出具的认缴出资证明者即为本公司股东;股东是法人的,由该法人的法定代表人或法人的代理人代表法人行使股东权利。

第九条 公司在册股东共_____人。

第十条 公司置备股东名册，并记载下列事项：

（一）股东的姓名或者名称及住所；

（二）股东的出资额；

（三）出资证明书编号。

六、股东的权利和义务

第十一条 公司股东享有以下权利：

第十二条 公司股东承担以下义务：

七、股东（出资人）的出资方式和出资额

第十三条 出资人以货币认缴出资额。

第十四条 出资人按规定的期限于_____年_____月_____日前缴足认资额，逾期未缴足出资的股东，向已足额缴纳出资的股东承担违约责任；

八、股东转让出资的条件

第十五条 股东之间可以相互转让其全部出资或者部分出资。

第十六条 股东向股东以外的人转让其出资时，必须经全体股东过半数同意，不同意转让的股东应当购买该转让的出资，如果不购买该转让的出资，则视为同意转让。

九、公司的机构及其产生办法、职权、议事规则

第十七条 股东会是公司的权力机构。股东会由公司全体在册股东组成。股东会成员名单：_____。

第十八条 公司股东会依法行使下列职权：

第十九条 股东会分为股东年会和临时股东会两种形式。年会每年召开一次，在会计年度结束后_____个月内召开。临时会由董事会提议召开，有下述情况时应召开临时会：代表 1/4 以上表决权的股东或 1/3 以上的董事、监事提议召开时，临时股东会不得决议通知未载明的事项。

第二十条 股东在股东会上按其出资比例行使表决权。

第二十一条 公司设立董事会，为公司股东会的常设执行机构，对股东会负责。

董事会由_____名董事组成，设董事长一名，副董事长_____名。董事会成员名单如下：

第二十二条 董事会行使下列职权：

十、公司的法定代表人

第二十三条 公司的法定代表人为公司董事会董事长。法定代表人代表公司参与民事诉讼活动。法定代表人应全力维护公司的利益。

现任法定代表人是：

十一、公司的解散事由与清算办法

第二十四条 公司出现下述情况时，应予解散：

第二十五条 清算组在清算期间行使下列职权：

第二十六条 清算结束后，清算组提交清算报告，并编制清算期内收支报表和各种财务账目，向原登记机关办理注销手续，公告公司终止。

十二、公司财务、会计

第二十七条　公司应当依照法律、行政法规和国务院财政主管部门的规定建立本公司财务、会计制度。

第二十八条　公司应当在每一会计年度终了时制作财务会计报告，并依法经审查验证。财务会计报告应当包括下列财务会计报表及附属明细表：

全体股东（签字盖章）　　　　　　　　　　　　　　年　月　日

合伙经营协议书范本

合伙人(甲方):姓名:　　性别:　　住址:　　身份证号:

合伙人(乙方):姓名:　　性别:　　住址:　　身份证号:

经甲乙双方充分协商,就合伙从事计算机软件开发一事,自愿达成如下协议,以资信守:

第一条　合伙宗旨:共同合作、合法经营、利益共享、风险共担。

第二条　合伙企业名称:＿＿＿＿＿＿＿

　　　　经营地址:

第三条　合伙经营项目和范围:

第四条　合伙期限暂定五年,自本合伙协议签订之日起计算。合伙期限届满,经各合伙人协商一致可以续展延长经营期限,也可以根据市场情况提前终止合伙经营。提前终止合伙或者延长合伙经营应须提前六个月取得各合伙人的一致意见,在期满前办理完毕有关手续。

第五条　出资金额、方式、期限。

(一)甲方以现金方式出资＿＿＿＿＿元,乙方以现金方式出资＿＿＿＿＿元,甲乙双方各占投资总额的50％。

(二)合伙人的出资,于＿＿＿＿＿年＿＿＿＿＿日以前交齐。

(三)本合伙出资各占投资总额的50％,作为确定盈余分配和债务承担的芸础。

(四)合伙期间各合伙人的出资为共有财产,不得随意请求分割。合伙终止后,各合伙人的出资仍为个人所有,届时予以返还。

第六条　合伙人的分工、权利与义务:

第七条　盈余分配与债务承担本合伙出资各占投资总额的50％,作为确定盈余分配和债务承担的基础。

(五)合伙期间各合伙人的出资为共有财产,不得随意请求分割。合伙终止后,各合伙人的出资仍为个人所有,届时予以返还。

第六条　合伙人的分工、权利与义务;

第七条　盈余分配与债务承担:

第八条　违约责任:

第九条　经协商一致,合伙人可以修改本协议或对未尽事宜进行补充;补充、修改内容与本协议相冲突的,以补充、修改后的内容为准。

第十条　合同争议解决方式。

第十一条　本合同一式＿＿＿＿＿份,合伙人各执一份。本合同经全体合伙人签名、盖章后生效。

合伙人(甲方):

合伙人(乙方):

年　月　日

参考文献

[1] 孟奕爽. 创业思考力从创意到产品开发. 长沙:湖南教育出版社,2019.

[2] 钟秋明. 大学生创业基础. 北京:高等教育出版社,2017.

[3] 李家华,创业基础. 北京:清华大学出版社,2015.

[4] 丁欢,汤程桑. 创新与创业教育指导. 南京:南京大学出版社,2015.

[5] 陈宏,牛玉清,唐磊. 创业经营实战. 南京:南京大学出版社,2019.

[6] 朱燕空,罗美娟,祁明德. 创业如何教基于体验的五步教学法. 北京:机械工业出版社,2018.

[7] 陈宏,叶亚芳. 创新创业基础. 南京:南京大学出版社,2018.

[8] 钟谷兰,杨开. 大学生职业生涯发展与规划(第2版). 上海:华东师范大学出版社,2016.

[9] 人力资源和社会保障部职业能力建设司,中国就业培训技术指导中心. 创办你的企业(第二版). 北京:中国劳动保障出版社,2017.

[10] 学习强国慕课:《大学生创业基础》. 上海理工大学,2021.

[11] 学习强国慕课:《创业基础》. 暨南大学,2021.

[12] 学习强国慕课:《大学生创业基础》. 大连工业大学,2020.

[13] 学习强国慕课:《创践—大学生创新创业实务》. 中国海洋大学,2020.

[14] 孙伟,李长智. 创新创业教程. 北京:清华大学出版社,2017.

[15] 陈博,宋连亮. 大学生创业训练营. 北京:清华大学出版社,2018.

[16] (美)库洛特克,(英)霍志茨. 创业学理论、流程与实践. 北京:清华大学出版社,2006.

[17] 黄玉珊,周松,欧阳亮. 大学生创新创业基础与竞赛进阶教程. 北京:科学出版社,2019.

[18] 邓文达,罗旭,刘寒春. 大学生创新创业. 北京:人民邮电出版社,2019.

[19] 张玉利等. 创业管理. 北京:机械工业出版社,2017.

[20] 秦勇. 创业管理—理论、方法与实践. 北京:人民邮电出版社,2019.

[21] 吕森林. 创业从一份商业计划书开始. 北京:电子工业出版社,2019.

[22] 胡华成,丁磊. 商业计划书编写实践. 北京:清华大学出版社,2020.

[23] 邓立治. 商业计划书:原理、演示与案例. 北京:机械工业出版社,2018.

[24] 曾诗阳. 就地过年带来新商机. 经济日报,2021-02-18,第012版.

[25] 双木."单身经济"的商机值得重视. 经济日报,2019-11-22,第014版.

[26] 黄跃成. 从一粒米成功得到的启示. 人民邮电,2019-6-18,第007版.

［27］朱淑婷. 宠物消费迎来热潮. 中国工作犬业,2021－01.

［28］胡乐乐. 英国大学生"卖脸"还贷款. 中国教育报,2012－02－27,第 007 版.

［29］Eric Tachibana. 把商业计划书当作健身房的私人教练. 第一财经日报,2013－03－15,第 C08 版.

［30］闫冬. 瑞幸咖啡造假的覆车之鉴. 中国质量报,2020－12－21,第 C08 版.

［31］崔鑫鑫. 互联网时代下粉丝经济运营模式分析. 经济研究导刊.2019(30).

［32］杨京智. 大学生创新创业基础. 北京:人民邮电出版社,2020.

［33］吴敏,何海. 大学生创业基础. 上海:上海交通大学出版社,2016.

［34］姚波,吉家文. 大学生创新创业基础. 北京:人民邮电出版社,2020.

［35］高迎爽,楚旋. 大学生就业与创业教育. 吉林:东北师范大学出版社,2017.

［36］陈标金,李胜文. 大学生创业思维的内涵与培育途径. 教育探索,2016(10).

［37］赵军,李正旺. 大学生创业思维塑造探究. 智库时代,2019(49).

［38］曾诗阳. 就地过年带来新商机［N］. 经济日报,2021－02－18,第 012 版.

［39］黄跃成. 从一粒米成功得到的启示［N］. 人民邮电,2019－6－18,第 007 版.

［40］双木."单身经济"的商机值得重视［N］. 经济日报,2019－11－22,第 014 版.

［41］吕森林. 创业从一份商业计划书开始［M］. 北京:电子工业出版社,2019.